KB190570

성령님의

치유를 그리다

치유를 그리다

발 행 | 2023년 05월 22일
저 자 | 양선주
펴낸이 | 김요한
펴낸곳 | 아이오디북스
출판사등록 | 2023.04.18.(제2023-000020호)
이메일 | john_kk@naver.com
ISBN | 979-11-983030-0-4

성령님의

치유를 그리다

양선주 지음

contents

09

가장 큰 적 1) 거절감

'치유를 그리다' 를 시작하며

여호와의 등불

한번 상상해보자. 만일에 한 번도 지나쳐 본 적 없는 낯선 산행에서 길을 잃어 어디로 가야할지 몰라 머뭇머뭇하며 한 발자국씩 걷고 있는데 , 밝기가 최고도인 LED 백색 등을 들고 간다고 생각해보자, 어떠한 가

이 칠흑 같은 어둠속에서 숲길을 헤쳐 살아남을 수 있을지 아닐지 아니면 이 숲의 미로에 영원히 갇힐지 알 수 없는 상황이다. 길을 찾기 위해 빛을 비추니 양 옆으로 툭툭 튀어나온 바위에 시선이 빼앗긴다. 나를 덮고 있는 커다란 숲 전체를 둘러보니 더 막막해진다. 징그럽게 생긴 수십 마리의 크고 작은 벌레들도 생생하게 봐야한다. 가야할 길에 대한 공포감에 다음 발길이 떨어지지를 않는다. 저 멀리까지도 너무 선명하게 보이니 도리어 갈 길이 멀고 아득하다는 생각에 낙심이 몰려오기도 한다. 너무 밝은 빛은 때론 우리를 지나치게 놀라게 한다.

그러나 여호와의 등불은 우리가 지금 우리가 시선을 두어야 하는

것 에만 집중하게 한다. 여호와의 등불은 멀리서는 겨우 몇 미터 만큼의 길만 안내만 할 수 있는 정도의 힘 밖에 없는 것 같아도 지금 하나님이 보게 하시는 것에 집중할 수 있게 한다. 너무 먼 미래까지 염려하지 않도록 한다. LED 백색 등처럼 단번에 모든 것을 자세히 볼 수 있을 정도로 밝지 않을지는 몰라도 더 선명하게 보이는 것 때문에 더 두려워하게 되는 일은 없다. 치유의 여정을 걸어가는 것은 우리는 주님이 지금 보여주시는 만큼에 집중하며 그것을 누릴 줄 아는 여유를 되찾게 되는 것이다. 이것은 우리를 인도하시는 그분의 지혜이다. 주님은 우리의 두려움이 어디로 부터 오는지 우리를 어떻게 보호해야할 지 가장 정확히 아시는 분이다. 여호와의 등불은 우리를 보호하시며 안전한 한 걸음으로 우리를 인도 하신다.

나 여호와가 말하노라 내종 야곱아 내가 너와 함께 하나니 두려워 말라 (예레미야 46:28)

성령님이 비추시는 그러한 등불은 우리로 계속 해서 등불을 들고 비추어 앞으로 나아갈 힘을 공급해준다. 우리는 때로는 주님이 보여주시는 것 보다 많이 알기 원하지만 여호와의 감찰하시는 등불은 우리가 오늘 보아야 할 범위와 방향을 결정하신다. 치유 하시는 그분의 등불은 노랗고 따뜻하다.

등불에 비추인 것들은 희미하기 때문에 자세히 보기 위해 점점 더 다가가야 한다. 그러나 LED등은 그럴 필요가 없다. 원거리에서도 훤히 보이기 때문이다. 지나친 밝음 앞에서는 우리는 신뢰를 연습할 수도 없고 신뢰를 연습할 필요도 없다. 하나님의 마음을 기다리는 연습도 듣는 연습도 할 필요가 없다. 예수님께서는 노크하시면서 우리가 놀라지 않도록 한 발자국씩 다가오신다. 이 회복의 등불을 통하여 우리는 그렇게 주님과 가까워진다. 이것이 노오랗고 불투명하지만 세미한 음성 같은 여호와의 등불의 힘이다.

"주님 이 불빛이 참 좋은데 조금 희미해서 잘 보이지 않아요, 저는 더 보기 원해요, 저에게 더 가까이 오시겠어요?" 고백을 듣기 원하신다. 그리고 우리의 갈망과 원함을 들으시고 더 비추어 주신다. 그리고 우리는 이전보다 더 보게 되고 조금 더 알게 된다. 그러나 여기서 멈추지 않고 다시 주님께 요청한다.

"주님 더 보기원해요,, 저에게 분별력을 주시고, 주님의 관점을 주세요, 주님이 제 영안에 두신 것들 원래의 하나님의 형상으로 빚어진 나의 모습, 그리고 저의 삶을 향한 주님의 빛나는 계획들, 나는 이것들을 더 보기 원해요," 라고 요청할 때 주님은 노란 여호와의 등불을 더 가까이 비추신다. 나는 이렇게 점점 더 가까워지는 여호와의 등불의 매력에 빠져 매일 점점 더 이 회복의 등불을 사모하게 되었다.

주를 향하여 손을 펴고 내 영혼이 마른 땅 같이 주를 사모 하나이다 (시편 143:6)

치유를 그리다

그렇다. 이 책은 어떠한 새로운 사역을 소개하기 위해 쓰여 진 것은 아니다. 희미한 듯 하고 연약한 듯 한 등불에 지나지 않는 듯 우리의 모습이 성령님과의 친밀함 안에서 아버지의 마음을 만나는 속삭이는 노래 같은 이야기 같은 글을 담았다. 자신과 다른 사람을 변화시키기 위한 우리의 애씀과 열정과 '자기' 의 방식과 경험의 가르침이 아닌 성령님의 운행하심의 회복을 그림 그리듯 그려보았다. 예수 그리스도는 순종하심으로 말미암아 모든 회복을 이미 완성하셨다. 잃어버린 한 영혼을 찾아 마음 아파하시는 예수님 그분의 우선순위에 함께 서는 것이 이 책의 동기이다.

'치유를 그리다' 는 긴 시간 어둠과 절망 속에서 죽어 있던 나에게 그 호흡 '루아흐' 를 불어 넣으셔서 나를 살아있는 혼으로 바꾸어 놓으신 치유의 여정을 그려놓은 이야기이다. 누구도 하나님의 치유를 볼 수는 없지만 볼 수 없어서 더 아름다운 하나님의 치유는 내게 한 획 한 획 다가와 그림이 되어 버렸다. 이 아름다운 그림은 주님의 작품이다. 그래서 이 책의 제목은 치유를 '그리다' 이다. 수년간 매일 꿈을 꾸듯 경험했던 성령님의 치유와 회복을 이야기처럼 그림처럼 그려나갔다. 오늘은 이런 회복의 풍경을 내일은 저런 회복의 이야기들을 차근차근 천천히 그려갔던 내 삶의 작은 노트에 불과한 것들을 성령님께서는 많은 사람들의 회복을 위한 마중물로 사용되도록 인도하셨다.

성령님의 마음을 따라 가는 여정을 통해 하나님이 이끄시는 회복을 한 글자 한 글자 편안히 눈에 담아보자. 우리의 영혼의 회복은 가르침을 통해 지식을 통해 오지 않는다. 영혼의 회복은 예수님을 따라 갈 때에만 주어진다. 회복은 어떠한 열매 맺는 것도 목적으로 하지 않는다. 회복은 어떤 변화나 결과물도 강요하지 않는다. 회복의 가르침이 기독교의 한 사역의 영역이 되는 순간 회복능력은 더 이상 깊어지거나 성장하지 않는다. 회복의 여정은 가장 놀라운 대화이며 회복의 목적은 우리의 영이 자유로워져서 하나님과의 즐거움 안으로, 그 친밀한 대화 안으로 더 깊이 들어감으로 말미암아 예수님과 함께 행복한 삶을 살 수 있도록 해주는 것이 전부이다.

그래서 이 책의 서두에서 나는 이 말을 꼭 하고 싶다. 성령님께서 주시는 회복은 가장 사역 같지 않은 모양으로 존재 할 때만 경험할 수 있다는 것이다. 예수님의 사역은 언제나 그랬다. 왜냐하면 예수님의 사역의 방식은 사랑이었고, 그 사랑의 정점은 십자가였기 때문이다. 예수님은 어떠한 사역의 행위로 사람을 변화시키지 않으셨으며 그분은 친구가 되어주셨고, 함께 있어주셨다. 예수님의 사역의 가장 탁월한 기술은 사랑이었다. 예수님은 사역하기 원하지 않으셨고, 사랑하기 원하셨다. 그분 안에 있는 타오르는 긍휼은 충분한 사역 그 자체였다. '치유를 그리다' 는 가장 사역 같지 않은 예수님의 사랑을 선택할 때에 나타나는 가장 놀라운 열매를 그리고 있다. 나는 이 책의 저자로써 그리고 이러한 하나님의 사랑의 치유의 열매를 맛보게 된 한 사람의 증인으로써 많은 슬픔과 답답함과 외로움 때문에 스스로 일어날 수 없는 사람들과 이 책을 통해 함께 서기 원한다. 이작은 책이 이 땅에서 사랑의 제물이 되신 예수님의 목적을 겸손히 돕기를 예수님의 이름으로 기도한다.

나는 회복을 통하여 부흥이 오는 것을 꿈꾼다. 개인의 회복은 반드시 가정의 회복으로 가정의 회복은 도시의 회복으로 도시의 회복은 반드시 나라의 회복으로 누룩과 같이 퍼져나갈 것이다. 왜냐하면 이 회복사역은 생명사역 이기 때문이다. 이 회복의 생명은 생명력을 가지고 끊임없이 세포 분열하며 개인에서 가정으로 가정에서 도시와 나라로 퍼져나갈 것이다. 우리는 한사람의 회복이 도시와 나라를 바꾸는 원동력이 되는 것을 보게 될 것이다. 한 사람 한 사람이 그렇게 일어나서 마침내 회복을 통한 부흥이 일어나고 이 땅에서 예수님의 제자들이 그렇게 했던 것처럼 하늘에서 이룬 것 같이 아버지의 뜻을 땅에서도 이루 고자 하는 자들이 일어나기를 그리고 그렇게 살고자 하는 자들에게 이책이 하나님의 큰 격려가 되기를 다시 한 번 예수님의 이름으로 기도한다.

01

약할 그때에 곧 강함이라

약할 그때에 곧 강함이라

놀랍게도 지금 이 책을 쓰는 나의 원동력은 바로 나의 '약함' 이다. 나는 가장 약해서 가장 주님이 필요한 사람이었다. 그것은 현재도 마찬가지이다. 수년간 계속적으로 주님의 때에 시작되고 주님의 시간에 마치는 치유의 시간표를 계속 걸어오는 동안 더 깊이 있는 치유의 시간으로 나아가는 문은 나의 약함이었다. 약함을 향해 마음의 문을 열 때마다 치유의 문도 더 활짝 열리곤 했다. 지금은 하루하루 날이 갈수록 내 삶에 드리워진 하나님 그분의 영광으로 인해 나는 더 소망으로 충만하다. 내 삶을 채우시는 주님의 영과 능력으로 아버지의 사랑의 그 농도가 점점 더 짙어져 가고 있다.

그러나 지금도 여전히 내가 그리스도 안에서 굳건하여 흔들리지 않게 하는 힘은 나의 약할 그때에 나의 강함이 되는 성령님을 경험하는 것이다. 약해질 때 마다 넘어질 때 마다 도리어 그리스도 안에서 나는 한 뼘씩 성장하고 있음을 지금도 보고 있다. 어떤 상황들로 인해 혹은 성령님의 만지심으로 인해 나의 곤고함과 약함이 주님 앞에 드러나는 시간을 겪는 것은 쉽지 않다. 이 시간을 지날 때 우리는 마음이 많이 괴롭고 피곤하고 아프다. 당신은 아마 끝없이 외로웠고, 회생이 불가능해 보이며 매우 지치고 답답한 시간을 지나오고 있을 것이다.

그러나 놀라운 사실은 우리는 약함 속에서 가장 비약적으로 성장할 수 있으며 이것을 직면할 때 이 약함을 뚫고 나아가게 하는 그리스도의 능력이 비로소 체험된다는 것이다. 나를 고통스럽게 했던 나의 약함들을 주님께 올려드렸을 때, 어느새 나의 모든 약함은 성령의 능력으로 인해 강함과 아름다움과 성숙함으로 변화되었고 이 과정을 주님과 함께 하는 것은 나의 기쁨이 되었다.

본래 나는 감정적으로 약한 사람이었다. 나의 감정의 중심이 너무나 자주 흔들리는 것은 가장 큰 나의 취약함이었다. 나는 쉬이 낙담했으며, 좌절의 허들을 늘 넘지 못했고, 그 결과 항상 뒤로 물러갔다. 아니 내가 뒤로 물러갔다기보다는 어둠이 나를 끌고 갔다. 이러한 어둠 속에서 나는 스스로를 비난하고 정죄하는 죄를 습관적으로 지으며 살았다. 몇 년이 지나면서 이러한 감정적인 굴곡들 때문에 나는 균형을 잃은 사람이 되어갔고 삶에 대한 소망과 기쁨을 잃어 수많은 근심으로 인해 뼈가 쇠하는 것 같은 고통을 벗어날 수 없었다. 나의 모든 부정적인 말들은 나와 다른 사람을 향한 날카로운 칼로 변해갔다. 시간이 지날수록 내 삶을 향한 시선은 진리를 벗어나 왜곡 되고 점차 비뚤어져 갔다. 슬픔과 두려움 연약함과 외로움들은 회복 될 수 없을 것 같은 견고한 진으로 자리 잡아 버렸다. 그것들은 내 삶 가운데 바위처럼 굳어져 웅어리져 있었다, 스스로를 향한 용서치 못함과 정죄함의 사슬은 나를 묶어 언제나 내가 도달하고 이를 수 없는 기준들을 요구하게 했고 그런 것들은 내가 끝없는 강박증과 완벽주의에 시달리게 했다.

나는 육체적으로도 병약했다. 위장이 너무 예민하여 조금만 과식을 하거나 성질이 차가운 음식을 먹으면 위장 장애가나기 일쑤였다. 장의 건강상태가 늘 좋지 않고 예민했다. 일반인들처럼 우유 한잔도 못 마실 만 큼 위에는 늘 크고 작은 염증이 있었고 약간만 과식을 해도 헛트림을 하고 가슴을 쓸어내려야 했다. 병원에서는 선천적으로 심장의 펌프 능력이 약하여 손끝이나 발끝까지 피를 보낼 수가 없다며 보약을 주기적으로 먹을 것을 권했다. 날씨가 조금만 추워지면 혈액순환이 잘 되지 않았다. 한 여름을 제외하고는 늘 한기를 느끼며 살았던 것 같다.

나는 이렇게 몸도 마음도 심히 약한 자였다. 그리고 내가 이렇게 약한 것 같이 내안에 살고 있는 예수님도 약하다고 믿어왔다. 내 삶을 나 스스로도 어찌 할 수 없듯 내 안에 있는 예수님도 내 삶을 애처로이 바라보며 한숨을 내쉬는 것 외에 아무 일도 하실 수 없다고 믿고 있었던 것이다. 진실로 소망이 없었다. 나도 내 안에 있는 예수님도 그저 그렇게 지쳐가고만 있었다. 나에게는 꿈이 있었지만 그것은 언제나 실체를 볼 수 없는 그림자 불과 하다고 느꼈다. 매일 꾸더라도 이루어질 수 없는 막연한 망상이라고 느꼈다. 그럼에도 불구하고 어떤 힘에 이끌려 그 꿈을 포기 할 수는 없었지만 내 인생은 생동감 을 잃었고 어릴 적 마음에 품었던 푸르디 푸르던 나의 꿈들도 점점 생기를 잃어갔다.

당신도 과거에 내가 느꼈던 것처럼 당신의 삶을 향해 다가오는 죽음의 그림자들을 보고 있는가? 사방으로 우겨쌈을 당하고 있는 것 같은 무기력함 속에서 허덕이고 있는가? 여기서 하나님은 당신과 나의 삶에서 무엇을 할 수 있다고 믿는가, 당신의 약함은 그분의 나라에서 무슨 가치를 가진다고 믿는가? 그것이 어떠한 가치를 갖는지 하나님께 직접 물어보고 들을 의향이 있는가? 그렇다면 당신은 이 책을 잘 선택했다. 아니 당신이 이 책을 선택한 것이 아니라 이 책이 당신을 선택했다. 왜냐하면 예수님께서 당신을 선택했기 때문이다.

창세 이전에 우리를 택하사...(에베소서 1장 3절)

이 말씀에 대하여 당신은 얼마나 동의하고 있는가? 당신은 이 책을 통해서 당신의 전부 즉 당신의 장점이나 유능함 그리고 탁월함 뿐 만 아니라 당신의 약함까지도 '창세 이전에 우리를 택하사...' 라는 말씀을 빗겨가지 못하고 합력하여 선을 이루는 하나의 도구로 쓰임 받을 수 있다는 것을 알 게 될 것이다. 하나님께당신의 약함이 문제가 되지 않으며 강함도 특별하게 중요하지 않다. 그 어떤 것이라 하더라도 당신의 일부라는 것이 중요하다.

도리어 당신의 약함은 그분의 능력이 임하도록 하는 파이프 같은 역할을 하게 될 것이다. 그분의 능력이 우리의 약함을 통과할 때는 무슨 일이 벌어질지 기대해도 좋다. 바울의 고백이 우리의 입술의 고백이 되게 하는 것은 그분의 능력에 있다. 하나님은 당신을 고칠 수 있는 분 이다. 우리는 계속 해서 우리를 바라보지 않고 예수 그리스도의 강함을 덧입는 것을 이 책을 통해서 연습할 것이다.

당신과 나의 약함은 하늘 부르심을 끌어와 온 세계에 예수님의 치유를 확장시키는 도구로 쓰임 받을 것이다.

하늘이 땅보다 높음 같이

당신은 현실의 무게감에 짓눌려있을지 모른다. 그래서 하나님께서 당신을 신묘막측하게 당신을 지으셨고, 당신 안에는 약 4만개의 유전자 정보가 있으며 23쌍의 염색체 안에 들어있는 DNA의 염

기쌍수가 약 30억개나 된다는 사실들은 별로 중요하지도 않고 아무런 의미가 없을 수 도 있다. 해결 할 수 없는 문제로 인해 인생의 막다른 길에 와있는 것 같은 느낌이 들 때 우리는 무엇을 해야할 지 모를 수 있고 누군가로부터 회복될 수없는 상처를 받게 될 때에 우리는 더 이상 하나님이 나를 어떻게 지으셨는가? 하나님은 내 삶을 향해 무엇을 계획 하고 계시는가? 와 같은 것들에는 아무런 기대도 관심도 없게 된다. 이런 상황에서는 교과서 같은 성경책도 더 이상 도움이 되지 않고 신적인 존재는 형이상학적인 세계 안에서 나와 같은 미물에는 관심이 없고 온 우주를 통치하는 머나 먼 나라 왕 일 뿐이다. 나를 사랑한다는 그런 흔한 멘트들은 무미건조한 기독교적 용어 외에 그 이상도 이하도 아니다.

그러나 우리가 이렇게 삶의 한계에 직면 한 것 같이 느껴지는 그 때가 바로 하나님께 놀라운 기회가 된다는 것을 알고 있는가? 성경을 보면 이러한 우리의 암흑의 시간들조차 그리스도안에서 어떠한 목적을 가지고 지나가고 있다는 것들을 발견할 수 있다. 그러나 이것은 성경에 나오는 하나의 이야기가 아니라 오늘을 살아가는 우리들의 인생을 경영하시는 하나님의 지혜이며 예수 그리스도의 장성한 분량에 이르기까지 온전케 하고자 하시는 하나님의 깊고도 높은 측량할 수 없는 모략이다. 성경은 우리에게 이렇게 말한다.

이는 내 생각이 너희의 생각과 다르며 내 길은 너희의 길과 다름이니라 여호와의 말씀이니라. 이는 하늘이 땅보다 높음 같이 내 길은 너희의 길보다 높으며 내 생각은 너희의 생각보다 높음이니라
(이사야 55장 8-9절)

우리는 더 이상의 소망이 없다고 느껴지는 어떤 날들을 지나왔고, 어떤 사람들은 지나고 있을 것이다. 그러나 성경은 우리의 생각과 하나님의 생각이 다르다고 말씀하신다. 하늘이 땅보다 높다는 것은 사실 비교불가의 우위에 있다는 말씀이다. 땅의 관점으로는 하늘의 것을 맛볼 수 없고 하늘의 것은 땅의 것과 비교할 수 없다. 이 말씀은 성령님께서 우리의 약함으로 어떻게 우리의 인생을 빛나게 할 것인지를 알 수있게 하는 힌트를 준다. 말씀을 의지할 때 우리 인생을 실패로 취급하는 땅의 관점은 하늘의 관점으로 도약한다. 하늘의 관점 안에서 우리의 약함은 도리어 소망의 원천이 된다. 그분은 당신의 절망도 불안도 불신도 사용하신다. 당신의 약함으로 인해 당신은 결단코 작은 존재가 될 수 없다. 비밀은 우리의 약함은 하나님이 선택하신 가장 효과적인 도구라는 것이다. 하나님은 당신의 약함을 통하여 당신과 소통하신다.

하나님은 당신을 얼마나 사랑하는가? 우리는 관념적으로 우리의 머리카락 수 까지 세셨다고 들어왔다. 우리는 스스로도 하루에 몇 개의 머리카락이 빠져나가는지 알지 못하는데 매일 달라지는 남은 머리카락 개수를 세신다는 그 분의 말을 믿을 수 있는가? 그분

은 얼마나 섬세하신 분인가? 달라지는 머리카락 개수처럼 매일 다르게 매일 새롭게 우리를 사랑하시는 분이시다.

당신은 오늘도 그 사랑을 신뢰하는가? 그렇다면 당신의 약함을 이 사랑에 위탁할 수 있겠는가?

하나님은 오늘도 밤마다 이렇게 말씀하실지 모른다. "사랑하는 00야, 오늘 아침에 너의 머리카락이 팔만 구천 사백 십오개였는데, 회사 가는 길에 바람에 날려서 하나가 빠져나가서 팔만구천사백십사개가 되었네" 라고 말이다. 내가 비록 성령에 무감각한 하루를 살았을지라도 하루를 마치고 잠에 드려는 나의 침상에 올라 나와 함께 하시는 주님은 내 머리 위 정수리부터 목덜미까지 따뜻한 손을 쓸어내리시며 이렇게 말씀하시는 분이다. "오늘도 수고했다. 나의 안식으로 좋은 밤 되렴 "

당신의 약함을 주님께 위탁해보라, 당신의 약함은 여전히 당신이며 당신의 일부이다. 하나님은 당신을 사랑하신다. 그분은 당신의 약함도 사랑하실 수밖에 없다. 당신의 반항도 당신의 일부이며 어쩌면 우리가 설교시간에 들은 것과 달리 당신의 불순종 조차 그 모습 그대로 바로 당신이기에 그분은 용납 하시는 분이시다.

예수님이 십자가에 당신을 위해 고통당하실 때 당신의 모든 약함도 그분의 나라에 함께 들어가도록 허락되었다. 당신의 약함은 하나님 나라에서 거절 받지 않는다. 당신의 모든 것은 하나님의 나라에 들어가도록 받아들여졌다. 우리는 이것으로 인해 상처받기 이전보다 더 넓고 큰 사랑으로 들어가게 되고 그 끝은 눈부시게 아름다운 회복이 오는 것을 보게 될 것이다. 하나님의 능력은 당신이 생각하는 것보다 당신을 빠르게 회복시킬 수 있다. 그분은 예수그리스도를 삼일 만에 죽음에서 생명으로 옮기셨다. 그러므로 우리도 바울과 같이 고백해야 한다.

"이것은 내가 약할 그때에 강해지기 때문입니다."
(고린도후서 12장 9절, 현대인의 성경)

당신의 약함은 작게는 당신과 당신의 주변을 변화시킬 것이며 더 나아가서 열방을 하나님의 불로 태울 불쏘시개 같은 것으로 쓰임 받을 것이다. 온 세상 가운데 유일한 소망되시는 예수님을 온전히 드러내는 도구로 쓰여 질 것이다.

당신의 약함은 죽음을 선택함으로 승리하신 예수님의 마음을 체휼하게 할 것이며 또 하나님의 마음으로 다른 사람의 아픔을 돌아볼 수 있게 하는 기묘한 하나님의 지혜가 될 것이다. 당신과 나의 약함은 하늘 부르심을 끌어와 온 세계에 예수님의 치유를 확장시키는 도구로 쓰임 받을 것이다.

하나님은 '아직 우리가 죄인되었을 때(롬5:8)' 에 우리에게 초자연적으로 구원의 능력을 베푸셨다. 우리는 이것을 믿고 구원받았다.

그러나 그분의 구원은 여기서 끝나지 않는다. 영의 구원을 선물로 주실 뿐만 아니라 바로 지금 당신의 영혼육의 온전한 회복이 필요함을 아시는 분이다. 사실 우리가 동의만 한다면 하나님은 우리를 그분의 강권적인 회복으로 이끄신다.

나를 기가 막힌 웅덩이와 수렁에서 끌어올리시고 (시편 40편 2절)

나는 근 35년이 넘게 교회를 다녔다. 그러나 원수가 오랜 시간 동안 파 놓았던 기가 막힌 웅덩이와 수렁에 빠졌을 때, 나 역시 하나님의 도우심을 전혀 느끼지 못했다. 이전에 내가 느끼는 하나님도 지금 당신이 느끼고 있는 하나님과 같이 귀가 막혔는지, 내 기도를 듣고 계시는지 의심하지 않을 수 없었다. 보지 못하시는 건지, 나를 이 험난한 세상 가운데 보내 놓고 아무런 손도 쓰시지 못하시는 건지, 그야말로 무능해 보이는 정지된 로봇 같은 하나님이었다.

그러던 어느 날 하나님의 반전 레이스의 신호총이 울렸다. 이것은 내 인생의 후반전의 경기에서 완전한 역전을 이끄실 하나님의 은총이었다. 그렇게 주님의 회복의 경륜이 내 삶을 침노하기 시작했다. 이전까지 실로 한 번도 믿지 않았지만 하나님께서 하나님의 왕국을 위해 내 삶을 선택하셨다는 것을 부인할 수 없는 예정된 시간표 안으로 들어갔다.

그날 이후로 나는 성령의 치유학교에 입학하게 되었다. 그곳에서는 많은 수술들이 있었고, 아버지의 사랑의 나이프는 나의 무의식과 내면의 깊숙한 곳에 닿아 무언가를 하기 시작했다. 그리고 나는 오늘 이 책을 쓰게 되었다.

나를 둘러싼 상황과 모든 것이 그대로 임에도 불구하고 나를 변화 시키셔서 상황을 이기게 하시는 주님을 배워갔다. 나는 주님이 우리를 구출하시는 방법의 일련의 과정들을 배우고 또 배웠다. 나를 변화시키는 역동적인 성령의 역사가 상황보다 위대했다. 곧 우리를 새롭게 하시는 성령님의 사역의 방향성과 초점들이 무엇인지 깨달았다.

십자가를 통해서 우리에게 이미 주어진 자유가 어떠한 인식의 변화의 대로를 타고 우리 삶에 실제적으로 임하는지에 성령님의 계시의 빛을 따라 출발해보자. 이제 당신은 이 책을 통해 우리의 영원한 사랑이며 보혜사 되시는 성령님과 이전보다 더 깊은 대화 안으로 들어가는 법을 배우게 될 것이다.

모세의 지팡이

모세의 지팡이를 떠올릴 때 모든 회복을 주관하시는 하나님의 놀랍고 위대한 계획에 관하여 가슴이 벅차오른다. 오늘도 30개월 남짓 된 나의 아들에게 성경만화책을 읽어주면서 이렇게 나누었다.

"하도야, 모세 할아버지는 왜 지팡이를 들고 있을까?" 사실 이것은 성령님께서 나에게 하는 질문이었다.

모세는 한때 자기 민족을 향한 열정이 있었고, 유능했고, 왕자였고, 많은 지식이 있었고, 또 힘이 있었다. 한때는 그 힘으로 또 왕성했던 혈기로 하나님이 원하신다고 생각했던 것을 과감히 행동으로 취했던 용기 있는 자였다. 미디안 광야로 도망하기 전 모세가 취했던 그 행동은 모세 자신의 유익을 위해서 했던 것들이 아니며 자기 민족을 아끼고 사랑하는 마음에서 나온 가장 정의로운 행동들 중 하나였다. 왜 살인자라는 평가를 받고 마음을 다해 헌신했던 행동에 대해 나의 친구와 친족이라고 믿었던 사람들로부터 오해를 받고 배신을 당해야 했는지 그는 알 수 없었다. 그는 궁금했지만 아무도 없었다. 그 사건을 통하여 모세는 눈동자처럼 그를 지켜주던 하나님의 긍휼의 갈대상자 로부터 추방당한것 같았다. 그는 스스로 너무나 비참해졌고, 민망해졌다. 청년 모세가 사랑했던 그곳에는 말 주변이 화려한 그의 어떤 타당한 논리적인 해명이나 설명도 더 길게 들어 줄 사람이 없었다. 자신을 아는 사람이 아무도 없는 곳으로 도망가야 했다. 살인자의 말에 귀를 기울여 주는 사람이 없었고, 그는 입을 다물어야했다.

어떠한 변명도 들어줄 사람이 없어서 입을 다물었던 그날을 기점으로 40여 년간 그렇게 시간이 흘러갔다. 그러나 그가 그렇게 홀로서기를 하는 동안 하나님께서는 인간 모세의 모든 약함이 주님께 완전히 신을 벗고 항복하도록 모세를 준비시키셨다. 사실 하나님은 모세가 매일 지나치는 미디안 광야의 익숙한 한 나무에서 지난 40년 동안 늘 함께 하셨다. 광야의 서늘함과 혹독한 환경과는 달리 하나님은 모세를 향한 뜨거운 사랑을 버린 적이 없으시다. 하나님은 늘 그 자리에 함께 계셨다. 모세는 자기 자신을 완전히 잃어 가는 것 같았지만 하나님은 이전 모세의 40년을 역전시킬 하나님의 지팡이를 준비하고 계셨다.

이것이 바로 당신이 겪고 있는 현실정도와 견줄만한가? 우리는 성경을 통해서 모세의 다음 40년 동안 무슨 일이 펼쳐졌는지 너무나 잘 알고 있다. 출애굽기에 나오는 모세의 이야기를 주일학교나 설교시간에 너무 자주 들어서 식상할 수도 있지만 이 이야기는 전혀 식상하지 않다. 이 이야기는 나와 당신이 새로워지는 이야기이다. 여호와 앞에서 신을 벗고 난 모세의 다음 40년의 시간들은 곧 우리의 삶에 펼쳐질 이야기와 사뭇 다르지 않다.

그러나 그렇게 굳게 입을 다물고 40년이 지난뒤, 굳게 닫힌 입처럼 죽은 것 같았던 모세의 삶을 하나님께서는 부활시켰다. 그리고 하나님은 모세의 낡은 지팡이를 사용하신다. 모세는 늙었지만 하나님의 지팡이는 결코 늙고 있지 않았다. 모세는 말을 더듬거렸지만 하나님의 지팡이는 늘 언제나 권위와 위엄의 말들을 뿜어냈다. 길에서 지팡이를 들고 지나가는 할머니 할아버지를 볼 때 면 우리는 이렇게 생각한다. '할머니께서 이제 기운도 없으시고 힘도 없으시구나, 많이 지치고 힘들어 보이시네,,,' 모세가 처음 지팡이를 쥐었을 때는 이와 같은 동기였을 수 도 있다. 모세는 마음도 몸도 늙었기 때문에 지팡이가 필요했다. 그러나 하나님의 산 호렙에서 부르심을 받은 그날로부터 그 지팡이는 모세의 약함을 상징하는 어떤 것, 곧 개인의 약함을 보살펴 주기 위한 작은 막대기에서 새로운 차원 곧 하나님의 차원의 것으로 바뀌었다. 이 지팡이는 인간다운 삶을 살아보고자 애쓰고 노력하는 힘에 부친 모세의 삶을 도와주는 작은 소품이 아니라, 민족을 구원하고 이끄는 새로운 리더십과 구원의 능력의 차원으로 완전히 바뀌었다. 모세의 지팡이는 더 이상 모세의 연약함의 상징이 아니다. 이것은 자기백성을 구원하시고자 하는 능력의 손길이며, 강하고 능하신 주님의 팔이었다. 모세는 약했다. 그리고 지팡이가 필요했다. 그러나 하나님은 그 작은 지팡이로 하늘과 땅을 흔드셨다.

이제 당신의 약함을 향한 하나님의 계획이 느껴지기 시작하는가? 우리는 모세의 지팡이를 볼 때 80이 넘은 노인의 초라함을 상상하지 않는다. 하나님은 80이 넘는 모세의 덜덜 떨리는 발걸음을 보조적으로 도와주는 지팡이로 그것을 사용하지 않았다. 하나님은 겨우 막대기 하나에 지나지 않는 지팡이 그 위에 천지를 창조하신 하나님, 모든 이름위에 뛰어난 그 이름의 권세와 권위의 기름을 부으셔서 모세를 하나님과 같이 되게 하셨다. 출애굽기 4장 20절은 '모세가 하나님의 지팡이를 잡았더라 (출 4:20)' 라고 말한다. 이제 모세는 애굽에 하나님의 구원을 선포하는 선지자로써 새로운 여정을 시작한다. 그리고 이제 그의 손에는 이름 하여 '하나님의 지팡이가' 들려있다. 이것이 바로 당신의 약함이 반전의 도구가 되게 하시는 하나님의 능력이다. 우리는 그저 지팡이가 필요할 뿐이다. 그만큼 우리는 약해져있다. 그러나 하나님은 당신의 지팡이를 기적을 일으키는 놀라운 신적인 도구로 바꿀 수 있는 능력을 가지신 분이다. 온통 당신의 근심거리처럼 보이는 당신의 약한 모든 모습들은 이제 하나님의 권위를 입을 준비를 하고 있다. 당신의 혼과 영은 이 약함의 시간을 지난 후 놀랍게 소성케 될 것이다. 모세의 지팡이는 겉보기엔 늙은이의 수치였다.

그러나 하나님께서는 그 지팡이를 통해 하나님의 백성인 이스라엘 백성의 모든 수치를 꺾으시고 도리어 이방 백성을 수치스럽게 만드셨다. 당신의 약함은 더 이상 당신의 수치가 아니다. 모세의 이야기가 당신의 이야기가 될 것을 예수의 이름으로 지금 선포하자, " 나의 모든 약함과 지침과 약점까지도 하나님의 능력의 손에 지금 붙들릴지어다. "

그는 자기 자신을 완전히 잃어가는 것 같았지만, 하나님은 이전 모세의 40년을 역전시킬 하나님의 지팡이를 준비하고 계셨다.

보이는 문제, 보이지 않는 문제

나는 인천에서 보컬레슨 학원을 10년간 운영하고 있고, 20대부터 보컬 트레이너로서 좋은 발성을 찾고 가르치는 것에 몰두해왔다. 또 천여 명의 학생들을 만나 노래를 가르치고 불렀다. 나는 20년간 음악을 해왔고 음악과 가까이 지내며 하루에 7시간 이상을 노래를 부르거나 연구하거나 가르치는 삶을 살아왔다. 이 과정 가운데 하나님의 인도하심을 따라 CCM 앨범을 내기도 했으며 또 예배자로 이곳저곳에서 예배 인도를 해왔다.

하지만 나에게 음악은 고통이고 또 괴로움이었다. 내 음악적 수준은 나를 만족 시키지 못했다. 공부도 곧 잘했고, 나름대로 이름을 들으면 알만한 어엿한 4년제 대학도 나왔는데, 어쩌다 내가 이렇게 지겹고 지루한 삶을 살게 된 걸까?

내가 부른 노래를 내 귀로 듣는 것 자체가 고통이었다. 음악적인 열등감은 늘 내 생각을 사로잡았고 허구한 날 자괴감에 빠져서 살았다. 나는 무슨 망상에 씌어서 이렇게 불가능한 꿈을 꾸고 있는 걸까? 하나님께 크게 쓰임 받고자 야심차게 음악을 시작한지 10년이 다 되어 가건만 내 꿈은 현실과는 너무 멀었다.

어느덧 이런 생각이 밀려왔다. '내가 광신자인가? 제 정신이 아니구나 현실을 좀 봐 돈을 많이 벌어야지, 밥 세끼는 먹고 살아야할 것 아냐, 시집 갈 돈도 없으면서…' 그러면서도 하나님께서 내게 주신 소명을 포기할 수가 없었다.

영성이든 실력이든 모든 부분에서 최고가 되고 싶었다. 사람들이 내가 부르는 찬양을 들었을 때, 소름끼치는 감동이 밀려오는 그런 보컬리스트이자 찬양사역자가 되고 싶었던 것 같다.

그러나 시간이 지나도 유명한 다른 사람들처럼 마이크를 멋들어지게 잡고 손을 높이 들면서 "살아계신 하나님을 찬양 합니다" 와 같은 신앙고백을 할 수 있는 기회는 오지 않았다.

더 이상은 하나님의 때를 기다릴 힘도 없고, 내 삶을 향한 하나님의 어떤 목적이 있다는 기대감도 가질 수 없게 될 무렵 주님은 나를 위해 구원 열차를 예비하시어 새로운 여정으로 인도하셨다.

오직 하나님이 성령으로 이것을 우리에게 보이셨으니 성령은 모든 것

곧 하나님의 깊은 것이라도 통달 하시느니라. 사람의 사정을 사람의 속에 있는 영 외에는 누가 알리요 이와 같이 하나님의 사정도 하나님의 영 외에는 아무도 알지 못하느니라 (고린도후서 2장 10절-11절)

이것은 계시의 시간의 연속이었다. 이전에는 이유를 알지 못했던 것들에 대해서 성령님께서는 계시와 깨달음을 통해서 계속 가르치셨다. 우리는 대부분의 경우 삶 속에서 벌어지는 문제와 사건들을 접할 때, 문제 때문에 나의 불안과 초조함, 두려움과 슬픔이 일어났다고 생각하며 문제를 해결하는 것에 집중하곤 한다.

그럴 때 우리가 훈련하는 것들은 문제들 속에서 하나님을 의지하면서 평정심을 찾고자 애쓰고 노력하는 것 이것이 전부이다.

"이해되지 않아도 상황을 선하게 인도하시는 하나님을 신뢰합니다." 하는 고백들로 억지로 우리를 진정시키려고 하기도 한다.

우리는 문제를 대할 때 교회에서 "문제 보다 크신 하나님을 바라보라" 라는 설교제목에 동의하고자 노력한다. 그것이 무슨 말인지도 정확히 알지 못한 채, 아멘 아멘 하면서 그렇게 지내왔다. '문제보다 크신 하나님을 바라보라는 것은 무엇일까?' 물론 여기에는 하나님 앞에서는 어떠한 문제도 문제가 아닐 만큼 작은 것들이기 때문에 하나님께서는 우리 삶의 문제들을 해결해 주실 수 있는 능력이 있다는 것을 믿고 의지하라는 의미가 포함되어있다.

그러나 '문제 보다 크신 하나님' 이라는 말에 대해서 잘 생각해보

자. '크다' 라는 말이 단순히 우리의 문제를 하나님이 해결해 주실 수 있는 큰 능력을 가지고 있다는 뜻이 아니다. 그렇게 단순한 의미가 아니다. 우리가 여기서 생각을 더 깊이 있게 하지 못하는 이유는 우리가 주님을 볼 때 문제를 해결하시는 해결사의 역할을 가지고 계시는 하나님의 모습에만 집착하기 때문이다. 성령님께서는 우리가 문제의 환경을 지날 때 이전에는 깨닫지 못했던 새로운 것들을 가르치기 원하신다.

사실 현실의 문제 속에는 보이는 문제와 보이지 않는 문제가 함께 공존하고 있다. 결국 보이는 문제만 풀면 반만 푸는 것이다. 반쪽짜리 해답은 답이 아닌 것처럼 현실 속에서 보이는 문제가 일시적으로 해결되었다고 하더라도 여전히 우리의 생각의 전쟁터에서 원수의 거짓말들의 동의하는 시스템이 구조적으로 새롭게 되지 않는다면 같은 문제가 다시 반복 될 수밖에 없다. 또한 통제할 수 없는 문제 앞에서 우리의 속사람은 힘을 잃고 대부분의 경우 삶의 고통은 끝나지 않는다.

만유 안에는 물리적인 세계와 영적인 세계 이 두 세계가 공존한다. 해결해야 할 삶의 문제가 한적히 쌓인 것 같다가도 때로는 일시적으로 문제가 처리된 듯 보일 때 도 있다. 그러나 보이는 세계는 보이지 않는 세계로 말미암아 지어졌고 만들어졌기 때문에 우리에게 있어서 진짜 세계는 보이지 않는 세계 이어야한다. 여전히 영적인 세계 안에서 그리고 우리의 환경과 상황들에 관하여 원수가 합법적으로 권위를 가지고 있는 영역이 있다면 우리 상황들을 주장하게 된다. 보이는 세계는 보이지 않는 세계의 그림자이다. 보이지 않는 세계 안에서 우리 각자가 권위의 에봇을 취하지 않는다면 보이는 세계 속에서 자유를 얻지 못하고 문제 속에 웅크러든 채로 불편한 감정과 생각들 속에서 헤어 나오지 못하는 등 고통을 받게 된다. 당장은 눈앞에 보이는 어떤 사건의 문제로 인해 재산을 잃고 관계가 깨어지고 자신과 타인에 대한 파괴적인 생각을 가지게 된다고 믿고 있지만 보이지 않는 세계에서 작동하는 것들이 현실 속에서 열매로 나타나는 경우가 많다. 우리는 영의 세계 안에서 어떤 힘이 작동하고 있는지 보이는 문제속에서 보이지 않는 성령님과 대화하는 법을 배워야한다. 이런 문제들이 해결되지 않으면 예수를 믿음에도 불구하고 행복하지 않은 삶을 살게 된다. 심지어는 예수를 믿어도 이렇게 반복되는 문제들 때문에 인해 주님께 거절감을 느끼고 신앙으로부터 완전히 돌아서는 경우도 보았다. 우리는 보이는 문제를 풀기에만 급급하다. 그러면서 보이지 않는 문제에 성령님과 함께 접근하는 법에 대해서는 잘 배우지 못한 것 같다. 하나님은 만물의 주이시며 만유의 주이시므로 보이는 세계와 보이지 않는 세계를 다스리시는 영원한 통치자이시다. 그러므로 우리는 보이는 것이 보이지 않는 것으로부터 나타나게 되었다는 히브리서 11장 3절의 말씀처럼 하나님께 문제의 근원과 본질에 대하여 주님께 물어야 한다.

믿음이 권한을 부여한다

믿음으로 모든 세계가 하나님의 말씀으로 지어진 줄을 우리가 아나니 **보이는 것은 나타난 것으로 말미암아 된 것 이 아니니라**.
(히브리서 11장 3절 / KRV 성경)

Faith **empowers** us to see that the universe was created and beautifully coordinated by the power of God's words! He spoke and the invisible realm gave birth to all that is seen.
(Hebrews 11장 3절 / TPT 성경)

말씀은 보이는 세계와 보이지 않는 세계가 어떠한 관련이 있는지 명확히 보여주고 있다. 이 본문을 읽을 때 우리는 많은 경우 보이지 않는 세계와 보이는 세계를 천지 창조의 내용에 국한하여 이해하곤 한다. 물론 당연히 여기에서의 '세계'라고 하는 표현이 그것들을 의미한다는데 동의한다.

그러나 여기에서 말하는 '세계'라는 표현을 물질에 국한 하여 생각하는 것뿐만 아니라 우리 삶의 모든 양상으로도 바꾸어서 생각해 볼 수도 있을 것이다. 이유를 알 수 없는 나의 분노와 절망, 해결 되지 않는 돈의 묶임들 끊임없는 가난함, 계속되는 가족들의 질병, 끊임없는 관계들의 틀어짐 들과 부부와 자녀들의 문제, 습관적인 중독들과 음란한 죄를 짓는 것들, 설명할 수 없는 집안의 불운들과 아무리 노력해도 좋은 열매를 맺지 못하는 현실들 이 모든 것들도 보이는 세계라고 할 수 있지 않을까? 이렇게 우리가 표면적으로 느끼는 어떤 문제와 기질들과 사건들은 사실 보이지 않는 세계와 관련 있다. 이 말씀의 영어단어를 살펴보면 한국어 번역 상에 나타나지 않는 표현을 볼 수 있다. 그것은 'empower' 이라는 단어이다. 'empower' 단어의 사전적 의미를 보면 '권한을 주다' 또는 '권능을 부여 하다'라는 뜻이 있다. 그런데 히브리서 11장 1절 말씀을 보면 믿음을 또 다른 면으로 설명하고 있다.

믿음은 바라는 것들의 실상이요, 보지 못하는 것들의 증거니
(히브리서 11장 1절)

그러면 두 절의 내용을 합해서 생각해보면 믿음은 실제를 만들어 내는 권능을 부여한다. 또는 믿음을 실제가 되도록 하는 권한을 부여한다. 라고 정리할 수 있겠다. 우리는 창조될 때 하나님의 믿음이 실제가 된 자들이다. 하나님의 거룩하고 아름다운 믿음의 동력을 받아 하나님의 믿음대로 곧 하나님의 형상대로 지어졌다.

하나님의 믿음이라는 것이 우리를 하나님의 형상대로 창조할 수 있는 창조의 권능을 주었다는 것이다. 그분은 실제를 만들어낼 수 있는 믿음이 있으셨고 우리는 그분의 믿음의 분량에 따라 말씀으로 나타났다. 그러므로 우리 속에 하나님의 계획과 디자인이 녹아져 있는 것은 당연하다. 하나님은 그것을 인간의 영과 혼이라는 것 속

에 심어 놓으셨다. 그렇다면 신적인 모양에 걸맞게 가장 아름답고 능력 있는 삶을 사는 것이 당연하지 않은가?

보이는 세계가 보이지 않는 세계와 연결되어 있다는 것을 우리는 성경을 통해 알 수 있다. 보이지 않는 세계에서 믿음으로 의롭다함을 받은 아브라함은 보이지 않는 세계에서 하나님과 언약했기 때문에 보이는 세계에서 아들을 100세에 얻었고, 보이는 세계에서 2000년 전 언제가 최초의 인류가 먹었던 선악과로 인해 2000년 후의 예수님은 십자가에 달려 죽으셔야 했다. 보이는 세계의 선악과로 인해 보이지 않는 세계에서의 하나님과 친밀감은 완전히 끊어졌고, 보이지 않는 세계에서 하늘의 결정에 의해 보이는 세계에서 예수님은 십자가를 지셔야만 했다. 그리고 보이는 세계에서의 십자가는 보이지 않는 세계에서의 영원한 구원을 이루었다.

그런데 아름다운 하나님의 동력을 받아 하나님의 형상대로 지어진 우리가 왜 하나님의 의도와 다르게 고통과 두려움 좌절과 무기력함 속에 살아야하는가? 왜 그러한가? 우리는 어떤 습관적인 죄를 오랜 시간 동안 지어옴으로써 하나님 그 분의 창조의 의도와 목적과는 다르게 어둠의 세력이 불어넣는 보이지 않는 세계의 동력이 더 강하게 작동하도록 허락했다. 즉 믿음이 권한을 주고 권능을 부여한다는 말씀에 입각하여 어둠의 실제가 만들어지도록 어둠에게 권한을 우리가 스스로 주었다는 것이다. 바꿔 말하면 우리 삶에 대한 우리의 믿음이 어떠한가? 라는 것이 우리의 삶에 문제와 낙심이 이라는 실제가 오게 할 것인지 아니면 기쁨과 돌파라는 실제가 오도록 할 것인지를 결정한다는 것이다. 하나님의 진리가 아닌 세상의 기준들이 우리 삶의 기준이 되고 세상의 가치가 우리가 믿는 진리보다 우리 삶에 더 큰 영향력을 발휘하도록 우리는 어둠에게 권한을 주었다. 그것은 우리가 나 자신과 나의 삶의 방향에 대해서 오랫동안 믿어왔던 부정적인 기대들이 결과물로 나타난 것들이며 실제적인 우리의 말로 인하여 그렇게 되었다. 영적인 세계는 믿음으로 작동한다. 어둠에게 권한을 부여하면 할수록 우리는 그리스도인으로서 살고 있지만 그리스도의 권위를 삶 가운데 나타내지 못하게 된다. 이것들이 천천히 느리게 크고 작은 사건 속에서 무한 반복되면서 그리스도 안에서 우리 자신이 누구인지 어떤 가치가 있는지에 대해 사단이 주는 왜곡된 거짓말을 믿게 되는 것이다. 그리고 이러한 거짓말들이 반복적으로 어떤 패턴을 이루게 되면 우리의 믿음의 영역 곧 생각의 영역에서 사단이 주는 거짓말이 실제 상황들 가운데 나타나도록 무한 동력을 제공받아 하나님의 권능으로 건설된 본래의 모습을 완전히 상실한 채 살아가게 된다. 하나님이 주신 꿈과 소명을 잃고, 절망을 하게 되고, 두려워하게 되고, 외로움에 시달리게 되는 것이다.

그러므로 우리는 보이는 것이 보이지 않는 것으로부터 나왔다는 말씀에 기인하여 현상보다 중요한 본질적인 세계에 대하여 주님께 물을 수 있는 지혜가 있어야 한다. 주님은 보이는 세계뿐 아니라 보이지 않는 세계를 정복하셨다. 예수님에게는 만물과 만유 안에 있는 무엇이든 묶고 푸는 권세가 있으시고 그 분의 몸으로 부르심을 받은 교회인 각 사람 또한 그렇다. 이 말씀은 우리가 문제를 해결할 수 있는 사람으로 부르심을 받았다는 것을 뜻한다. 그러므로 우리는 한가지처럼 보이는 문제 속에서 겹겹이 쌓여있는 보이지 않는 문제 꾸러미와 해답지들을 모두 주님께 묻고 들어야한다. 영의 세계에서 찾아야 할 해답과 자연계에서 찾아야 할 전략들을 함께 주님께 들어야한다. 그리고 주님의 음성에 순종해야 할 것이다. 문제 해결을 구하기보다는 어떤 방식으로 문제를 해결하기 원하시는지 하나님께 들어야하며 그렇기 때문에 문제보다 크신 하나님을 보라는 것이란, 보이는 세계의 문제와 보이지 않는 세계에서의 문제가 무엇인지 그것을 '예수 그리스도를 통해서 보라' 는 것을 의미할 것이다.

보이지 않는 문제와 치유

그렇다면 우리는 또한 동일하게 현재의 문제를 해결하기 위해서는 단순히 보이는 세계 속에서 느끼는 문제에 대한 인식과 두려움을 뛰어 넘어 보이지는 않지만 그 세계가 어떠한 방식으로 나의 삶의 현재와 과거의 수많은 경험들을 지나오면서 영향을 끼쳐 왔는지 주님께 물어보아야 한다. 현재의 문제가 현재와 과거의 영역을 넘어서 무의식의 세계 혹은 조상들의 죄에 이르기까지 보이지 않는 세계들과 연결되어 나타나므로 그들이 내 삶가운데 어떻게 침투해 들어왔으며 어떤 과정을 통해 지금의 문제를 만들수 있는 권한을 가지고 되었는지 그것들을 볼 수 있는 눈이 열리도록 성령님께 구해야한다.

현재의 문제에 권위를 갖게 된 배후에 있는 어둠의 세력들을 볼 수 있는 눈을 우리는 가질 수 있어야 한다. 그래서 보이지 않는 세계에서 우리들이 허용한 사단의 영향력과 보이지 않는 세계에서 불순종의 아들들에게서 나타나는 영들의 역사들을 향해 그것들을 깨뜨릴 수 있는 예수의 권능을 선포하며 그 능력이 그것들을 파하도록 해야 할 것이다.

이 아름다운 세계가 하나님의 믿음으로 부터 동력을 얻어 나타난 것처럼 하나님의 형상을 닮은 우리 자신과 우리 삶의 모든 영역은 다시 하나님의 성품과 진리에 기준한 믿음의 동력으로 새로운 권능을 부여받음으로 새롭게 재창조 될 수 있다.

회복의 주님이 그러한 일을 당신으로 부터 시작하기 원하신다. 그분의 형상을 닮은 우리는 다시 세계를 새롭게 창조할 수 있는 자로 부르심을 받았다.

그런데 문제는 '어떻게 우리는 믿음의 영역에 있어서 새로워질 수 있는가' 에 대하여 알지 못한다는 것이다. 우리 중에 많은 그리스도인들은 그러한 방법들에 대하여 배워본 적이 없다. 그냥 성경을 많이 읽거나 기도하는 시간을 단순히 늘린다고 해서 보이지 않는 세계에서 현재 작동하고 있는 것들을 바꿀 수가 없다는 것이다. 변화를 만드는 믿음은 그리스도안에서의 명확한 정체성과 관련 있으며 치유의 과정을 동반한다. 어떻게 우리는 새로운 믿음을 향한 동기부여를 받을 수 있을 것인가 여기에 단 한 가지 답만 있는 것은 아니다. 그러나 예수님을 인생의 구주로 고백한 그리스도인들이라면 그 안에 계시는 성령님의 능력에 의해 구체적인 내면의 치유와 회복의 시간을 통해서 이것들을 경험할 수 있다고 믿는다. 나는 이것에 대해 증인으로 여기에 서있다.

하나님의 치유가 우리가 선택한 보이지 않는 세계의 악한 믿음의 동력을 제거함으로 우리의 삶 가운데 부정적인 결과를 가져왔던 과거의 동력을 제거하고 다시 하나님의 디자인으로 완전히 다시 태어나도록 삶을 새롭게 건설하는 것들을 나는 실제로 경험했다.

그러나 사단은 믿음의 세계가 어떻게 작용하는지에 대한 이러한 비밀들을 우리가 깨닫게 되는 것을 싫어한다. 그들은 우리의 산적한 문제들이 보이지 않는 세계와 연결되었다는 것을 깨닫지 못하도록 끝까지 방해한다. 어떻게 해서든 자신들을 숨기려한다. 그래서 현실의 문제에 중심이 매몰되게 하는 것이 악한자의 집단의 주특기이다. 그들은 우리가 하나님께 물을 때 하나님께서 우리에게 어떤 전략을 주실 것인지를 알고 있다. 그들은 예수 그리스도와 그의 성도가 연합하여 정사와 권세와 하늘에 있는 악의 영들과 전투하기 시작할 때 자신들이 패배하고 쫓겨날 것들을 알고 있다. 그래서 그들은 우리가 주님과 동역하는 것들을 두려워하고 있다. 그들은 우리가 성령님과 연합할 때 그의 지혜를 배움으로 우리 삶속에서 역사하는 모든 대적의 통로를 차단하는 능력을 받게 될 것을 알고 있다. 그래서 그들은 우리가 하나님께 묻지 못하도록 온갖 무기력을 쏟아 부으며 정체를 숨기기 위해 우리를 무력감으로 몰아넣는다.

하나님의 형상을 닮은 우리 자신과 우리 삶의 모든 영역은 다시 하나님의 성품과 진리에 기준한 믿음의 동력으로 새로운 권능을 부여받음으로 새롭게 재창조 될 수 있다.

미움이라는 죄가 작동하도록 만드는 보이지 않는 세계에서 권위를 가지고 작동하는 다른 영적이며 법적인 원인이 있음을 보아야 한다는 것이다.

뒤를 돌아보지 않고 앞에 있는 푯대를 향하여 굳건히 달려가는 이 사람은 현재의 나의 모습 같아 보이지는 않았다. 그러나 그것은 분명 하나님께서 나를 지으신 디자인의 모습이었으며, 회복된 나의 온전한 모습이었다.

02

숨은 자들 사이에 숨은 자

마음의 법과 죄의 법

성경에서 바울은 보이지 않는 세계를 깨달음으로써 보이는 문제를 풀 수 있는 지혜를 받았다. 통치자들과 권세자들을 무력화 시키시는 하나님의 지혜를 바울은 고통 가운데서 깨닫게 된다. 바울은 이렇게 고백한다.

내 속사람으로는 하나님을 즐거워하되 내 지체 속에서 한 다른 법이 **내 마음의 법**과 싸워 내 지체 속에 있는 **죄의 법** 아래로 나를 사로잡아 오는 것을 보는 도다 (로마서 7장 22-23절)

바울은 두 가지 법이 한 사람 안에서 작동하는 것을 발견했다. 우리 안에 두 존재가 함께 살고 있는 것이다. 두 법이 싸우다가 결국 나를 죄의 법 아래로 사로잡아 오는 것을 본다고 이야기한다. 사실 이 말은 환상이라기보다는 깨달음이다. 자연계 안에서도 법은 중요하다. 법은 사회 가운데서 최고의 권위를 갖는다. 법이 최고의 권위를 갖는다는 것은 그 세계를 움직이고 통제하는 것들에 영향을 줄 수 있는 가장 강한 힘을 가지고 있다는 것이다.

또 보이지 않는 세계에서의 힘과 영향력이 가시적으로 나타나도록 역사하고 있는 것이 법이다. 법은 결국 법 자체가 권위이며 힘이다.

바울은 마음의 법과 지체 속에 있는 법을 분리해서 생각했다.

결국 마음의 법이란 내 마음을 주관하는 성령님의 권위를 뜻한다. 그리고 지체 속에 법이란, 죄와 상처가 주관하는 마귀의 법을 뜻한다. 이것은 육체대로 사는 것을 좋아하는 법이다. 여기서 말하는 육체는 단순히 사람의 살을 의미하는 것이 아니라 육신적인 것을 의미한다. 바울은 육신적인 것은 선한 것이 없다고 말한다.

내 속 곧 내 육신에 선한 것이 거하지 아니하는 줄을 내가 아노니 원함은 내게 있으나 선을 행하는 것은 없노라. 내가 원하는 바 선은 하지 아니하고 도리어 원치 아니하는바 악은 행하는 도다.
(로마서 7장 18절)

육신적인 것에는 선한 것이 거하지 않는다고 했으니까 성령의법이 아니면서 작동하는 다른 법이 있음을 말하는 것이 분명하다.

'내가 원하는 바 선은 하지 아니하고 도리어 원치 아니하는 바 악은 행하는 도다' 이 말은 무슨 뜻일까?

이 말대로라면 나의 생각과 원함을 통제할 수 있는 다른 법이 있다는 것이다. 여기서 법의 힘이 작동하는 원리를 본다. 마음에 원하는 것이 작동하는 것이 아니라 우리의 삶 가운데 영적인 우선권을 갖는 법이 작동한다.

가끔 상담을 해보면 이런 이야기를 종종 듣는다. "나는 정말000 하고 싶은데, 그게 안 돼요, 나는 정말 열심히 살고 싶은데, 그게 안 돼요, 나는 정말 참고 싶은데, 인내하고 싶은데, 소망을 갖아 보려고 하는데, 그게 안 돼요" 이런 이야기를 듣는다.

이 세상의 어떤 알코올 중독자도 알코올 중독자가 되고 싶어서 된 사람은 없을 것이다. 물론 믿는 사람들은 이들이 중독자로 사는 것이 단순하게 중독에서 빠져나오도록 막고 있는 악한 영이 작동하는 것 때문이라고 말은 한다.

그러나 우리가 생각하는 것처럼 단순히 사단의 무언가에 씌워서 그렇게 된 것이 아니다. 그는 중독의 영이 끊임없이 자기 삶 가운데 영향력을 행사하도록 허락했던 어떤 시간들이 있었고, 고통과 좌절을 받아들였고, 술을 먹는 행위를 반복했다. 이제 어떤 이유에서건 반복되고 반복되는 생활패턴과 어떤 습관에 의해 그 사람의 혼을 통제하는 영적인 세계에서의 법이 만들어졌다. 이제 그의 행동반경은 어둠의 세력이 그의 행동을 주관하도록 하는 범위 안에서 결정된다. 이제 그는 바울이 말한 것처럼 원하는 바 선은 행할 수 없고 원치 않는바 악을 행하게 되는 무언가 '법적인 것' 에 묶여 있는 상태가 되었다. 이러한 지체속의 법은 한두가지 사건을 통해서 만들어지는 것은 아니다. 짧게는 수개월 길게는 수년 또는 수십 년의 과정을 통해 우리가 원수에게 우리 삶에 영향력을 행사하도록 우리 스스로 발판을 내어주면서 생기게 된 것들이다. 이 과정을 통해서 우리는 우리의 삶을 스스로 경영할 수 없게 되었고 진리를 배우고 알지라도 삶에 적용하지 못하는 아무 힘이 없는 그리스도인이 되어 버렸다.

나의 이야기

언제부턴가 동생과 대화할 때마다 화를 내고 있는 내 모습을 발견했다. 처음에는 그렇게 시작하지 않았지만 몇 마디 나누다 보면 우리의 대화는 모든 비난과 불신의 기운들, 그리고 말다툼으로 끝나기 일쑤였고, 동생과 친밀하고 따듯한 대화를 나누는 것이 매번 힘들었다. 동생과 대화를 마치고 나면 마음이 자주 무너지곤 했다. 평강을 지키기가 어려웠다. 그의 말속에서 쏟아져 나오는 가시들은 감당하기 어려웠다. 이러한 관계가 내가 늘 안식하고 인정받기 원하는 가족과의 관계 안에서 일어나고 있다는 것은 더욱 나를 힘들게 했다.

이제는 어릴 때로 부터 많은 시간이 흘렀고 나는 나대로 바쁜 삶을 살고 나의 동생도 현실 속 어른이 되어 버렸다. 그냥 서로 별 상관없는 사이처럼 지내고 있는 모습이다. 기나긴 소통의 부재의 시간들을 지나 동생을 생각할 때 떠오르는 슬픔과 외로움들을 주님께 아뢰어야 했다. 한때는 불신도 있었고 분노도 있었지만 지금은 그런 것들 보다는 부자연스러움만 남은 상태이다.

나의 이러한 마음에 관하여 주님께서 다루시길 원하셨다. '언제부턴가 동생을 생각하면 마음이 서늘해지고, 실패감이 몰려오는데, 이것은 무엇일까? 성령님께 집중하면서 나는 감정의 뿌리들에 관해서 주님께 물었고 해결책을 구했다. 그리고 무엇이 문제인지 주님께 알려 달라고 계시를 구했다.

동생과 내가 대학생 나이일 무렵 내가 가장 인정하기 싫은 것은 동생의 여자 친구였다. 어렸을 때부터 동생이 교회를 안 나가고 장시간 게임을 하고 내가 원하는 대로 해주지 않고 나를 이용해 먹으려 하는 것도 힘들었지만, 무엇보다 싫은 것은 믿지 않는 여자 친구를 만나면서 교회를 완전히 떠나버린 것이었다. 그전부터 친구 같았던 동생과의 관계가 서먹해 진 것은 맞지만 동생을 향해 불안함을 부추겼던 것은 동생의 여자 친구였다. 나는 동생의 여자 친구가 싫었다. 그전에는 그나마 가끔이라도 나를 의지하고 전화도 해주었지만, 여자 친구가 생기면서 부터는 내게 거의 발길을 끊었고, 점점 더 우리는 대화할 기회를 잃었다.

성령님께서는 동생의 여자 친구에 관한 나의 마음과 태도를 조명해주셨다. 당시 동생의 여자 친구 때문에 동생과의 관계를 잃었다고 믿고 있었던 마음의 상실감은 대단히 컸다.

그러나 내가 동생과 동생의 여자 친구를 향해 미움을 선택한 것은 대적이 기뻐하는 것이었다. 그 당시는 동생이 선택하는 모든 것들이 마음에 들지 않았다. 왜 늦게 들어오는지, 누구랑 있는지 등등 나에게 일일이 보고 하지 않을 때마다 가족이며 누나라는 존재인 내가 투명인간이 되버린 것 같았다. 이제 성인이 된 나는 어렸을 때처럼 동생과 놀아주지 않을 것이라고 협박을 할 수도 없고, 차를 빌려주지 않겠다고 조종을 할 수도 없다.

동생을 미워하고 정죄하는 죄를 지으면서도 동생과 여자 친구를 미워하는 것은 죄를 짓는 것이 아니라 타당하고 정당한 행동을 하는 것이라고 믿었다. 마치 동생과 동생의 여자 친구를 미워하는 것이 나는 죄를 미워하는 것처럼 느꼈다. 동생의 여자 친구는 동생이 교회에 가는 것을 앞으로 더욱 방해할 것이며 동생이 여자 친구를 만남으로써 더 많은 죄를 짓게 될 것은 너무도 자명했다. 그가 선택하는 모든 행동과 말들은 나의 정죄의 대상이 되었다.

그러나 나는 주님께 입술로 고백하기 시작했다. 미워하는 마음을 지속적으로 받아들인 것들에 대해서 회개하고 동생의 여자 친구를 말로 저주했던 것들에 대해서 주님께 솔직히 고백하며 보혈의 능력을 의지했다. 동생을 미워하고 판단한 것을 회개하고 또 동생에게 용서를 구하는 기도를 올려드렸다. 하나님께서는 내 마음의 쓴 뿌리들을 보여주셨다. 원하는 바는 하지 않고 원하지 않는 바를 하게 된 모습에 관하여 성령께서는 보이지 않는 세계 안에서 작동하고 있었던 몇 가지 원리들에 대하여 가르치시기 시작했다. 동생의 마음에 있는 한 목소리를 내게 들려주셨다.

그러던 중 갑자기 동생의 영 가운데 흘러나오는 한 마디를 들을 수 있었다. "나는 누나가 나를 좀 인정해 주기를 바랬어" 한 마디였다. “나를 좀 있는 모습 그대로 인정해줘, 내가 선택한 것에 대해서 인정해줘" 하는 것들이었다.

일상에서 동생은 지루함을 달래기 위해 기한 없는 게임을 선택했다. 그리고 무기력함과 외로움을 달래기 위해 믿지 않는 여자 친구를 선택했고, 다른 유흥들을 선택했으며 그리고 나중에는 자연스럽게 예수님을 떠나는 것을 선택했다. 영안에서 동생은 내게 지속적으로 말했다. "그것은 나의 선택이었어 누나..." 나는 이제껏 동생이 악한 영에 이끌려서 그런 것을 한다고만 단순히 생각했었다. 그래서 동생을 판단하면서도 '저것은 사단에 의해서 하는 행동이야, 저것은 비난받아 마땅해' 하며 동생을 정죄하는 나의 동기들을 정당화 했다. 나는 한 번도 동생이 자신의 인격을 가지고 그것들을 선택해서 했다고 생각하지 않았다. 동생이 하는 행동들은 내게는 게임중독의 마귀로 보였고 게으름과 무기력의 마귀로만 보였다.

성령님께서는 나와 더 깊은 대화를 나누기를 원하셨다. 나는 그의 행동이 의롭지 않다는 종교적인 기준에 준하여 '그의 선택'을 존중하기 보다는 '그의 잘못'에 집중하고 있었다. '동생의 잘못은 고쳐야해, 바꿔야해' 그것이 내가 동생의 태도에 관해서 가지고 있는 이해의 전부였다.

성령님께서는 나의 그러한 태도로 인해 동생의 마음과 인격이 얼마나 많이 손상을 입게 되었는지 보여주셨다. 동생이 누나인 내게 원했던 것은 잘못을 지적받는 것이 아니라, 그 나름대로의 힘겨움 때문에 할 수 밖에 없었던 '선택' 에 대하여 단 한 번이라도 인정받는 것, 그것을 원했던 것이다.

사실 나는 동생을 사랑하기 원했다. 내 마음은 그것을 너무 원했지만 그렇게 원했지만 결국 사랑할 수 없었다. 나는 그의 선택을 존중할 수 없었고 그의 삶을 하나님의 눈으로 볼 수도 없었다.

과연 바울의 고백처럼 한 사람 안에 두 법이 존재한다는 표현의 실존은 바로 나였다. 로마서 7장 25절처럼 마음으로는 하나님의 법을 따르지만 결국 육신으로는 죄의 법을 따르는 삶은 곧 내 모습이었다.

다양한 이유들로 인해서 어린 시절의 나 또한 많은 결핍이 있었고, 안타깝게도 나의 결핍들과 불안의 요소들은 동생을 조종하는 결과를 가져왔다. 그것은 분명 죄였고, 조종하는 죄를 끊임없이 짓고 있었지만 나는 알아차릴 수 없었다.

우리는 많은 경우 누군가를 미워하거나 죄를 지은 것들에 대해서 하나님 앞에서 용서를 구하곤 한다. 가끔은 내가 지은 죄에 대하여 눈물을 뚝뚝 흘리며 회개 하고 입술로 잘못을 고백한다. “하나님, 내가 내 눈의 들보는 보지 못하면서 형제의 눈 속에 있는 티만 봤습니다.” 하고 말이다. 그런데 이상하게 그 다음에 만났을 때, 원치 않는 감정이 다시 올라오거나, 오해를 받거나, 다른 사건이 또 생기거나 할 때가 많다. 왜 그럴까? 아직 두 법의 체계에 있어서 변화가 일어나지 않았기 때문이다.

나와 동생의 경우 판단이라는 죄가 작동할 수밖에 없도록 그 죄의 법이 운용되게 하는 무언가가 있었다. 이러한 무언가는 죄의 법의 범위 안에 있는 것들이며 이것들을 명확하게 찾지 못하거나 해결하지 않을 경우 우리는 여전히 죄의 법 아래 묶여 똑같은 죄를 다시 짓게 된다. 이것은 단순히 '미움이 죄이기 때문에 회개해야 한다' 라는 것을 말하는 것이 아니라, 미움이라는 죄가 작동하도록 만드는 보이지 않는 세계에서 권위를 가지고 작동하는 다른 영적이며 법적인 원인이 있음을 보아야 한다는 것이다. 미움이 일어나도록 만드는 더 높은 권위에서 작동하는 것이 무엇이냐를 찾아내는 것이 필요하다. 우리가 죄로부터 완전히 돌아서기 위해서는 단순히 울거나 잘못을 고백하는 것을 넘어서서 그것을 찾아야한다. 이렇게 할 때에 우리가 정말로 회개해야 하는 영역이 무엇인지를 발견할 수 있으며 사실 그것만이 우리의 진정한 회개가 되는 것이다.

죄의 법을 발견하다

미움이라는 죄를 짓게 만드는 첫 번째 죄의 법은 조종이었다. 미움은 조종을 받아들일 때 오는 것이다. 그것은 내 마음대로 그의 행동을 바꾸고 싶은 데서 나온다. 이것은 그의 인격과 영적인 상태와 혹은 정서적인 필요들은 전혀 무시한 채 내가 원하는 모습대로 바꾸어야 한다는 아주 폭력적인 생각이다. 내가 원하는 대로 동생의 모든 행동을 통제하고 싶은 마음 그것은 첫 번째 죄의 법이었다. 이 첫 번째 죄의 법 아래서 미움이라는 죄가 여전히 살아남을 수 있었다. 그리고 그러한 조종을 가져오게 만드는 그 상위의 죄의 법이 또 있었다.

그것은 '율법'의 법이었다. 나는 동생을 향하여 끊임없이 조종하고 판단하는 죄를 지었는데 아이러니하게도 그 죄를 짓도록 만드는 법의 체계가 작동하게 만들고 있었던 것은 바로 하나님의 말씀이라고 믿고 있었던 '율법'이었다. 나는 동생의 행동을 볼 때에 늘 이런 생각을 했던 것이다. '동생은 마귀에 사로잡혀 있으니 그는 정죄당하여 마땅하며 그 안에 있는 마귀를 제거해야 한다.' 이러한 생각의 바탕은 전혀 복음적이지 않다. 이것은 매우 폭력적이고 비인격인 생각이다. 내가 하는 행동의 모든 동기는 죄를 미워하고 하나님을 사랑하는 것이라고 생각했었는데, 사실은 '율법주의' 라는 죄의 법에 이끌려 판단과 정죄라는 죄를 계속 짓고 있었던 것이다. 동생을 바라볼 때마다 그의 행동이 잘못된 부분만 보고 있는 나의 시선 때문에 어둠은 우리 관계 속에서 그리고 나의 생각과 마음속에서 끊임없이 역사했다.

이것을 내가 깨닫기 전까지 우리 관계에서 사단은 쫓겨나지 않고 있었다. 무의식중에 동생을 판단하고 정죄하고 조종하는 죄들이 멈추지 않았던 것은 그러한 죄들이 나의 생각의 구조 속에서 계속 작동하도록 만드는 상위 죄의 법의 권위에게 끊임없이 나를 사로잡는 권한을 부여하고 있기 때문이었다. 내 안에서 율법은 하나님의 사랑과 긍휼보다 더 높은 법이었다. 내가 숭배하고 있는 법은 인애와 자비의 법이 아니라 율법의 법이었다. 이것은 바리새인적인 법이다. 나는 미처 깨닫지 못하고 있었다. 바리새인은 율법에 눈이 멀어 하나님 나라가 이 땅에 다시 회복 되는 기운을 감지하지 못했다. 바리새인들은 안식일의 규정이라는 율법의 법에 눈이 가려져 하나님의 나라 곧 이 땅에서 이루어지는 예수 그리스도의 치유와 회복의 나라는 보지 못했다. 아니 정확히 말하면 보는 방법을 몰랐다. 그들은 볼 줄 몰랐다. 무지했다. 나 또한 마찬가지였다. 나는 예수님이 바리새인을 미워하셨던 이유가 진리와 생명에 대하여 그들의 진심이 없는 형식과 외식에 갇혀있던 모습 때문이라고 생각했었는데, 이것은 진심의 문제이기보다는 깨닫지 못하는 무지에 대한 문제였다.

그리고 율법을 숭배했던 그들은 자기의 의에 취하여 하나님 나라가 오는 것을 보지 못했다. 나 또한 율법이 가져다주는 '자기의' 의 달콤함에 취하여 정신을 차리지 못하고 있었다. 이전에는 왜 그렇게 동생의 행동들을 볼 때 불안한 마음을 주체할 수 없었는지 몰랐다. 내 마음이 어떤 법에 우선하여 작동 되고 있었는지 몰랐다.

소위 나처럼 열심 있는 크리스찬들은 이러한 죄를 너무도 자주 범한다. 동생의 영은 내게 도움을 요청하고 있었다. 나는 전혀 알지 못했다. 나에게 씌워진 율법의 영을 알아차리지 못했고, 이것을 통하여 판단의 죄가 작동하도록 하는 권한을 내가 계속 주고 있기 때문에 나는 동생과의 관계에 있어서 완전한 용서와 자유를 누릴 수 없다는 것들을 미처 깨닫지 못했다.

율법의 수건을 벗고 회복을 선택하기로 결정하면서 계속해서 이 문제에 관한 성령님과의 대화가 깊어졌다. 성령님께서는 동생이 여러 환경 가운데서 경험해 온 거절감들과 그러한 거절감에 반응하면서 열매 맺었던 행동과 반응들을 깨닫게 하셨다. 그리고 그것들이 확산되면서 견고한 진으로 굳어진 것들과 이로 인해 동생이 죄를 선택할 수밖에 없었던 뿌리들을 나에게 말씀해주셨다. 그리고 그가 예수 그리스도 안에 있는 사랑 가운데서 보호받지 못하고 그의 성품이 보존되지 못했던 이유 등을 주님은 말씀해주셨다. 나는 율법의 영을 받아들인 것들을 주님께 온전히 회개하고 영안에서 그와 대화했다. 그를 있는 모습 그대로 받아주었다. 그리고 그의 선택을 인정했다. 믿음으로 고백하며 기도했다. "나는 너의 선택을 존중해.. 너가 얼마나 너의 선택에 대해서 존중받고 인정받기를 원하고 있었는지 나는 몰랐어" 하고 말이다. 동생과의 대화를 상상하면서 계속 방언으로 기도했다.

“너에게도 특별하고 안정적인 관계가 필요했구나, 너도 살아남기 위해 감정의 안정감과 결핍을 채울 수 있는 방법을 선택할 수 밖에 없었구나, 그러한 선택을 하는 것을 원치 않았지만, 너 또한 다른 죄의 법에 이끌려 그랬던 것이구나, 네가 선택한 것에 대해서 지지하고 격려하고 이해해 주지 못해서 정말 미안하다 사랑한다. 너무 늦게 말해서 미안해, 지금 부터라도 너의 선택을 축복해" 라고 영안에서 상상하면서 동생을 풀어주고 또 판단의 죄로부터 나를 해방시켜주었다.

주님과의 단 몇 시간의 대화로 나는 수십 년 간의 동생에 대한 응어리진 감정들을 치유 받을 수 있었다. 판단의 죄는 그 이후부터 나를 떠나갔고, 나는 더 이상 내가 원하지 않는 영향력의 무게에 짓눌리지 않을 수 있었다.

그리고 나는 금방 동생을 생각했을 때에 떠오르던 모든 민망한 감정들로 부터 자유를 얻었다. 동생을 마음껏 축복할 수 있게 되었고 비로소 진심으로 그를 이해하기 시작했다.

답을 얻다

그리스도인인 우리는 너무 많은 부분을 죄에 집착하고 있다. 그런데 회개를 아무리해도 반복되는 죄가 있다. 이 때 필요한 것이 바로 성령님의 치유이다. 치유는 죄의 법의 근원을 파쇄 시키는 힘이 있다. 하나님은 죄를 회개하라고 협박하지 않으신다. 성령님은 죄의 권능을 무력하게 만드는 참된 능력을 알고 계신다. 그리고 우리는 오늘날 그것을 계시 받아야한다. 주님께서는 이 과정에서 우리에게 치유를 선물하신다. 우리는 너무 기계적으로 회개하느라 이러한 부분에 대해서는 쉽게 놓치고 있다. 우리 안에 온전한 치유가 풀어질 때 우리는 진심으로 우리의 죄를 회개 할 수 있으며 그 죄를 아직 살아있게 만드는 죄의 법의 체계를 주님은 보여주신다. 마음의 법과 죄의 법은 항상 같이 존재할 수 있다. 그래서 우리는 괴롭고 고통스럽다. 보이는 세계(=죄)는 보이지 않는 세계(=죄의 법)에 의해서 끊임없이 동력을 부여받는다. 그리고 결국 보이지 않는 세계에 대한 계시가 있어야 우리는 보이는 세계(=죄)에 대해 회개를 넘어서서 회복을 경험 할 수 있게 되는 것이다.

이것은 종교적인 회개가 아닌 친밀감을 필요로 한다. 우리의 상함을 돌보시는 아버지의 마음을 경험 할 때에만 비로소 가능하다. 이 과정에서 경험하는 성령님의 치유는 나의 삶의 모든 것을 바꾸었다. 회개가 필요 없다는 말은 아니다. 그러나 우리가 말로 하는 회개가 진정으로 사단과 싸워 이기게 만드는 시작이 될 수 있게 하는 것은 회복의 능력을 체험하는 것이다. 그럴 때 죄의 뒤편에서 역사하고 있는 사단의 숨은 모든 의도들은 드러나게 되며 우리는 다시 그것을 선택하지 않고, 새로운 삶을 시작할 수 있다.

우리 삶에서 죄의 영향력은 하나님으로부터 오는 인격적인 치유를 통해서 완전히 제거 될 수 있다.

지옥을 천국으로 바꾸는 새로운 믿음의 동력을 어떻게 얻을 것인가? 라는 질문에 답하기 위해 당신에게 이 책을 선물한다. 치유의 과정에서 경험한 예수님의 모든 성품과 그분의 인격이 놀라운 선물 그 자체가 되어 나의 잃어버린 기쁨들을 회복해 주었다. 예수님과 치유를 함께 해 나가는 과정은 치유의 결과보다 더욱 기쁘다. 하나님께서는 이 시간들을 통하여 사람들의 내면을 읽고 문제를 해결하는 기름부음을 계속 부어주셨다. 이것은 하나님께서 나의 상한 마음들을 대 수술 하시는 과정 속에서 주신 은혜이다. 마치 수년간 병원에 있으면서 치료를 받는 것처럼 정확한 성령님의 진단이 있었고, 또 처방이 주어졌다. 그렇게 사랑의 처방전을 끊임없이 건내어 주시며 새 사람이 되도록 이끄셨다. 내가 당신에게 이러한 선물을 주기 원하는 것은 하나님께서 먼저 나에게 이 선물과 같은 시간을 주셨기 때문이며 이것으로 인해 당신은 창일한 중에서도 능히 말과 함께 경주할 수 있게 되는 놀라운 열정과 능력을 회복 하게 될 것이다.

여기 아주 기쁜 소식이 있다. 그것은 모든 죄와 사망의 법을 이기신 성령의 법이다. 로마서 8장은 우리에게 이것을 말해주고 있다.

그리스도 예수 안에 있는 생명의 성령의 법이 죄와 사망의 법에서 너를 해방하였음이라 (로마서 8장 2절)

그러므로 우리는 이제 '내가 원하는 바 선은 하지 아니하고 도리어 원치 아니하는바 악은 행하는 도다.' 라고 말하며 살지 않아도 된다. 당신을 자유하게 하는 법은 당신은 옭아매는 법 위에서 다스리고 있다.

죄와 사망의 법이 당신을 주장할 수 있는 범위는 한정되어 있다. 사단은 자신들의 법적 권위가 영원할 것이라고 우리에게 협박을 하고 우리를 두렵게 한다. 그러나 상황이 달라지지 않아도 우리는 더 이상 두려워하지 않을 수 있다. 죄와 사망의 법은 우리와 숨바꼭질하기 원한다. 그들은 더욱더 숨으려고 하고 좀처럼 자신의 모습을 드러내주지 않는다. 그들이 숨어 있는 한 자신들의 법적인 권한을 행사할 수 있기 때문이다.

그러나 우리는 더 높은 법 곧 성령의 법의 권위 안에서 안전을 누리도록 초청 받았다. 그러므로 우리는 우리와 숨바꼭질하려고 하는 대적들을 성령의 레이더로 포착하여 그리스도의 능력으로 대적을 완전히 멸절시킬 수 있다. 말씀은 이미 우리를 죄와 사망의 법에서 '해방하였다(롬 8:2)' 라고 과거형으로 이야기한다. 이것은 영의 세계에서는 완성되고 끝난 일이다. 속임의 숨바꼭질을 좋아하는 원수들을 명령하고 내쫓기만 하면 되는 일이다.

포기하지 말라

하나님의 치유는 어떻게 오는 것인가? 물론 아주 능력이 있거나 영적인 목사님에게 예언을 받다가 축사를 받다가 혹은 대형집회에 참석해서 설교를 통해서 은혜를 받다가 치유가 되는 경우도 있다.

그러나 그것으로만 우리가 회복될 수 있다고 믿는다면 성령님과 함께 수십 년 동안 왜곡 되어온 셀 수 없는 거짓의 통로들을 발견하고 대화하고 진리로 우리를 새롭게 하는 여정은 연중행사 일 수밖에 없다.

사실은 당신은 당신에 대해 잘 모르고 있다. 매일 말씀을 보고 기도를 하는 삶을 살고 있는 아주 어엿한 기독교인이라는 사람들의 평판들과 달리 당신은 손상을 입었다. 물론 근본적으로는 창세 때에 손상을 입었고, 당신은 육체의 옷을 입고 태에서 나오기 전부터 당신의 미래의 부모들로부터 들은 말들로 상처를 받았으며 당신의 자아상은 당신이 채 한 살이 되기도 전에 이미 왜곡되기 시작했을 수 있다. 또 두 살이 채 되기도 전에 감정적인 고통의 극한을 이미 경험했는지도 모른다.

실제로 내가 아들을 임신하고 7개월이 될 무렵 내가 어머니의 태속에 있을 때부터 경험한 고통과 상처들에 대해 성령님께서 다루어주셨던 적이 있었는데, 그때 나는 환상으로 갓난아이가 애정 결핍으로 인해 심하게 고통 받는 그림을 보았고, 그 아기가 외치며 울부짖고 있는 것들을 영 안에서 들을 수 있었다. 안전과 사랑을 갈구하는 울부짖음의 소리가 내가 출생한 후 바로 몇 개월 즈음되었을 때의 감정과 생각이라는 것을 알 수 있었다.

당신 또한 4살 무렵부터 어린이집과 유치원을 다니면서 심지어는 교회 주일학교 안에서 거절감을 경험하고 비교의식과 열등감을 경험했을 가능성이 높으며 그때 영의 세계에서 무언가 일어났을 가능성이 높다. 당신의 감정의 손상은 이미 오래전부터 시작되었고, 진리가 아닌 것들을 받아들이는 생각의 습관은 수십 년 전부터 자리를 잡았을지도 모른다. 그리고 이러한 영역들에 대해서 한 번도 치유해 본적이 없을 수 있다. 그리고 초등학교 저학년 때 왕따를 당하면서 외로움에 심각한 문을 열어주었을 것이고 집안이 부유하지 않아서 누군가의 눈치를 보면서 자랐기 때문에 나이에 비해 너무 조숙해졌다. 불필요한 책임감과 부담감의 짐을 이고 자랐다. 그것 때문에 지금도 고통스럽지만 당신은 그것을 깨닫지 못한다. 지금 지고 있는 무거운 짐들의 첫 시작이 10살 무렵도 안 되었을 가능성은 매우 크다. 그 이후 10대 20대 30대를 지나면서는 어떠할까? 왜 지금 이러한 삶을 살고 있는 것일까? 에 대한 대답을 특별히 할 필요가 없을 것이다.

성경은 우리에게 '누구든지 그리스도 안에 있으면 새로운 피조물이라(고후 5:17)' 라고 말한다. 그럼에도 불구하고 우리는 매일 새롭지 못한 삶을 사는 것 같은 느낌이 든다. 과거에 겪었던 사건들과 그때 느낀 감정들의 기억 안에서 허우적거릴 때가 많다. 더 심각하게는 기억에서는 잊혀 졌으나. 우리의 영의 자리에 깊이 새겨져서 무의식 가운데서 끊임없이 어떤 방식으로든 영향을 주고 있을 것이다. 우리의 삶은 우리가 인지하는 세계를 넘어서서 더 깊은 곳에 있는 부정적인 기억의 알고리즘에 의해 진행되어 가고 있다. 삶의 열매들은 이것들을 고스란히 반영하고 있다. 이것은 당신이 알고 있던 모르고 있던 대부분 사실이다.

그러므로 회복은 한 번의 집회나 한두번의 안수 기도나 강의를 듣는 것으로 이루어지는 것이 아니다. 당신의 회복은 매일 아침마다 이루어져야한다. 하나님은 아침마다 깰 때 마다 하나님의 회복의 영역으로 당신을 초청하고 계신다.

나는 의로운 중에 주의 얼굴을 보리니 깰 때에 주의 형상으로 만족하리이다 (시편17편15절)

매일 주시는 회복은 우리의 모든 왜곡과 분열, 상함과 목마름을 깨고 빛을 비추셔서 우리의 영혼을 주의 형상으로 변화하게 한다. 하루도 어김 없이 어둠을 깨고 얼굴을 드러내는 빛나는 해처럼 우리가 느끼던지 느끼지 못하던지 주님도 매일 포기하지 않는사랑으로 우리를 찾아오신다. 우리는 내적치유를 치유집회에나 가서 하는 특별한 일로 치부해 버리는 경향이 있다. 그러면서 일상에서 매일아침 마다 우리가 있는 집이나 사무실로 찾아오기 원하시는 성령님의 치유의 빛은 필요 없다고 여기거나 가볍게 여기어 중요한 일상 속에서의 치유의 순간들을 놓치고 만다. 그리고 어떤 치유집회나 혹은 유명한 누군가에게 몇 마디가 기도를 받음으로 해결이 되었다고 믿고 싶어 한다. 집회에서 슬프게 몇 번의 눈물 흘림으로 완전히 자유해 졌다고 믿고 싶어 하거나 혹은 예수 이름을 부적을 쓰듯 사용하며 "예수 이름으로 떠나가라 " 하는 몇 마디 말들로 문제들이 완전히 떠났다고 믿는다. 예수님의 이름의 능력을 믿는 다기보다는 모든 것이 이제 잘 될 것이라고 믿고 싶은 마음에서 이런 말들을 뱉는 것이다. 이러한 분들의 믿음을 내가 업신여기는 것은 아니다. 그러나 하나님은 그것보다 우리를 더 자주 만나기 원하신다. 주님은 날마다 우리의 짐을 지시기 원하신다.

날마다 우리 짐을 지시는 주 곧 우리의 구원이신 하나님을 찬송할지로다 (시편 68편19절)

나의 경우 어떤 사건이나 감정으로 인해 성령 안에서 자유로웠던 내 영혼의 춤이 멈추었다고 느낄 때, 나는 수 시간 그리고 수 날 동안을 주님 앞에 머무른다. 몇 날이고 성령님께 계시를 구한다. 내가 그동안 이 감정과 관련하여 어떤 사단의 거짓말을 동의하면서 살았는지, 그들의 활동 안에서 나는 어떠한 죄를 허용하고 받아들였는지, 그리고 죄들이 어떤 방식으로 확장됨으로 말미암아 지금의 나의 감정에까지 영향을 주었는지, 나는 지금 무엇 때문에 이 상황이 힘든 것인지 내가 느끼는 고통과 절망의 바닥에 어떤 불안이 깔려 있는지 주님께 묻기 위해 모든 일정을 멈춘다.

물론 그 시간은 고통스럽다. 그리고 너무 답답하다. 때론 처리해야 할 죄를 보는 것은 기분이 좋지 않기도 하고 심지어 다른 사람의 죄까지 나의 죄로 용서를 구하는 동일시 회개까지 해야 하는 경우도 있다. 이러한 시간들을 스스로 많은 낭비라고 느낄 때도 많다.

어떤 경우에는 성령께서 주시는 아무런 감동을 느끼지 못해 말씀하시기 까지 기다리고 또 참으며 또 기다리고 또 의지함으로 무릎을 꿇고 있어야 하는 경우도 있다. 나 또한 이 과정이 지겹기 도 하고 지치기도 한다. 도무지 방향을 모르겠어서 수일이 지나도록 그저 슬피 우는 경우도 많다. 성령님께 묻고 듣는 과정에서도 가끔이지만 무기력해지는 경우도 있었고 때론 이렇게 애타게 부르짖는 나를 하나님께서 방관만 하시는 것 같이 느껴져서 예수님께 너무 화가 날 때도 있었다.

그러나 예수님은 우리를 영원부터 영원까지 자유케 하시기 위하여 대가를 이미 다 지불하셨다. 그분은 우리의 죄를 구속하셨다. 곧 죄 사함을 얻게 하셨다.(골 1:14) 그리고 이 과정에서 예수님조차도 자신의 소명을 다하기 위해 인내로 경주하셨다.

믿음의 주요 또 온전하게 하시는 이인 예수를 바라보자 그는 그 앞에 있는 기쁨을 위하여 십자가를 **참으사** 부끄러움을 개의치 아니하시더니 하나님 보좌 우편에 앉으셨느니라
(히브리서 12장 2절)

말씀은 예수님도 십자가를 참으심으로 승리를 얻으셨다고 말씀

하고 있다. 이것을 기억한다면 우리 또한 마땅히 예수님과의 가장 적극적인 연합을 위해서 어떠한 대가도 지불하는 것을 감수해야한다.

현재의 고난은 우리에게 나타날 영광과 족히 비교할 수 없다(롬 8:18)는 바울의 고백처럼 우리의 작은 대가 지불은 우리가 맞이할 새로운 피조물의 출산과는 비교할 수 없는 것이다.

그것은 정말 출산과도 같다. 혹시 갓 태어난 신생아를 본 적이 있는가? 나의 아들을 출산한 후 처음 안아 봤을 때의 감격을 나는 아직도 기억한다. 손을 깨끗이 소독한 후 손가락을 만져보고 손톱을 만져보고 다리를 만지고 하나님의 새로운 피조물의 눈 코 입과 경이로운 그 얼굴형을 감상하며 눈물과 감격의 기도를 드리던 때가 생각난다. 시간이 지나도 감동이 그치지 않고 심장이 두근거렸었다.

그렇다면 당신의 영안에 그리스도께서 창조하신 본래의 형상이 새롭게 다시 지어지고 나타나는 순간에 당신에게 얼마나 큰 감격이 있을 것인가는 말할 것 도 없다.

미리 아신 자들로 또한 **아들의 형상**을 본 받게 하기 위하여 미리 정하셨으니… (로마서 8장 29절)

아들의 형상, 우리 안에 있는 아들의 형상을 다시 되찾는 순간은 내가 10개월동안 자궁에서 품은 아들을 만나는 순간보다 훨씬 더 감격적일 것이다. 육신적인 아들의 탄생이 주었던 감격은 잠깐으로 끝났지만 우리의 잃어버린 본래의 형상을 되찾고 다스리고 통치하는 자의 자리를 다시 취하는 시간들, 이미 주어졌고 다시 주어질 예언적인 승리를 맘껏 기뻐하는 시간들은 당신과 나를 그리고 하늘의 계신 아버지도 영원히 춤추게 할 것이다.

그러므로 포기하지 말라. 당신을 짓누르던 모든 족쇄들이 끊어지고 다시 아들의 형상으로 새롭게 출산되는 자유를 느끼는 순간은 세상에서 제일 좋은 비행기를 타고 하늘을 나는 것보다 행복할 것이다.

인내를 가지고 회복을 주시는 주님을 신뢰해야 한다. 원수는 조급하게 함으로써 우리의 인내를 바닥나게 한다. 그러나 이러한 훈련을 함으로써 모든 순간에 가장 깊이 있게 성령님과의 소통하는 훈련을 하게 될 것이며 이러한 통로를 통해 당신은 평생의 친밀감을 하나님과 쌓을 수 있는 기초를 준비하게 될 것이다. 하나님과 세상과 자신에게 화가 나있는 당신의 손상된 영혼이 주님과 만날 수 있도록 인내함으로 기도하기를 원한다. 당신은 자신과 화해가 필요하다. 그리고 하나님과의 화해가 필요하다. 하나님은 당신과 화해하고 다시 하나 되기 원하신다. 그런데 시간이 필요하다.

그분과 당신과의 본래의 관계는 화평이었다. 둘로 하나를 만드신 것은(엡 2:14) 십자가에서 다시 하신 것이지만 본래 하나였기 때문에 또 다시 그렇게 하셨던 것이다. 당신은 본래 하나님의 영광 안에 머물던 자였다. 그러므로 조금만 인내하며 성령님과 함께 하는 회복의 여정을 즐긴다면 원래 있던 자리로 돌아가는 것은 그렇게 어렵지 않다.

회복의 영역에 들어가려면 회복에 대한 소망을 포기하지 않고 주님 앞에 앉아있는 것이 필요하다. 울부짖던, 소리를 지르던 화를 내던 욕을 하던 간에 우리는 성령님 앞에서 해야 한다.

영의 소리를 듣다

언제나 우리의 생각은 복잡하다. 그러나 완전히 주님께 맡기고 영에 집중하며 기도를 하면 성령님은 가끔 나의 영의 고백들을 듣게 하신다. 그럴 때마다 나는 깜짝깜짝 놀라지 않을 수 없었는데, 이것은 하나님의 형상대로 빚어진 영의 사람이 하는 말이었기 때문이다. 평상시에는 내가 느꼈던 감정들과 정 반대로 고백하는 말들을 내 영의 사람이 하는 것을 들었을 때 뭔가 이상하기도 하고 어색하기도하고 충격적이기도 했다.

한번은 너무 긴 시간동안 나의 꿈이 지연되고 있는 것에 관해서 상한 마음에 대하여 주님께 올려드린 적이 있었다. 나는 입버릇처럼 '내가 다시 20대 초반으로 돌아가면 나는 이러한 삶을 선택하지 않을 거야, 절대로 음악을 선택하지 않을 거야 이런 삶을 살줄 알았다면 나는 정말 그때, 이 길을 선택하지 않았을 텐데…'하는 말들을 중얼거렸다. 방언으로 기도하면서 성령님께서 나의 이 상한 마음을 향해 무엇이라고 말씀하실지 듣고 있던 중에 내가 감정적으로 동의 할 수 없는 말들이 입에서 나왔다."그때로 돌아가도 반드시 이 길을 선택할 거야. 이 길은 나의 영광이야. 하나님께서 부르신 길이야. 다시 선택하라고 해도 해도 난 이거야. 난 이것을 포기할 수 없어. 어떤 고통을 내가 겪는 다 해도 나는 결국 다시 이것을 선택할거야." 내 영 어딘가에서 거품처럼 끊임없이 올라오고 있는 소리들을 내뱉으며 하염없이 울었다. 이것은 놀라운 경험이었다. 사실 그 무렵은 대학을 졸업하고 음악을 선택한 것에 대해 끊임없는 후회와 낙담이 몰려오던 시기였다.

하나님께 물었다. "하나님 이것은 뭐예요? 내가 평상시에 느끼던 감정이 아닌 전혀 다른 사람이 엉뚱한 말을 하는 것을 들었어요," 그러나 나는 이 고백이 진정 나의 속사람이 하나님을 향해 드리고 있는 결단이며 순종의 고백이라는 것을 금방 알아차릴 수 있었다. 육의 사람이 아닌 영의 사람의 이미지를 통해 나에게 새로운 차원의 치유가 흘러들어오기 시작했다. 누군가가 시켜서 내가 이 일을 하고 있는 것이 아니라 나의 속안에 하나님을 사랑하는 영의 사람이 이 일을 선택하고 기꺼이 그 길을 가고 있는 것이었다. 그 사람은 많은 격려가 필요한 중에도 꿋꿋하게 주님이 주 신길을 걸어가고 있는 하나님이 빚으신 사람이었다. 그 영의 사람은 결단의 사람이었고, 어떠한 대가를 지불하더라도 하나님의 부르심에 순종하는 사람이었다. 그 사람은 하나님이 주신 꿈을 포기할 수 없는 사람이었고, 하나님이 주신 소명의 길을 걸어가는 삶을 후회하지 않는 사람이었다. 그리고 깊은 기도의 세계 안에서 만난 그 강인하고 굳건한 사람은 경험과 감정의 혼의 사람인 나를 또한 격려 했다. 뒤를 돌아보지 않고 앞에 있는 푯대를 향하여 굳건히 달려가는 이 사람은 현재의 나의 모습 같아 보이지는 않았다. 그러나 그것은 분명 하나님께서 나를 지으신 디자인의 모습이었으며, 회복된 나의 온전한 모습이었다.

이러한 것들은 문자로는 이해하기 힘든 내용일 수도 있다. 그러나 바울의 고백과 같이 능력으로 이미 강건하게 지어진 속사람(엡 3:16)을 만나는 것은 실제적인 일이었다. 그렇게 깊은 기도의 세계의 세계에서 빠져나올 무렵 갑자기 알 수 없는 기쁨이 파도처럼 몰려왔다. '이것이 진정한 나 이구나.' 하는 생각이 들어 나 또한 그 사람을 격려했다. 우리는 서로 힘을 얻었고, 그 시간을 기점으로 선택에 관해 참소하는 영들과 후회의 영들은 나를 떠나갔다. 그리고 치유를 받은 지금의 나는 그때 내가 만난 그 사람의 모습과 흡사하다. 보통은 혼의 치유를 통하여 성령님께서 영의 깊은 부분 까지 터치하시곤 했는데, 이러한 시간을 통하여 성령님의 치유는 한 가지 방법에만 국한 되어있지 않고 공식적인 매뉴얼이 있지도 않다는 것을 경험했다.

그렇다 회복은 분명 당신에게 가까이 있다. 내가 만났던 속사람처럼 우리의 영은 내가 원래 누구였는지 잘 알고 있다. 그는 과거에도 현재에도 미래에도 동일해서 하나님의 창조의 의도를 까먹거나 잊지 않는다. 당신의 영은 영원 안에서 누리도록 부르심을 받은 원래 있던 신분과 지위를 알고 있다. 당신의 영은 당신이 원래 있던 자리를 기억하고 있다. 성령님의 회복의 영은 우리가 원래 있던 자리로 돌아가도록 지금도 끊임없이 우리를 초청하고 있다. 그러므로 성령님의 초청에 우리가 기꺼이 반응하기로 결정한다면, 실제로 '누구든지 그리스도 안에 있으면 새로운 피조물' 이라는 그 말씀을 맛보아 아는 놀라운 경험을 하게 될 것이다.

성령님은 우리의 연약함을 돕는 분이시다.(롬8:28) 성령님은 모든 것을 알고 계신다. 그분은 당신이 지금 입고 있는 이 투박하고 무거운 비 진리의 겉옷이 벗겨지면 어둠이 조금도 없으신 그분의 형상(요일 1:5)이 어떻게 나타나게 될지를 알고 계신다. 성령님 그분으로부터 지혜와 계시의 영이 부어질 때까지 포기하지 않기를 바란다. 당신은 지금껏 수십 번이나 같은 문제로 아프거나 요동했을 수 있다. 완전히 소망을 잃었을지도 모르겠다. 그러나 지금까지 그렇게 38년 된 병자의 모습으로 살아왔을지라도, 지금 자리를 들고 일어나라(요 5:8)는 예수님의 회복의 명령이 오늘 당신에게 주어졌음을 알기를 바란다. 시간이 걸리더라도 당신은 회복되어야 한다. 잠잠히 기다리고 또 울부짖고 다시 잠잠히 기다리며 열정을 멈추지 마라. 우리는 이미 이긴 자 임이 틀림없다. 그러나 머리로 아는 것 뿐만 아니라 우리가 이긴자 라는 것을 반드시 경험해야한다.

이것으로 인해 당신은 창일한 중에서도 능히 말과 함께 경주할 수 있게 되는 놀라운 열정과 능력을 회복 하게 될 것이다.

당신의 회복은 매일 아침마다 이루어져야 한다. 하나님은 아침마다 깰 때마다 하나님의 회복의 영역으로 당신을 초청하고 계신다.

그러나 머리로 아는 것 뿐만 아니라 우리가 이긴자 라는것을 반드시 경험해야한다

03

기드온과 고아의 영

관통하시는 성령님

그렇다면 치유는 무엇인가? 어떤 사람은 내적치유가 슬펐던 감정들로 세차게 울고 나서 마음이 시원해지는 것이라고 오해하는 사람이 있다. 또 어떤 사람은 자신의 상처를 되씹고 되씹으면서 아팠던 과거를 계속 슬퍼하는 것을 내적 치유라고 오해하는 사람들이 있다. 혹은 근거 없는 희망을 갖는 것을 내적 치유라고 오해하는 사람들도 있다. 그러나 그러한 것들은 성경적인 치유가 아니다. 그것은 치유의 시작의 일부분에 불과하며, 하나님이 주시는 치유는 훨씬 더 높고 황홀한 수준이다. 하나님이 주신 치유는 당신을 성령으로 다시 태어나도록 하신다. 당신은 문제가 해결되는 것이 아니라 존재가 새로워진다.

당신은 당신이 치유 받는 것이 무엇을 하는 것이라고 생각하는가?

하나님이 우리에게 주시기 원하시는 치유는 생각보다 복잡한 과정을 거치기도 한다. 그분은 우리의 과거를 아시고 현재를 아시며 또 미래를 아시는 분이시다. 그분은 우리에게 어떻게 다가오셔야 하는지 가장 잘 아시는 분이시다. 치유의 문을 여는 방법을 성령님께서는 알고 계신다. 그분의 치유는 우리의 과거와 현재와 미래를 넘나들며 주어진다. 따라서 현재 치유받기 위해 하나님은 먼저 우리의 과거를 치유하시며 이것으로 말미암아 현재와 미래까지도 치유하신다. 그래서 성령님의 치유는 강력하다.

그러므로 어떤 내적치유에 대한 강의를 많이 듣고 적용하려는 것이나 또는 상담에 관한 책을 읽고 상담적인 학문으로 나의 문제를 찾아내는 것을 접근하기보다는 성령님 앞에 머물러야한다.

성령님께서 하시는 치유의 방식은 무엇일까?

성령님의 가르침은 꿰뚫는 힘을 가지고 계신다. 그분의 빛은 태양이 지구에 도달하는 속도보다 빠르게 우리를 관통하신다. 좌우에 날선 어떠한 검보다 예리한 하나님 말씀의 영은 놀라운 속도로 우리의 혼을 사로잡으시고 성령님 그분의 영역으로 우리의 모든 집중력을 이끌어 무언가를 말씀하시기 시작한다.

저희가 그의 가르침에 놀랐으니, 그의 **말**씀이 **권위**가 있었기 때문이다. (누가복음 4장 32절)

같은 본문의 다른 성경번역을 보면 이렇게 되어 있다.

His teaching stunned and dazed them, for he spoke with **penetrating words** and great authority. (Luke 4:32 TPT)

'penetrating' 이라는 단어는 첫번째로

1. '뚫고 들어가다' '관통하다'
2. (조직 등에) 뚫고 들어가다.
3. 꿰뚫어 보여주다. 관통하여 보여주다.

라는 뜻이있다. (네이버 사전 참조)

예수님의 가르침이 권위 있었던 이유는 바로 이것 때문이었다. 예수님의 말씀을 들었던 사람들은 무언가를 관통하는 능력으로 부터 나오는 통찰력과 권위에 입을 다물 수가 없었다.

첫 번째 '관통하다 의 의미를 좀 더 부연 설명 하자면 표면에서 내면으로 단번에 뚫고 들어가는 힘을 말한다. 이 힘은 속까지 뚫고 들어간다. 성령님은 겉이 아닌 속을 보신다. 그분의 능력은 우리 속으로 들어오신다. 그리고 속사람과 대면하신다. 우리의 속사람은 우리의 중심이다. 여기서 말하는 중심이란(마음의 중심과 같은 상투적인 표현의 의미보다는) 균형을 이루는 한 가운데를 찾아내신다는 뜻이다. 이 의미는 두 번째 뜻으로 이어서 확대되고 깊어진다.

'penetrate' 의 두 번째 뜻은 조직 등과 같이 '치밀한 어떤 것을 뚫고 들어가는 것' 을 말한다. 예를 들면 2번 단어는 이럴 때 쓰인다.

예) 그들이 공항 보안장치를 뚫고 들어갔었다.
They had penetrated airport security

보안장치를 뚫으려면 무엇부터 해야겠는가? 아마 보안장치에 대한 많은 연구가 있어야 할 것이다. 보안장치가 어떻게 작동하고 있는지 어떻게 하면 작동이 되지 않는지에 대해 전반을 다 알 고 있는 사람이어야 할 것이다.

이와 같이 복잡하게 만들어진 구성의 전체적인 면모를 파악하고 핵심을 관통하여 치밀하게 짜여져 있는 조직을 뚫어낸다는 것이다. 여기에서 우리는 영적으로 두 가지를 적용해 볼 수 있을 것이라고 생각한다.

하나는 전략에 대한 부분이다. 치밀한 어떤 것을 뚫고 들어갈 때 우리는 무턱대고 행동하지 않는다. 복잡할수록 그리고 위험할수록 전략이 필요하다. 에너지를 적게 들이고 빠르게 임무를 완수할 수 있는 비결은 전략에 있다. 더군다나 보안장치를 뚫으려면 치밀한 조직인 만큼 치밀한 계획을 세워야할 것이다. 여기에 전략이 수반되는 것은 당연한 일이다.

이와 같이 성령님도 전략을 가지고 치유하신다. 치유를 위한 기도를 하다보면 성령께서는 인간의 생각을 관통하셔서 단어나 그림 혹은 숫자를 선택하여 보여주시고 하고 지금의 상황과 별 관련이 없어 보이는 여러 기억들을 떠올려 주시기도 한다. 그러나 이런 것들은 내안에서 무작위적으로 떠오른 것이 아니라 전략적으로 성령님께 선택받은 것들이다. 성령님께서는 이러한 것들을 선택함으로써 우리의 인식의 차원에 들어오셔서 치유를 시작하신다.

우리는 변해야하는 목표점에 때로는 너무 집중되어 있다. 그래서 늘 부담을 느낀다. '기도가 부족한데... 말씀이 부족한데...' 하는 것들이다. 그래서 우리는 뭐든 부족하고 모자란 것들을 묵상하면서 살아간다. 진정한 변화를 가져오기 위한 전략적인 접근이 없다. 그저 행하고 바꾸어야 하는 것들, 그리고 바뀌지 않는 상황들만 끊임없이 묵상하면서 하나님께서는 왜 도와주시지 않느냐고 한탄의 기도를 올리고 있을 뿐이다. 그러나 시간이 지날수록 이것을 하는데도 점점 지쳐 간다. 그러다 결국 자기 자신과 환경이 바뀌지 않음에 안타까워하며 '주님 나를 도와주세요' 하는 말조차 할 에너지가 없어진다. 전략이 없이 에너지를 너무 많이 썼기 때문이다.

그런데 하나님께는 전략이 있다. 그분은 현재에 나를 치유하시기 원하실 뿐만 아니라 왜 내가 이 때에 이것을 치유받아야 하는지까지도 알고 계시는 분이다. 각 사람의 부르심의 목적을 성취하기 위해 타협함이 없이 뒤로 물러나지 않고 회복되어야 하는 것이 무엇인지 정확히 알고 계셔서 전략적으로 치유를 풀어내신다. 예수님 그분은 가장 효율적인 분이시다. 그분은 모략의 영이시다.

너는 모략으로 싸우라 승리는 모사가 많음에 있느니라
(잠언 24장 6절 KRV)
지혜와 권능이 하나님께 있고 모략과 명철도 그에게 속하였나니
(욥기 12장 13절 KRV)

그렇다면 하나님의 전략적인 치유는 어떠한 과정을 거치며 성령님께서 어떻게 한사람의 부르심이 성취되기까지 친절하게 한 사람을 치유해 가시는지 성경에 나오는 기드온의 이야기를 하나님의 치유적인 관점에서 한번 생각해보자.

기드온의 상한 마음

여호와의 사자가 아비에셀 사람 요아스에게 속한 오브라에 이르러 상수리나무 아래에 앉으니라 마침 요아스의 아들 기드온이 미디안 사람에게 알리지 아니하려 하여 밀을 포도주 틀에서 타작하더니
여호와의 사자가 기드온에게 나타나 이르되 큰 용사여 여호와께서 너와 함께 계시도다 하매 기드온이 그에게 대답하되 오 나의 주여 여호와께서 우리와 함께 계시면 어찌하여 이 모든 일이 우리에게 일어났나이까 또 우리 조상들이 일찍이 우리에게 이르기를 여호와께서 우리를 애굽에서 올라오게 하신 것이 아니냐 한 그 모든 이적이 어디 있나이까 이제 여호와께서 우리를 버리사 미디안의 손에 우리를 넘겨 주셨나이다 하니 여호와께서 그를 향하여 이르시되 너는 가서 이 너의 힘으로 이스라엘을 미디안의 손에서 구원하라 내가 너를 보낸 것이 아니냐 하시니라 그러나 기드온이 그에게 대답하되 오 주여 내가 무엇으로 이스라엘을 구원하리이까 보소서 나의 집은 므낫세 중에 극히 약하고 나는 내 아버지 집에서 가장 작은 자니이다 하니
여호와께서 그에게 이르시되 내가 반드시 너와 함께 하리니 네가 미디안 사람 치기를 한 사람을 치듯 하리라 하시니라
(사사기 6장 12절-16절)

기드온은 마음이 상했다. 천사가 기드온에게 나타나서 "큰 용사여 여호와께서 너와 함께 계시도다" 이렇게 말하자 기드온 안에 있

던 모든 거절감이 치밀어 오른다. 기드온은 이렇게 대답한다.

"이제 여호와께서 우리를 버리사 미디안의 손에 우리를 넘겨 주셨나이다"

천사가 기드온에게 "여호와께서 너와 함께 하신다" 라는 말을 하자마자 기드온 안에 있던 버림받은 마음이 대답하기 시작했다. '함께 하신다' 는 말을 듣자마자 기드온의 마음속에 눌려있던 진심들이 수면위로 상승한다. 결국 기드온은 하나님께서 함께하신다는 말에 기가 막혀 불평의 대답을 불쑥 내뱉는다.

기드온이 그에게 대답하되 오 나의 주여 여호와께서 우리와 함께 계시면 어찌하여 이 모든 일이 우리에게 일어났나이까 또 우리 조상들이 일찍이 우리에게 이르기를 여호와께서 우리를 애굽에서 올라오게 하신 것이 아니냐 한 그 모든 이적이 어디 있나이까 이제 여호와께서 우리를 버리사 미디안의 손에 우리를 넘겨 주셨나이다 하니
(사사기 6장 13절)

이 본문을 좀 더 적나라하게 현대어로 표현한다면 이렇게 바꿀 수 있을 것이다.

"그런 말도 안 되는 소리하지 마십시오. 그게 말이나 됩니까? 주님께서 보셔서 알고 있겠지만 우리 민족들은 이제는 더 이상 미디안 사람들의 압제를 참을 수 없고 버틸 수 도 없는 황폐함이 극에

달했습니다. 하나님께서 함께하시면 우리가 이렇게 비참할 수 있습니까? 여기 내가 미디안 사람들에게 숨어서 밀을 타작 하는 것이 안보입니까? 하나님이 함께 하신다면 이 비참함이 말이 되는 것입니까?”

아마 울음 반 분노 반이 섞인 목소리로 대답했을 것이다.

하나님은 어떻게 기드온을 치유하셔야 할지 알고 있었다. 그 첫 번째는 기드온의 상한마음을 밖으로 끄집어 내는 것이었다. 하나님의 구원을 이루기 위해서 하나님께서 함께 하신다는 것을 믿음으로 기드온은 새로워져야 했다. 그러나 기드온 속에 있던 거절감 때문에 기드온은 하나님의 ‘함께하심’이라는 단어에 동의 할 수 없었다. 하나님은 기드온의 아픔을 치유하시기 위해 먼저 기드온의 중심에 무엇이 있는가를 드러내셔야했다. 하나님은 우리의 아픔을 이렇게 꺼내실 때가 있다. 이것은 회복을 위한 첫 번째 전략이며 과정이다.

본래 밀은 넓은 공간에서 타작하는 것인데 포도주 틀은 작아서 몰래 타작하는 것이 가능했다. 이스라엘 백성이 하나님께 불순종하여 이렇게 된 것이지만 이유야 어찌되었던 기드온은 하나님을 향해 자신의 민족과 자신이 버림받은 것 에 대해서 확고히 믿고 있었다. (삿 6:13)

우리도 마찬가지로 이렇게 주님으로부터 버림받았다고 느낄 때가 있다. 이런 생각이 드는 것이다.

'하나님께 내가 선택 받았다면 어떻게 내 삶이 이렇게 비참할 수 있을까? 이것은 마치 포도즙 틀에서 타작하고 있는 기드온의 마음과 같다. 우리는 하나님으로부터 끝없는 방치 가운데 있다고 느낄 때가 있다. 그렇다 이스라엘 백성도 약 7년여의 시간동안 미디안 군대의 억압과 수탈 가운데 있었다. 지칠 대로 지쳐가고 있었다.

우리도 이러한 삶 가운데 많은 시간을 보냈기 때문에 누구보다 기드온의 마음을 잘 안다. 기드온은 지금 큰 용사가 되는 것은 고사하고 마음의 분노와 상함을 다스려줄 친구와 위로 그리고 격려자가 필요한 상황이다.

그러나 진리는 무엇인가? 기드온도 이스라엘도 버림받은 자가 아니다. 아니, 더 정확히 말하자면 버림받을 수가 없는 자이다.

"다시는 너를 버림받은 자라 부르지 아니하며 다시는 네 땅을 황무지라 부르지 아니하고 오직 너를 헵시바라 하며 네 땅을 뿔라라 하리니 이는 여호와께서 너를 기뻐하실 것이며 네 땅이 결혼한 것처럼 될 것임이라. 마치 청년이 처녀와 결혼함 같이 네 아들들이 너를 취하겠고 신랑이 신부를 기뻐함 같이 네 하나님이 너를 기뻐하시리라"
(이사야 62장 4절)

우리 조상들은 수 세대를 지나면서 자연스럽게 고아의 영들이 작동하도록 많은 문들을 열어주었고 세대와 세대를 지나면서 고아의 영은 되물림 되고있다. 우리 세대의 많은 크리스천들에게서 고아의 영을 발견하는 것은 어렵지 않다. 고아의 영은 육신의 아버지가 없는 사람에게 들어오는 것이 아니다. 고아의 영은 하나님 아버지의 대리인 역할을 충실히 하는 아버지의 부재가 있을 때 들어온다. 고아의 영은 육신의 아버지로부터 받아야할 하나님 아버지의 돌봄과 사랑 격려와 위로 칭찬들이 결여될 때, 육적인 영적인 정서적인 필요들에 대한 돌봄의 결핍이 있을 때 생각을 타고 들어온다. 우리들의 아버지는 하나님 아버지의 대리인으로 주님께서 세워주셨다. 그러나 우리들의 아버지의 대부분은 하나님을 몰랐고, 하나님의 성품을 몰랐고, 하나님 아버지의 사랑을 받은 경험이 없으며, 치열한 삶을 살았고, 생존하기에 급급했으며, 무거운 책임감의 짐을 벗어나지 못했다. 자녀들과 즐거움을 나누는 것들, 가족들안에서 정서적 쉼을 누리거나 감정을 소통하는 것들을 본적이 없으며 듣지 못하고 자랐다. 하나님 아버지의 성품에 기인한 올바른 훈육을 경험하지 못했고, 우리들의 부모님의 부모님들도 자녀들과 함께하는 법을 잘 모른 채 성장했다. 그것을 보면서 자란 우리들의 부모님들 역시 같은 방식으로 자녀들을 길러왔다. 자녀와 함께 소통하고 함께 놀고 함께 웃고, 그리스도 안에서 부모와 자녀가 함께 동반성장하는 것에 대해서 깨닫지 못했다. 그래서 우리 세대 안에 고아의 영은 만연하다. 그래서 사실은 세대 전체에 혹은 나라 전체에 치유가 필요하다.

우리도 기드온과 같이 어려운 상황에 장시간 노출되면 잠재되어 있던 고아 된 마음들이 드러나기 시작한다. 기드온도 우리도 지금 '하나님이 함께 하신다' 는 문장에 대한 꼬여있는 마음을 풀어야 할 때이다.

점진적 치유

천사와 대면하여 하나님의 불을 경험하고 기드온 제단을 쌓고서 이름을 '여호와 샬롬' 이라 칭한다. 조금 전까지도 버림받은 자의 불평을 했던 기드온이었는데, 어떻게 이럴 수 있을까? 거절의 마음으로 똘똘 뭉쳐있었던 그에게 어떻게 여호와의 평강이 부어졌을 수 있던 걸까? 바로 한두 절 앞에서 숨어서 두려움으로 밀을 타작하던 자에게 어떻게 '하나님의 평강' 이 임하여 그가 새롭게 될 수 있었을까? 하나님의 임재는 놀랍다. 천사를 대면하고 하나님의 불이 바위에서 터지는 것을 보면서 기드온은 하나님을 확신했다. 하나님은 불은 그를 새로운 자로 점차 바꾸어갔다.

'기드온' 이라는 이름의 뜻은 '찍어내는 자' '베어버리는 자' 이다. 기드온은 천사를 대면하고 회복의 여정을 시작하면서 자신의 이름과 같이 놀라운 첫 과업을 해내게 된다. 그는 바알의 제단을 헐고 또 아세라 상을 찍어낸다. '여호와 샬롬' 이 기드온에게 임하자 기드온은 자신의 부르심을 향해 한걸음씩 나아가게 된다.

여기서 기억해야할 것은 치유는 점진적인 과정이라는 것이다. 그는 하나님을 신뢰하기로 결정하고 바알제단을 무너뜨렸지만 두려움을 완전히 쫓아내지는 못했다.

이에 기드온이 종 열 사람을 데리고 여호와께서 그에게 말씀하신 대로 행하되 그의 아버지의 가문과 그 성읍 사람들을 두려워하므로 이 일을 감히 낮에 행하지 못하고 밤에 행하니라
(사사기 6장 27절)

말씀은 그가 '아버지의 가문과 그 성읍 사람들을 두려워했다.' 라고 말한다. 그에게는 아직 두려움이 있었다. 그러나 그것은 주님께 문제가 되지 않았다. 기드온은 결국 용맹한 전사로써 자신의 민족을 구원할 자인 것을 주님은 아셨기 때문이다. 그의 치유는 점진적으로 계속된다. 그는 대적을 '찍어 내는 자','이스라엘 백성으로부터 우상을 베어내는 자' 로 부르심을 받았다. 이것은 단순히 아버지의 우상을 찍어낼 뿐만 아니라 이스라엘 전 민족 가운데 있는 고아의 영을 찍어낼 이름이었다. 하나님으로부터 버림받은 자 같이 여기는 이스라엘을 주님께로 돌이키고, 민족 전체 가운데서 바알의 영을 파쇄하고 아세라의 영을 찍어내고 베어버릴 예언적이고 중보적인 이름이었다. 그는 과연 여룹 바알이었으며 여호와의 이름으로 바알과 맞서 싸워 승리를 쟁취할 자였다. 그러하기에 지금은 그가 두려움을 완전히 쫓아내지 못하였지만 하나님은 기드온의 마음을 계속 만져 가신다.

이러한 과정들을 통하여서 기드온과 같이 단번에 하나님의 놀라운 치유와 임재를 우리가 경험했다고 하더라도 치유는 점진적으로 진행 된다는 것을 알 수 있다. 거절의 뿌리들이 완전히 뽑혀 나가기까지는 시간이 걸린다. 주님은 어떻게 점진적이고 전략적으로 기드온을 치유하시며 계속 새로운 정체성을 부여하시는가?

'하나님이 정말 내 기도를 들어주시는가? 그분은 정녕 나의 아버지 되신 분인가' 에 대하여 우리 역시 기드온처럼 다시 의심이 올라올 때가 있다. 그러나 주님께서는 기드온의 마음을 회복하시길 멈추지 않으시고 그의 기도에 다시 한번 열정적으로 반응하신다. 기드온은 두 번이나 하나님을 향해 양털을 가지고 표적을 구한다. 이때 주님께서는 기드온의 불신에 대해 책망하거나 나무라지 않으신다.

양털 시험을 한 번도 아닌 두 번이나 요청하는 기드온을 향해 하나님께서 이렇게 말씀하시지 않으신다.

"내가 천사를 보냈고, 내가 직접 너의 꿈에 나타났고, 너의 양털 표적에 이미 내가 너에게 응답하였다. 그럼에도 불구하고 너의 의심은 끝이 나지 않는구나. 너는 도대체 언제까지 나를 의심할 생각이냐?" 라고 하지 않으신다. 주님은 기드온이 치유되기를 기다리신다.

하나님은 한 번 더 기드온의 요구에 응답하신다. 주님은 고아 된 마음이 떠나갈 때까지 우리를 회복하신다. 그분은 포기하지 않으시며, 지체하지 않으시며 우리를 회복하신다. 기드온의 상함은 지금 치유되는 과정 중에 있다. 하나님은 그것을 알고 계시는 것이다. 하나님은 기드온의 기도에 두 번 이상 응답하시므로 기드온의 기도가 결단코 거절 받지 않은 것에 대해 말씀하신다. 주님이 우리의 기도에 응답하시는 이유와 기드온의 기도에 응답하셨던 이유 역시 동일하다. 기드온은 자신의 기도에 응답하시는 하나님을 보면서 하나님에게 받아들여지는 자, 용납을 받는 자로써의 정체성이 세워져 가고 있다. 하나님은 단순히 기드온의 기도를 듣고 계시는 것이 아니라 기드온 안에 있는 불신과 절망의 거인들을 깨뜨리고 있는 것이다. 우리 역시 기도응답이 지체될 때에 기드온과 같이 우리의 기도가 하나님 앞에서 거절되었다고 느낄 때가 있다. 그러나 하나님은 이스라엘 백성을 버리신 것이 아니라 미디안의 손에 잠시 붙이셨다. 우리는 기도응답이 지체됨으로 인해서 받아들인 거절과 고아의 영들을 깨뜨려야한다. 하나님은 기드온에게 재차 응답하시듯 언젠가 우리 기도에 반드시 응답하실 것이다. 지금 기드온은 양털시험을 통하여 다시 아버지의 집으로 돌아가고 있는 것이다. 이 양털시험은 계속해서 기드온의 삶을 향한 주님의 목적을 이루는 시간으로 이어진다.

양털 표적 사건을 통해서 표적과 기적을 구하는 기도 응답에 대한 상처를 치유 받은 기드온은 결국 하나님께서 택하신 300명과 함께 적진 앞에 서게 된다. 그런데 기드온이 전쟁을 시작하기까지 한 번더 하나님은 기드온의 마음을 치유하신다.

만일 네가 내려가기를 두려워하거든 네 부하 부라와 함께 그 진영으로 내려가서 그들이 하는 말을 들으라 그 후에 네 손이 강하여져서 그 진영으로 내려가리라 하시니 기드온이 이에 그의 부하 부라와 함께 군대가 있는 진영 근처로 내려간즉 (사사기 7장 10-11절)

하나님은 한번 더 기드온에게 이 전쟁에서 하나님이 함께 하시므로 승리케 될 것을 보여주신다. 기드온이 나라와 민족을 구하는 전쟁에 임하기까지 하나님은 기드온을 향한 스토리를 만들어가고 계셨다. 이 상황까지도 주님은 기드온의 믿음 없음을 비난하시거나 책망하시거나 꾸짖지 않으신다. 이렇게 하신 것은 하나님이 기드온을 이스라엘 백성을 구하는 사사로 사용해야 하기 때문이 아니다. 하나님은 빠르게 우리를 일꾼으로 고용하기 위해 회복을 주시는 분이 아니시다. 지금 주님은 기드온을 치유하시고 격려하시므로 말미암아 기드온 안에 있는 용감한 전사를 찾아가시고 만들어가고 계신다. 정말 놀라운 이야기가 아닐 수 없다. 그러나 더 놀라운 사실은 이야기는 기드온의 이야기가 아니라 우리들의 이야기이며 당신과 나의 이야기라는 것이다.

300으로 회복하리라

기드온에게 여호와의 신이 임했고 그는 나팔을 불었다. 그러나 하나님의 명령에 따라 기드온 앞에 모였던 22,000명이 다시 돌아갔어야 했다. 그는 무슨 생각을 했을까? "하나님, 어찌되었건 수가 많은 것이 적은 것보다 낫지 않겠습니까?" 라고 말하지 않았다. 10,000명중에 9,700명이 다시 돌아가고 다시 남은 300명과 전쟁하라고 했을 때, 기드온은 "하나님, 아무래도 이건 아닌 것 같습니다." 하지 않았다. 그는 하나님의 의견에 동의했다. 우리의 마음이 치유될 때, 우리는 하나님을 초자연적으로 신뢰하게 되고 하나님의 말씀 앞에 순종하는 것이 어렵지 않게 된다. 이것은 논리적으로는 말이 안되는 숫자이다. 그들은 바닷가의 모래보다 수가 많았다. 그러나 기드온은 하나님의 말씀에 믿음으로 순종함으로 전과 같이 거역의 영에게 자리를 내어 주지 않고 승리를 경험한다. 기드온이 기적을 보아서 순종을 하게 된 것이 아니다. 그가 본래 순종의 사람이었기 때문에 치유를 통해서 회복이 된 것이다. 하나님은 이것들을 알고 계셨다. 돌봄의 결핍을 경험한 기드온은 고아의 영으로 가득 차 있었지만 하나님은 기드온이 용감한 순종의 사람이라는 것을 알고 계셨다. 하나님의 치유로 말미암아 기드온의 본래의 오리지널 디자인이 회복되고 있었다.

하나님은 왜 300명이라는 숫자를 선택했을까? 나는 이 300명이 바로 사사기 6장 초반부에 보여주는 기드온의 버림받은 마음과 하나님이 함께 하신다는 천사의 선포 사이에 서있다고 믿는다.

300명과 싸워서 이길 때에 기드온의 마음 가운데 진정 천사가 말하였던 하나님과 함께 하심이 기드온에게 실제가 될 수 있었다.

히브리어 '삼'을 뜻하는 단어는 '살로쉬' 이다. 살로쉬는 자존자, 영원자 라는 뜻으로 히브리인들이 하나님을 명칭할 때 생각하는 숫자이다. 기드온은 하나님이 삼백으로 이기게 하겠다는 하나님의 음성을 들었을 때, '이 전쟁을 하나님으로 이기게 하시겠다는 것이구나' 하는 확신을 가지게 되었다. 300으로 전쟁에 나가는 것은 그동안 거역의 마음으로 밀어냈던 임마누엘의 영을 초청하는 기드온의 겸손의 태도였다. 기드온은 회복되어가고 있었다.

미디안과 아말렉과 동방의 모든 사람들이 골짜기에 누웠는데 메뚜기의 많은 수와 같고 그들의 낙타의 수가 많아 해변의 모래가 많음 같은지라 (사사기 7장 12절)

미디안과 아말렉과 동방의 '모든 수' 의 사람들이 골짜기에 누워 있었다. 그들은 셀 수 없을 정도로 해변의 모래 같이 많았다. 더 이상 수를 신뢰하지 않기로 결정한 이 위대한 중보적 전사는 300이라는 숫자로 인해 첫 부르심이 있던 천사와의 대화를 다시 한 번 떠올린다.

300은 하나님이 친히 승리하실 것에 대해 기드온이 믿도록 도전하는 숫자였다. 그러면서 하나님의 전략적인 숫자였다. 이것은 기드온이 임마누엘 하시는 하나님을 경험하게 하는 숫자였고, 민족을 구원하는 사명을 완수하게 하는 수였다. 이 숫자는 단순히 전쟁에서 이겼을 때 기드온의 마음이 자고해지는 것을 대비하는 숫자가 아니다. 기드온의 마음을 시험하는 숫자는 더더욱 아니다. 이것은 기드온에게 열매와 승리를 가져다 주기위해서 하나님이 선택한 수였으며 하나님을 위한 수가 아니라 기드온 안에서 기생하던 고아와 거역의 영을 깨뜨리는 수였다. 이러한 하나님의 모략은 우리가 생각하는 것보다 훨씬 더 빠르게 앞장서서 우리가 맺어야 할 삶의 모든 열매들을 맺어 가신다.

그러나 우리는 때로는 하나님을 영광 욕심쟁이로 볼 때가 많다.

여호와께서 기드온에게 이르시되 너를 따르는 백성이 너무 많은즉 내가 그들의 손에 미디안 사람을 넘겨주지 아니하리니 이는 이스라엘이 나를 거슬러 스스로 자랑하기를 내 손이 나를 구원하였다 할까 함이니라 (사사기 7장 2절)

아마도 이 말씀의 구절때문에 우리는 마치 하나님은 모든 영광을 당신 홀로 잡수시어야만 직성이 풀리는 하나님으로 오해한다. 하나님은 영광 과식쟁이가 아니시다. 나는 단순히 문자의 내용을 넘어서서 하나님의 마음을 본다. 이 말씀은 우리들이 이해하는 그런 얄팍한 수준의 내용이 아니다.

해변의 모래와 같은 자들을 300으로 이길 수 있게 될 때, 우리에게서 낙심은 떠나간다. 이것은 하나님을 위함이 아니라 우리의 부르심의 성취와 회복의 절정을 향해 나아가는 것이다. 그러므로 하나님이 우리를 부르시고 할 수 없는 것처럼 보이는 것을 하도록 부르실 때, 우리는 이러한 회복의 관점에서 주님의 요구를 바라보아야 한다.

우리는 여전히 이것을 완수하지 못하거나 순종하지 않으면 야단치거나 벌을 주실 하나님 앞에서 있기 때문에 율법의 선 그 이상을 넘어 완전한 자유를 누리지 못한다. 심한 경우 하나님께 영광 돌려야 하는 강박에 빠져 하나님의 형상이라 믿기보다는 벌레만도 못한 죄인이라 여기는 건강하지 않은 경외감까지 갖는 기독교인들도 심심치 않게 만난다.

그러나 그분은 당신이 승리하는 방식을 알고 계신다. 우리는 하나님의 승리가 하나님의 영광 독식으로 나타나지 않는다는 것을 알아야한다. 모든 것은 회복의 영으로 재해석되어야한다. 그러므로 우리는 분별의 영을 구해야한다. 영광 돌리는 것처럼 보이는 자기파괴 속에 숨어있는 영들을 우리는 통치 할 수 있는 지혜와 계시의 영을 하나님으로부터 받아야한다.

이러한 관점으로 기드온과 천사의 대화를 다시 한 번 살펴보고, 기드온의 낮은 자존감을 세워 가시는 주님을 만나기를 바란다.

여호와께서 그를 향하여 이르시되 너는 가서 이 너의 힘으로 이스라엘을 미디안의 손에서 구원하라 내가 너를 보낸 것이 아니냐 하시니라

그러나 기드온이 그에게 대답하되 오 주여 내가 무엇으로 이스라엘을

구원하리이까 보소서 나의 집은 므낫세 중에 **극히 약하고** 나는 내 아버지 집에서 가장 작은 자니이다 하니 (사사기 6장 14-15절)

하나님이 기드온을 부르시자, 기드온은 '나의 가문이 므낫세에 중에 극히 약하다' 라고 대답한다.

큰 용사여 여호와께서 너와 함께 계시도다 하매 (사사기 6장 12절)

'용사' 는 히브리어로는 '깁보르' 인데, 이것은 '남자', '용사'를 뜻하는 '게베르' 의 강세 형에서 유래한 것으로 '강한, 위대한, 맹렬한' 사람을 말한다.

그런데 기드온은 자신의 정체성을 자신의 육신적 가문에서 발견한다. 자신의 가문이 약하고 보잘 것 없는 가문이라는 것은 '원래 나는 약하게 태어났다.' 라고 말하는 것이다.

우리도 기드온처럼 하나님의 부르심 앞에 "저는 그릇 자체가 안 될 놈 입니다." 라고 반응할 때가 있다. 이것은 사단의 능한 속임수 중에 하나이다. 나도 실제로 '너는 타고 난 것이 없어, 너는 노력파야' 이런 말을 많이 듣고 자랐다. 이런 말을 들으면서 나는 타고난 재능이 없기 때문에 죽을 때까지 노력하면서 살아야 한다는 것을 인생의 신념으로 믿고 살아왔다. 나의 노력은 내 삶을 지탱하는 힘든 중에 하나였다.

그러던 어느 날, 예배인도자로 섬기고 며칠 후에 어떤 권사님으로부터 "자매님은 정말 타고난 예배적인 기름부음을 가지고 있어요, 자매님은 노력을 할 필요가 없어요, 태어나기 전에 하나님께서 아예 그런 영감을 탑재해서 출산케 하셨어요, 하늘을 풀어내는 예배의 기름부으심이 이미 있기 때문에 노력하지 않아도 전혀 문제없어요." 라고 말하는 것이다. 나는 놀라지 않을 수 없었다. 내가 수많은 열등감에서 벗어나지 못했던 중요한 이유는 노력하지 않는 순간 패배자가 될 것이라는 생각 때문이었다. 이것은 내 삶을 끊임없이 지치게 만들었던 속임수 중에 하나였다.

노력하지 않는 순간 패배자가 될 것이라는 생각 때문이었다. 이것은 내 삶을 끊임없이 지치게 만들었던 속임수 중에 하나였다.

이 너의 힘으로 들어가라

우리는 기드온과 같이 스스로를 바라본다. 큰 용사의 근거를 혈과 육의 세계에서 찾아내려고 한다. 그래서 기드온처럼 재능이 없고, 타고나지 않았으며 출중하지 못하고 그래서 더 비참하다고 생각한다.

그런데 재미있는 것은 여기에서 쓰인 용사 원어로 '깁보르' 는 아주 '능력 있고 유력한 사람'을 가리킬 때 쓰는 단어라는 것이다. 여기서 '깁보르'는 단순히 '용기가 있다. 담대하다. 힘이 세다' 이런 뜻만 가지고 있지 않다. 기드온의 육적인 가문은 므낫세 중에 가장 약하고 가난한 집안이었는지 모른다. 그러나 하나님이 보시기에 그는 타고난 자였고, 매우 능력 있는 자였으며, 예수 스리스도의 혈통에 속한자였다. 가장 유력하고 가장 세력이 있는 자의 하늘 가문 출신인 것이다. 종종 상담을 해보면 많은 사람들이 "저는 원래 이래요. 원래 약해요. 어렸을 때부터 약했어요." 또는 "원래 재능이 없었어요." 태어날 때부터 별로 가진 게 없었어요." 라고 말하는 것들을 보게 된다. 그러나 주님은 이렇게 대답하신다.

여호와께서 그를 향하여 이르시되 너는 가서 이 **너의 힘**으로 이스라엘을 미디안의 손에서 구원하라 내가 너를 보낸 것이 아니냐 하시니라 (사사기 6장 14절)

여기서 너의 이 힘이란 무엇일까?

...너는 이 네 힘을 의지하고... (개역한글판)

...너에게 있는 그 힘을 가지고 가서...(새번역)

...당신의 힘은 이 힘 속으로 들어가십시오...(message성경)

여기서 주님의 대답이 우리의 예상을 빗나간다. 하나님은 "너는 가진 것이 없으니 내 힘을 믿고 전쟁해야 한다." 이렇게 말씀 하시지 않으신다. 그렇게 말씀하시지 않으시고 "네가 이미 힘을 가지고 있는데 그 힘을 의지하여 내 백성을 구하여라." 하고 말하는 것이다. 사실 여기서의 힘은 싸울 수 있는 물리적인 힘을 의미하는 것은 아니다. 사실상 처음부터 기드온이 무기를 가지고 살육을 하면서 전쟁하지 않은 것으로 보아 하나님께서 기드온을 회복시키시고 다시 세워 가시는 과정은 기드온 속에 숨어 살고 있었던 약함의 영을 쫓아내시는 과정이었다는 것을 알 수 있다. 그렇다. 총이나 칼을 휘두르는 용기보다 더 큰 용맹함은 대적 앞에 서는 것이다. 원수는 그것을 싫어한다. 그리고 하나님은 우리로 하여금 그것을 하게 한다. 그렇기 때문에 수천 년 전에 쓰인 이 기드온 이야기는 우리의 이야기인 것이다. 하나님은 기드온에게, '이 힘센 장사야' (새번역성경) 하고 부르신다. 당신 안에 있는 약함의 영들은 하나님이 부여하시는 새로운 정체성을 듣고 쫓겨 나간다.

이러한 내적인 성령의 음성에 마음이 벙벙해졌다. 나는 타고난 것이 없어서 죽을 때까지 노력으로 삶을 버텨 가야하는 사람이라 생각했는데, 이것이 원수의 속임이었다니, 이것을 발견한 날 나는 하염없이 울었다. 그리고 이것을 깨달은 날 밤 나는 오랜 시간 나의 어깨와 등에 있던 무거운 짐들의 일부가 떨어져 나가는 것을 느꼈다.

하나님은 오늘 당신에게 이렇게 말씀하신다.

"oo야, 너의 안에 내가 이미 부어준 것들이 있다. 너는 타고난 용사이다. 네 가문은 모든 능력과 힘과 부요와 지혜의 예수의 가문이다. 너는 그 가문을 타고 났구나, 내가 너에게 준 그 힘 안으로 들어가라." 라고 말이다.

당신은 도리어 이렇게 대답할 수 있다. "나는 정말로 가진 게 없어요, 그것은 실제로 내가 아무런 재능이 없다는 것에서 확연하게 드러나는데, 뭘 로 이 말을 믿죠?" 그러나 그러한 사람은 없다. 그것은 당신이 가지고 있지 않은 것에만 집중하기 때문이다. 내가 당신에게 없는 것을 있다고 우기는 것이 아니다. 당신의 삶을 가치 있게 만들어주고 당신의 부르심을 성취하게 할 '너의 힘' 인 그 무엇을 당신은 반드시 가지고 있다. 다른 사람이 가지고 있는 것과 비교하여 그것을 찾아내려고 하지 말고 하나님으로부터 당신이 가지고 있는 것이 무엇인지 들으라 들으라.

기드온의 거짓 정체성

또한 용사를 뜻하는 단어 깁보르는 남성명사 '하일' 이라는 단어와 같이 사용되는 경우가 많은데 이는 '재산이 많은 사람"을 의미하기도 하며, "재물"을 의미하기도 한다. 이 원어는 이사야 8장 4절과 신명기 33장 11절에 동일하게 쓰였다.

그러나 기드온이 그에게 대답하되 오 주여 내가 무엇으로 이스라엘을 구원 하리이까 보소서 나의 집은 므낫세 중에 **극히 약하**고
(사사기 6장 15절)

이 단어를 어떤 성경에서는 가장 '가난하고' 로 번역하기도 한다. (JUbilee Bible역) 그런데 하나님께서 천사를 통하여 큰 용사라고 하신 이 깁보르의 원어적 의미가 재물이 많은 사람 혹은 부유함을 의미하기도 한다는 것이 흥미롭다. 기드온은 자신을 극히 가난한 자로 여겼다. 미디안 사람들은 이스라엘이 파종하는 때면 올라와서 토지소산을 멸하였고 식물을 남겨 두지 않았다. (삿 6:3)

우리에게 주신 하나님의 부르심을 풀어내지 못하도록 사단은 부의 사고 방식을 빼앗아간다. '부' 의 영역이 재산의 많고 적음을 의미하는 것은 아니다. '부'는 하나님의 성품이다. 요한 계시록 5장 12절 말씀을 보면 예수님을 찬양할 때 주님이 가지고 계시는 '부'를 노래한다. 이상하지 않은가? 여기에서의 '부'가 단순히 재산을 상징하는 것이라면 영으로 존재하는 하나님께서는 돈이 필요 없으신 분인데 왜 요한은 천상의 예배를 환상 가운데 드리며 모든 '부'를 받으시기에 합당하신 주님을 높여 드렸을까?

'부유함'의 영역은 돈의 많고 적음을 뜻하기 보다는 하나님의 성품이다. 하나님이 부의 성품을 가지셨다는 것은 예수 그리스도와 하나님 나라에 있는 무제한의 사고방식을 뜻한다. 예수님이 보리떡 다섯 개와 물고기 두 마리로 오천명을 먹이셨던 것은 단순하게 기적을 일으킨 것이 아니라, 하나님 안에 있는 풍성함을 드러내고자 하는 의도가 있으셨다. 베드로는 고기를 한 마리도 잡지 못해서 낙심가운데 있었다. 그런데 하나님은 베드로를 만나주시면서 그물이 찢어지도록 고기를 채워주셨다. 이것은 베드로가 앞으로의 인생가운데 하나님의 생명의 풍성함으로 살아갈 것에 대한 예언적이며 상징적인 사건이었다. 자신을 가난하고 유약한 자로 여기던 베드로를 하나님은 치유하시면서 제자로 부르시고 계셨던 것이다.

우리는 자주 기드온이 자신을 향해 고백하듯 말한다. '나는 재능이 없고 그래서 돈을 벌 수 있는 능력이 별로 없고 그래서 특별히 돈을 많이 벌어 풍성한 삶을 살 이유도 없다는 것이다.' 이것이 가난의 사고 방식이다. 가난의 영은 돈을 벌지 못해서 가난하다는 생각이 들어오기 이전에, '우리는 재능도 없고, 기술도 없고 능력도 없는 유약한 자이다.' 라는 생각의 통로를 통해서 들어온다. '부'는 하나님의 속성과 성품의 일부인 것을 사단은 알고 있다.

사단은 그것을 통해서 무제한의 자원이 있는 영의 세계에서 우리가 부를 취하여 이 땅을 풍성한 하나님의 나라로 만드는 것을 싫어한다. 그런데 하나님께서는 기드온의 가난의 사고 방식을 제거함으로써 이스라엘 백성의 잃어버린 재산과 부를 회복시킬 계획을 가지고 계셨다. 이스라엘 백성은 많이 심었지만 미디안에게 모든 재산을 빼앗겼다. 그들이 농사짓고 수고하여 얻은 모든 양식들과 미디안 군대는 빼앗아 갔다. 그래서 하나님의 백성은 가난해졌고, 궁핍해졌다.

그러나 기드온은 이스라엘의 궁핍과 가난을 찍어낼 자였다. 하나님은 기드온에게 풍성한 자녀의 정체성을 찾아주셔서 당신의 백성들이 원수에게 잃어버리고 빼앗긴 것들을 되찾아주시길 원하셨다. 이 큰 용사 기드온을 향해서 하나님이 잃어버린 하나님 나라의 풍성함을 찾아올 것을 명하신다.

기드온은 자신을 향해 '극히 가난한 자' 로 보고 있는 반면, 하나님은 그를 '부'의 사람으로 보고 계셨다. 기드온을 향해 '용사' 라고 외치시는 하나님의 음성가운데서 기드온을 향한 하나님의 시선을 통해 우리는 실제로 용사가 되어 간다. 사단은 우리를 없는 자로 속인다. 현재도 재물이 없고 가난하며 가문자체가 가난하기 때문에 가난한자로 살아갈 것이라고 거짓말한다. 그러나 이것은 속임이다. 하나님은 당신을 큰 용사 깁보르 하일로 부르셨다.

무리가 대답하되 우리가 즐거이 드리리이다 하고 겉옷을 펴고 각기 탈취한 귀고리를 그 가운데에 던지니
기드온이 요청한 금 귀고리의 무게가 금 천칠백 세겔이요 그 외에 또

초승달 장식들과 패물과 미디안 왕들이 입었던 자색 의복과 또 그 외에 그들의 낙타 목에 둘렀던 사슬이 있었더라 (사사기 8장 25-26절)

비록 그가 재물이 주는 다른 쾌락에 빠져 인생에서 유종의 미를 거두지는 못했지만, 그는 실제로 전쟁의 승리를 통해 부를 얻는다. 당신이 이 책과 함께 영적 전쟁하기를 포기하지 않는다면 당신에게도 동일 하게 하나님께서 승리와 부의 전리품을 주실 것이다. 당신도 하나님께 듣기 바란다. 당신이 누구인지, 무엇을 가지고 있는지, 현재의 상황이 당신에게 어떠한 거짓 정체성을 강요하던 당신은 성령님께 당신이 누구인지 들어야한다. 아직 끝나지 않았다. 우리는 아직은 다 볼 수 없다. 그러나 눈에 보이는 것은 잠깐이지만 보이지 않는 것은 영원하다. 성령님께서는 현재의 당신의 생각을 바꾸고 영원히 당신이 거할 자리로 당신을 인도하여 주실 것이다.

다음으로 기드온의 대답을 보자.

그러나 기드온이 그에게 대답하되 오 주여 내가 무엇으로 이스라엘을 구원 하리이까 보소서 나의 집은 므낫세 중에 극히 약하고 나는 내 아버지 집에서 **가장 작은 자**니이다 하니 (사사기 6장 15절)

여기에서 '내 아버지 집에서 가장 작은 자니이다' 이것은 다른 성경에서 이렇게 번역하고 있다.

... 나는 내 가족 중에서 가장 보잘 것 없는 자입니다. (현대인의 성경)
...나는 쓰레기 더미입니다. (message 성경 역)
...나는 우리 가족 전체에서 가장 덜 중요한 사람입니다. (ICB 성경 역)

이것은 사실 상처받은 우리의 고백이다. 당신이 믿고 있는 바가 여기에 그대로 나열되어 있지 않은가? 우리는 스스로 쓰레기 더미로 여긴다. 나도 내 삶을 향해 "나는 쓰레기 같아." 라고 하는 표현을 수시로 했던 적이 있었다. 이것은 사단의 거짓말이다. 중요하지 않은 사람이, 혹은 쓰레기 더미 같은 사람이 민족을 구하는 위대한 용사가 될 수 있는가? 가족 전체 구성원 중 가장 가치가 없어서 가족들에게 조차 잊혀져 있는 자가 가장 유력하고 가장 강한 자가 되어 해변의 모래보다 많은 수십만 대군 앞에서 전쟁하여 승리할 수 있는가?

기드온은 하나님이 보시는 것과 정반대되는 관점으로 자신을 보고 있었다. 쓰레기 더미와 같고 가족 전체에서 가장 덜 중요한 사람이라고 느끼는 기드온을 향해 하나님께서 '용사' 라고 부르심을 통하여 기드온 안에 있는 무가치함의 영을 하나님은 깨뜨리고 계신다. 가장 '작다' 는 기드온의 말은 가장 쓸모 없고 가장 의미없는 사람이라는 뜻이다. 그러나 주님은 기드온을 전쟁에서 승리케 하심으로 실제의 용사가 되게 하시며 가장 중요하고 가장 가치 있는 자로 바꾸셨다. 실제로 기드온이 전쟁의 승리를 가져온 장군이었을 뿐 만 아니라 그는 너무도 유명한 사람이 되어 수천년 뒤를 살고 있는 우리에게까지 이름이 알려지고 중요한 사람이 되었다. 그의 명성은 세대를 넘나들고 있지 않은가? 하나님은 신실하신 분이시다

세바와 살문나가 도망하는지라 기드온이 그들의 뒤를 추격하여 미디안의 두 왕 세바와 살문나를 사로잡고 그 온 진영을 격파하니라
(사사기 8장 12절)

이제 당신도 기드온과 같이 하나님 앞에 머물며 듣기를 바란다. 당신은 누구인가? 하나님은 당신을 무엇이라고 부르시는가? 당신의 부르심은 무엇인가? 하나님은 당신을 어떻게 바라보시는가?

그러므로 낙심하지 않기를 바란다. 하나님은 포도주 틀에 숨어서 밀을 타작하는 당신의 모습을 보셨다. 기드온에게 가장 끔찍했던 포도주 틀을 하나님은 희열과 승리의 장소로 바꾸신다.

또 미디안의 두 방백 오렙과 스엡을 사로잡아 오렙은 오렙 바위에서 죽이고 스엡은 스엡 **포도주 틀**에서 죽이고 미디안을 추격하였고 오렙과 스엡의 머리를 요단 강 건너편에서 기드온에게 가져왔더라
(사사기 8장 25절)

하나님은 기드온을 부르실때 포도주 틀에 숨어 있는 기드온을 부르셨다. 그 자리는 가장 처참하고 비참한 기드온과 그 민족의 현실을 보여주던 자리가 아니었는가? 그런데 오늘날 기드온이 승리

를 취하는 자리를 보라! 바로 포도주 틀이다. 하나님은 당신의 약함을 쓰실 계획이 있으시다. 당신이 넘어진 자리는 당신이 일어날 자리이다. 원수는 너는 여기서 견딜 수 없으니 이 자리를 떠나라고 말한다. 심지어 살아있음 가운데서는 견딜 수 없으니 이 살아있음을 떠나 죽음으로 가라며 우리를 부추긴다. 그는 우리의 생명을 삼킬 준비를 하고 있다. 그러나 하나님은 당신이 넘어진 그 자리에서 보상하신다. 그분은 우리가 피땀흘려 지켜낸 자리를 그냥 보고 계시기만 하시는 분이 아니다. 주님은 그곳을 역전의 자리로 바꾸신다. 마치 하만의 장대처럼 말이다. 기드온에게 있어서 포도주틀이 어떤 자리였는지 이제 당신은 누구보다 잘 안다. 우리가 실패했던 그 자리를 승리의 장소로 바꾸실 수 있는 능력의 하나님을 이제 당신은 경험할 준비가 되었는가? 당신이 가장 수치스러워 하는 그 장소를 하나님은 가장 영광스러운 장소로 바꾸시며 당신의 대적의 머리를 취하는 장소로 바꿀 것이다. 그곳은 도리어 당신을 향해 주신 하나님의 임무를 완성하는 자리가 될 것이며 당신이 트로피를 받는 장소가 될 것이다. 당신의 포도주 틀은 어디인가? 가정인가? 직장인가? 아니면 그냥 당신이 숨 쉬고 살아야 하는 삶 그 자체인가? 하나님은 당신이 낙심하여 완전히 엎드러지기 전에 반드시 다시 당신을 일으키실 것이다. 당신의 포도주 틀은 이제 새로운 도구로 쓰일 때가 되었다.

겸손은 자기를 낮추거나 평가 절하하는 것이 아니다. 겸손은 내가 없어지는 것이다. 내가 없어지면 내가 어떠한 자인지 증명할 필요도 없어지며 나의 만족을 추구할 이유도 없어진다. 겸손이 오면 우리는 사단으로부터 더 이상 정죄 당하지 않는다.

쓰레기 더미와 같고 가족 전체에서 가장 덜 중요한 사람이라고 느끼는 기드온을 향해 하나님께서 '용사' 라고 부르심을 통하여 기드온 안에 있는 무가치함의 영을 하나님은 깨뜨리고 계신다.

04

구조를 파헤치는 전략을 취하라

치유를 위한 계시

penetrate 가 '조직 같은 것' 을 뚫는다는 의미를 가질 때 그 사용법을 보면 서로 네트워킹 되어있는 것을 뚫는다는 의미가 내포되어 있다. 이것은 어떤 유기적인 조직을 뚫는다는 것이다.

우리의 싸우는 병기는 육체에 속한 것이 아니요, 오직 하나님 앞에서 견고한 진을 파하는 강력이라 (고린도후서 10장 4절)

같은 성경의 다른 번역본을 보면

For although we live in the natural realm, we don't wage a military campaign employing human weapons, using manipulation to achieve our aims. Instead, our spiritual weapons are energized with divine power to effectively **dismantle** the defenses behind which people hide.
(2 Corinthians 10:3-4 TPT)

여기에서 'dismantle' 은 '분해하다', '해체하다' 이다. 기계나 구조물 따위를 분해하고 해체하거나 조직 따위를 해체한다는 의미이다.

우리의 '견고한 진' 이라는 것이 말 그대로 처음부터 끝까지 독립적으로 존재하지 않고 어떤 단단한 결합을 이루고 있다는 것을 암시해준다. 성경은 귀신 들린 자의 대답을 통해서 군대 귀신들의 활동이 있음을 말하고 있다.

이에 물으시되 네 이름이 무엇이냐 이르되
내 이름은 군대니 우리가 많음이니이다 하고 (마가복음 5장 6-9절)

앞에서 우리가 추구해야 할 내적치유가 그렇게 간단하게 끝나지 않는다고 말한 것은 이런 것에 대한 부분이다.

명철한자의 마음은 지식을 얻고 지혜로운 자의 귀는 지식을 구하느니라(잠언 18장 15절)

하나님은 우리가 더 알기를 원하신다. 옛날 말에 적을 알고 나를 알면 백전백승이라는 말이 있다. 그렇다 대적이 어떻게 움직이는지 알면 우리는 하나님께 더 명쾌한 전략들을 받을 수 있다. 견고한 진이 어떻게 작동하는지 알면 더 이상 대적은 우리 앞에도 뒤에도 숨을 곳이 없다.

우리에게 십자가에서 이미 완전한 승리를 주신 주님은 지식으로도 알고 깨달을 수 있도록 계시하시므로 말미암아 십자가의 승리가 실제가 되게 하신다. 하나님은 몸의 비밀을 바울에게 계시하셨다. 우리는 모두 예수그리스도의 지체들이다. 이와 마찬가지로 사단도 몸의 공동체의 형태를 모방함으로 자신의 세력들을 견고히 해나간다. 그들도 구조적으로 결탁되고 끌어당기면서 하나님 나라로부터 우리를 멀어지게 한다.

그러므로 상처를 받았거나 그로 인하여 다른 죄를 짓게 될 경우 우리 삶에 원수의 발판이 한 영역에 꾲히게 될 때 주님께 빨리 돌아서야 한다.

그러나 우리가 그들의 영향력에 대해 심각하게 생각하지 않고 진리로 무장하지 않고 그들의 활동을 간과하게 되면 곧 그들의 공동체적 움직임들이 시작된다. 그들은 우리를 완전히 점령하고 싶어 한다. 성전을 완전히 파괴하고 싶은 것이다. 이때 눈을 들어 적이 오는 것을 보지 못하면 우리는 무지하고 어리석어 거룩한 성전의 다른 부분을 내어주게 되고 그들은 확장한다.

우리는 처음에는 작고 가벼운 죄에 문을 열어주게 된다. 그러나 반복적으로 죄의 권위에 순종하게 되면 어느새 하나의 원수의 발판은 수십 개가 되어 있는 것을 보게 될 것이다. 그야말로 우리 스스로를 통제할 수 없는 상황까지 놓이게 된다.

그들은 우리의 깨어진 마음들은 대적의 권위와 능력 안에서 서로 상호작용 한다. 그러다가 우리는 어느 순간 우리 삶을 향한 비전과 소망을 완전히 잃어버린 것을 뒤늦게 발견하게 된다.

성령의 9가지 열매가 성령님이라는 거룩한 인격의 한 뿌리에서 맺어지듯 악한 자들의 모든 세간들도 한 뿌리에서 부터 퍼져나간다.

이 원리를 바꿔 말하면 결국 하나에 문을 열어 두면 눈앞에 그 효력이 즉시 나타나지는 않는다고 하더라도 다른 죄와 상처에도 동일하게 문을 열어두는 것과 같다는 것이다. 이렇게 한쪽의 문이 열리면 다른 죄와 상처를 받아들일 준비를 하게 된다. 그리고 시간이 지날 수록 한 무리처럼 그리고 세트 메뉴처럼 동시 다발적으로 계속적으로 우리를 공격하여 우리의 영과 혼과 육이 굳게 서지 못하고 넘어지도록 만든다.

예를 들어 사단은 우리의 외모를 통해 우리의 아름다움이 겉모습에 있다는 거짓말을 심어준다. 이를 위해 대적은 모든 대중매체와 미디어를 점령해 나가고 있다. 이러한 속임에 일단 빠지게 되면 일차적으로 자기 연민 곧 피해의식이 들어오게 된다. 하나님께서 다른 사람보다 나를 멋있게 만들지 않았다는 생각, 혹은 다른 사람처럼 나를 멋있게 만들지 않았다는 생각이 들어와서 하나님이 공평하지 않은 분이라는 오해를 하게 된다. 이렇게 외적 자아를 인식하는 과정에서 우리가 진리가 아닌 것들을 받아들이게 되면 악한 것들이 들어올 수 있는 여러 개의 출입문을 더 열어주게 된다.

이러한 감정이 심화되면서 우리는 열등감이라고 하는 좀 더 유용한 사단의 도구를 받아들이게 되고, 이러한 괴로움이 지속되던 어느 날 정서적으로 만신창이가 되서 이겨낼 수 없는 열등감에 사로잡히게 된다. 이러한 열등감을 받아들이게 되면 무엇을 하던 자신이 없고 두려워지게 된다. 실패를 할 것에 대한 두려움 때문에 완벽주의와 강박증이 들어오게 된다. 그리고 시간이 지나면서 처음부터 내가 모자라거나 빈약하게 만들어졌다는 거절감을 받아들이게 된다. 거절감이 들어오게 되면 모든 행동 패턴에 수동성이 들어오게 된다.

자기연민- 피해의식- 열등감- 두려움- 거절감- 수동성의 견고한 진 의 조직이 만들어지게 된다. 이들이 서로 상호작용하면서 그물처럼 짜여서 소통한다. 악한 영은 이 사람의 생각과 행동을 통제하는데 성공한다. 그 후에는 생각이 아닌 실제적인 어둠의 영들의 역사가 삶 속에서 나타나기 시작한다. 어느 순간 다른 사람들에 비해 불공평한 대접을 받게 되며 다른 사람들의 외적인 기준에 의해 말로 평가를 받게 되기도 하며 거절감을 받아들임에 따라 실제로 다른 사람에게 거부를 당하는 상황이 나타난다. 이러한 것들은 우리의 생각과 상황을 조종하는 영들에 의해서 만들어진다. 문제들이 첩첩산중으로 쌓이면서 불안과 초조, 낙심과 절망, 실패와 외로움 같은 것들로 인해 견고한 진들이 더욱더 확장되어 탁월한 재능과 능력이 타격을 입고 지혜로웠던 자가 어리석게 되어 모든 잠재력과 가능성까지도 손상을 입는다. 이런 식으로 대적은 네트워킹하고 조직적으로 힘을 키워가며 실제적으로 배후에서 활동 반경을 넓혀간다. 이러한 과정을 통하여 우리는 하나님의 형상을 급속히 잃어버리게 된다.

이렇게 사단은 자신의 영역을 더 확장할 새로운 통로들을 끊임없이 만들어 내고자 노력한다. 우리는 거짓말들을 계속 받아들이게 되면 그들의 작은 문들을 대문으로 바꾸어 악한 영들이 활동할 수 있는 더 큰 무대를 마련해 주게 된다. 이러한 하나님을 향한 불신과 거역의 마음들은 계속해서 얽히고 설켜서 몇 년이 지났을 때는 무엇이 문제인지 어떤 것부터 해결해야 하는지에 대해 인지조차 할 수 없게 된다. 결국 삶 자체가 사단에게 점령되는 안타까운 일이 벌어지게 된다. 진리가 아닌 생각 하나에 출입문을 열어주었던 것이 복잡하게 상호작용하여 끔찍한 결과를 만들어낸다.

그러므로 우리는 사단의 네트워킹이 어떻게 일어나고 있는지 성령님께 물어야 한다. 알아야 한다. 깨달아야 한다.

잘못된 동기

'dismantle'의 세 번째 뜻은 '분해하여 보여주다' 이다. 이 모든 견고한 진들이 파해지는 과정가운데 우리가 해야 할 것은 보는 것이다. 성령님께서는 이전에 보지 못했던 것을 볼 수 있는 눈을 주시고 우리가 볼 수 있도록 하신다.

For although we live in the natural realm, we don't wage a military campaign employing human weapons, using manipulation to achieve our aims. Instead, our spiritual weapons are energized

with divine power to effectively **dismantle** the defenses behind which people hide.
(고린도후서 10:4)

한번은 집에 있는 냉장고가 고장나서 기사님에게 수리를 요청했다. 기사님에게 우리집 냉장고의 문제점을 설명했지만, 오는 대답은 이것이었다.
"그건 뜯어 봐야 알아요. 저희가 고객님 집에 가봐야, 겉에서 어느 정도 보는 건 가능하겠지만 추측만 하는 것이고, 자세하게 무슨 문제가 있는지 알아보려면 공장에 보내서 뜯어봐야 해요"

적당히 겉에서 봐서는 뭐가 문제인지 알 수가 없고 아예 전체 다 분해를 해봐야 안다는 것이다. 내가 경험한 성령님의 치유가 비슷하다.
'우리는 우리 삶에 문제가 되는 현상이 나타나면 이럴 것이다.' 하고 추측하고 어림잡아 뭉뚱그려 죄를 회개하거나 아니면 대충 넓게 범위를 설정하여 마귀를 꾸짖는다. 그러나 그렇게 해도 우리 삶에 변화가 오는 것을 경험하지 못할 때가 많다.
'dismantle'은 분해하여 보여준다는 뜻이 있다고 했다. 이것은 성령님께서 우리에게 온전한 치유를 주시는 과정과 비슷하다.
분해한 것을 보여주게 되면 어떻게 될까? 냉장고를 분해한다고 생각해보자. 그러면 분해하기 전에는 문제의 원인을 그저 추측할 뿐이다. 냉장고의 어떤 기능이 어떤 부품 때문에 문제가 된 것인지, 또 이 부품은 다른 것과 어떻게 연결되어 있는지 알 수가 없다. 그러나 완전히 분해하게 되면 그 연결 고리들까지 상세하게 알 수 있으며 유기체적인 구조를 파악하게 된다. 작동 원리들도 당연히 하나하나 아주 상세하게 알 수 있게 된다. 그래서 분해하는 것은 중요하다. 성령의 능력은 거시적인 관점에서 하나로 보이는 것 같은 영적 실체들을 분해하신다. 성령 현미경은 우리의 인식의 세계에 자리 잡은 죄의 구조를 분석하시고 가장 근원이 되는 뿌리를 정확하게 짚어주신다. 그분의 능력은 섬세한 핀셋과 같다.

물 분자에 대해 과학시간에 들어본 적이 있다면 수소와 산소 원자들을 연결하는 막대기 같은 것을 본적이 있을 것이다. 영적인 것도 이와 비슷하다고 생각한다. 그래서 원수의 방어선을 해체하는 방법은 이것과 다른 것들 사이에 연결된 고리를 파하는 것이다. '고리'라는 것은 조직을 파하는데 있어서 가장 중요하다. 아무리 많은 개체가 있어도 연결이 없으면 조직은 없다. 우리의 상처도 동일하다. 원수가 한 사람에게 묶임이나 사로잡힘을 가져올 때, 거기에는 어떤 고리들이 있다. 우리는 주님께 이 고리들을 보여 달라고 구해야한다. 주님께서는 우리의 기도를 들으시고 모든 고리들을 보여주시고 치유의 광선을 비추사 외양간에서 뛰어노는 송아지처럼 우리를 자유케 하신다.(말라기 4:2)

묶임의 고리를 발견하다

나는 어린 시절부터 청년에 이르기까지 꽤나 종교적인 교회를 다녔다. 우리 교회는 전도를 강조했고, 세상에서나 가정에서나 영향력 있는 크리스천들이 될 것을 많이 말씀하셨다. 그런데 나는 가정에서도 세상에서도 별로 영향력이 없었다. 특히 언제나 식구들과 살을 부대끼고 살아야하는 가정에서 모범적인 크리스천의 삶을 살지 못하고 있다는 것을 인정하는 것은 항상 내게 고통이었다. 그것은 성장기를 지나 청년기 그리고 30대에 이르기까지 내게 평생의 숙제 같은 것이었다. 사단은 '너는 무능하여 어떠한 선한 영향력도 발휘할 수없는 그리스도인이야' 라는 생각을 심어 주었다. 그렇게 내가 형편없어서 가족들에게 이제껏 복음도 전하지 못하고 있는 것이라고 나를 끊임없이 고발했다. 가족들을 구원해야한다는 부담을 내려놓는 방법을 몰랐고, 무거운 영적 책임감과 짐으로 인해 나는 점점 지쳐갔다. 무능하다는 생각을 받아들일 수 록 회복할 수 없는 무기력함이 내 삶을 잠식해갔다. 무기력함은 무력함으로 변해갔고, 나는 살아갈 힘조차 잃어버릴 위기에 처하게 되었다. 내가 왜 이 염려로부터 벗어날 수 없는지 몰랐다. 일단 근심 걱정한 죄를 회개하기 시작했다.

"하나님 내가 염려한 것을 회개합니다. 모든 근심 걱정은 예수의 이름으로 떠나갈지어다."

그런데 아무리 염려, 근심, 걱정을 회개해도 나는 자유를 경험할 수 없었다. 나는 주님께 간절히 물었다.

" 주님, 나는 너무 무력합니다, 이 무력함에서 나를 구해주세요, 주님 무엇이 문제입니까?

성령님께서는 '동기가 잘못 되었다' 는 답을 주셨다.

"동기가 잘못되었다니요 주님, 제가 가정의 구원을 원하는 이유는 한가지 입니다. 가정이 구원 받고 예수 믿고 천국가기를 바라는 거잖아요, 그것은 주님도 간절히 원하시는 바 일 텐데... 무슨 동기가 잘못되었다는 걸까요?

성령님의 다음 말씀이 들려왔다.

"너는 너의 힘으로 가족을 구원해야한다고 생각하고 있어, 그것은 나와 나의 나라를 위함이 아니라 너를 위함이다." 갑자기 나는 마음이 뜨끔했다. 성령님은 내안에서 역사하는 생각 꾸러미들을 해체하고 인식의 구조의 흐름들을 드러내시기 시작했다. 나는 동의할 수 없었다.

"주님, 한 영혼이라도 지옥가지 않고, 천국 가는 것은 하나님의 뜻인데요..." 염려를 회개해도 변화가 일어나지 않는 이유는 염려를 하게 만드는 다른 고리가 있었기 때문이었다. 그 고리는 바로 교만이었다. 주님께서는 "너는 왜 너의 힘으로 가족을 구원해야한다고 생각하고 있니?" 하고 질문하셨다. 나는 단순히 염려로 뭉뚱그려 보이는 것들의 상처 위에 있는 죄의 법을 깨달을 수 있었다. 내가 무기력한 이유는 염려가 아니었다. 내가 무기력한 이유는 '내가 하고자 함' 때문이었다. 내가 하고자 하는 생각은 왜 들어왔을까?

답은 위에 있다. '나는 못해, 나는 능력이 없어, 나는 영향력도 없어' 라는 생각 때문이었다. 이전까지 우리 가족이 지옥을 갈까봐 염려하는 것은 내가 그들의 영혼을 사랑하기 때문이라고 생각했다. 그런데 성령님께서 내게 주신 답은 이것이었다.

"너는 너를 계속 인식하고 있구나, 네가 어떠한 자인지 계속 묵상하고 있구나, 내가 못해, 할 수 없어 라고 말할 때 마다 네 안에서 네가 할 수 없음에 대한 짐이 점점커지고 있어, 네가 할 수 없음에 집중하고 있다는 것은 모든 너의 인식이 너 자신에게만 집중되어 있다는 것이야, 이것은 바로 너의 인식의 모든 중심이 나 하나님이 아닌 너 자신에게 있다는 것 이란다" 이것은 죄로 표현하자면 '자아 인식의 극대화' 의 죄였다. 쉬운말로 표현하면 교만이다. 교만은 언제 들어오는가? 내가 하나님 보다 위에 있다고 느낄 때 들어온다고 생각하는가? 내가 하나님보다 높이 있다고 생각할 때 들어오는가? 아니다. 자신이 어떠한가에 더 많이 집중하고 있을때 그것이 교만이 된다. 나의 무능함을 많이 묵상할 수 록 우리는 할 수 없는 것을 해야 하는 강박에 사로잡히게 된다. 그리고 할 수 없는 것을 해야 하는 공포에 빠지게 되면서 점점 더 무력하게 된다.

자아인식이 극대화되면 내가 살아난다. 내가 어떻게 하면 만족할 수 있을까 하는 방향으로 점점 더 틀어지게 된다. 나는 그제서야 비로소 "너는 너의 만족을 위해 가정의 구원을 바라고 있단다." 라는 표현과 "동기가 잘못되었다"는 주님의 표현을 이해할 수 있었다. 주님은 내가 나의 만족을 위해 구원의 문제의 해결을 구하고 있다고 말씀하셨다. 그것은 이러한 것과 같다. "나의 약함을 인식하는 것은 너무 고통스러워요, 내가 약함을 인식할 때마다 내게 밀려들어오는 수치심을 견디기가 힘듭니다. 하나님이시라면 빨리 우리가족을 구원하여 내가 약하지않고 능력 있는 자 라는 것을 증명 하게 해주십시오" 과 같은 것이다. 하나님은 내게 말씀하셨다. "무능함의 영이 너를 사로잡도록 권한을 부여하고 있는 것은 너의 능력을 증명하고 싶어 하는 너의 교만이란다. 너는 문제를 해결함으로 네 약함을 무능함을 포장하고 싶었다. 교만의 영은 높아지는 영이 아니라 속임의 영이다."

사단이 어떠한 형태로 우리에게 접근하던 그가 우리를 속이려는 정확한 접점을 찾아야한다. '나는 높고 위대하다' 라고 말하는 것이 교만이 아니라 내가 큰 자인가 작은 자인가를 계속 헤아리며 묵상하는 것이 교만의 핵심이다. '자아인식의 극대화' 라는 표현을 한번 잘 생각해 보기 바란다. 하나님을 의식하는 것 보다 나의 어떠함을 의식하는 것이 더 커질 때 우리는 고통스럽게 된다. 우리의 부족함을 포장해야 한다는 의지가 발동되면 어떤 일이 일어날까? 바로 아담과 하와처럼 자신의 수치를 가릴 나뭇잎을 찾아 나서게 된다. 바람만 살짝 불어도 날아가 없어질 것이라도 찾아 나선다. 자기 힘으로, 자기능력으로, 자기수단과 자기방법으로 말이다. 그런 아담과 하와에게 예수님이 어떠한 반응을 하셨는지는 창세기 3장을 읽었다면 모두 알 것이다.

나에 대한 인식이 없다면 무능력함에 대한 인식도 없었을 것이다. 당연하다. 그렇다면 손 하나 까딱하지 못할 만큼의 이 무기력함으로부터 어떻게 나는 자유로워 질 수 있는가? 자아인식의 극대화라는 죄 곧 교만이라는 죄에서 자유케 되는 해결책은 바로 겸손을 선택하는 것이다. 겸손은 하나님을 의지하는 것이다. 이러한 겸손은 자기를 낮추거나 평가 절하하는 것이 아니다. 겸손은 내가 없어지는 것이다. 내가 없어지면 내가 어떠한 자인지 증명할 필요도 없어지며 나의 만족을 추구할 이유도 없어진다. 겸손이 오면 우리는 사단으로부터 더 이상 정죄 당하지 않는다. 나를 향한 모든 정죄는 힘을 잃게 된다. 주님은 여기서 거짓 책임감의 정체를 드러내셨다.

성령님께서 원수의 견고한 진을 해체시키는 과정은 이렇게 진행되었다.

가정구원에 대한 염려,근심 → 무기력함과 무력함으로 인해 고통을 당함 → 무력감과 무능함으로 인해 수치심을 느낌 → 정죄의 영을 받아들임 → 하나님께서 자아인식의 극대화(교만)의 죄를 보여주심 → 자기만족을 추구하고 증명하도록 압박하는 참소하는 영을 보여주심 → 하나님을 의지하는 겸손을 선택하기로 함 → 나의 무능력함을 정죄하는 정죄의 영이 떠남 → 가족구원에 관한 책임을 내게 지우려는 거짓 책임감과 부담감이 떠남 → 가족 구원에 대한 염려가 완전히 떠남

이 과정에서 여러 가지 견고한 진이 순차적으로 조직적으로 상호작

용하는 것들이 보이지만 묶임을 푸는 가장 중요한 고리는 따로 있었다. 이것은 내가 전혀 인지하지도 생각하지도 못하고 있었던 것이었다. 염려도, 근심도, 책임감도, 무기력함도 이 묶임의 핵심이 아니었다. 핵심은 바로 교만이었다. 나머지는 다 부산물들이었다. 결국 교만은 숨어있었다. 염려 뒤에, 근심 속에, 책임감 안에, 정죄 뒤에, 무기력함 안에, 숨어 있었다. 성령님께서는 분해하고 해체하여 우리에게 보여주신다.

가끔 우리는 그리스도인으로 살아가고 있음에도 불구하고, 하나님 앞에서 최선을 다하여 살고 싶은 우리의 바램과 반대로 최악이라 느껴지는 삶을 살 때가 있다. 우리는 이런 고백을 하기도 한다.

여호와여 나의 대적이 어찌 그리 많은지요 일어나 나를 치는 자가 많소이다 (시편 3편 1절)

우리는 눈물로 주님께 호소하곤 한다. "주님 나는 이 골리앗 앞에 무기력합니다. 힘이 없어요. 어떡하죠. 숨 쉴 수 있게 도와 주세요" 라고 말이다. 그러나 아무리 큰 눌림이 있어 사방으로 우겨쌈을 당한 것 같을지라도 걱정할 것이 없다. 주님께서는 전략적으로 당신을 회복시키신다. 당신의 목전에서 대적의 정체를 분해하여 쪼개어 그리고 해체시키어 깨달음의 기름을 부어주신다. 주님께서는 그것들을 밟아 이길 수 있도록 관통하는 능력으로 임하셔서 우리 속에 있는 동기의 근원들을 밝히시고 당신의 삶을 능력 있는 삶으로 바꾸신다.

숨은 자들 사이에 숨어 있는자

말씀을 다시 보면
우리가 육체에 있어 행하나 육체대로 싸우지 아니하노니 우리의 싸우는 병기는 육체에 속한 것이 아니요 오직 하나님 앞에서 견고한 진을 파하는 강력이라 (고린도후서 10장 4절)

For although we live in the natural realm, we don't wage a military campaign employing human weapons, using manipulation to achieve our aims. Instead, our spiritual weapons are energized with divine power to effectively dismantle the defenses behind which **people hide.**(고린도후서 10:4 TPT 영어성경)

한국어 성경에는 그 의미가 분명하게 나와있지 않지만 영어성경의 단어를 보면 성령님의 빛의 속성을 알 수있다. 하나님은 감추인 것들, 어둠 가운데 있는 것들을 드러내신다. 이 말씀의 'hide' 라는 단어는 '숨기다' 는 뜻이다. 본문에서는 사람들이 숨기고 있다는 의미로 사용되고 있지만 이것은 곧 배후에서 역사하는 영이 숨기고 있는 것과 동일하다. 그러나 하나님 앞에서는 숨겨질 것이 없다. 하나님께서 사단의 방어선을 무너뜨리기위해 필연적으로 숨어있는 것들을 드러내신다.

그런즉 저희를 두려워 하지 말라 감추인 것이 드러나지 않을 것이 없고 숨은 것이 알려지지 않을 것이 없느니라(마태복음 10장 25절)

하나님은 어떻게 숨은 것들을 드러내시는가? 이것을 설명하기 위해 이런 비유를 들고 싶다. 예를 들어서 군중 속에 있는 어떤 사람들 중에 숨어 있는 한 사람을 찾아내어 공개적으로 드러낸다고 생각해 보자. 그때, "어이, 거기 빨간 모자 쓰고 키 큰 사람 이리 나와!" 이렇게 부르면 그 사람은 여전히 숨어 있을 수 있다. 마치 자신은 아닌양 그냥 한 발자국 더 뒤에 슬그머니 물러나는 것이다. 그러나 절대로 숨어 있을 수 있는 방법이 하나 있다. 그것은 이름을 불러내는 것이다. 이것이 정체를 드러내는 가장 좋은 방법이다.

이름을 부르게 되면 숨어 있을 수가 없다. 이렇게 되면 사단은 더 이상 'hide' 의 상태에 있을 수 없다. 우리는 성령님과 동행하는 깊은 치유의 여정에서는 이 과정이 필수적이라는 것을 알아야 한다. 원수는 우리가 이것을 깨닫는 것을 너무나 싫어한다. 대적은 우리가 자신을 정확히 모르고 있다는 것을 안다. '빨간 모자 쓰고 키 큰사람이라는 것 밖에 아직 모르는군, 나는 아직 더 숨어있을 수 있어' 라는 것이다.

그러나 "김철수 너 나와" 하게 되면 수많은 무리들 사이에 더 이상 자신이 숨어있을 수 없는 것을 알게 된다. 영적 존재는 자신이 계속적으로 머물 수 있을 때와 나가야 할 때를 분명히 알고 있다. 그들은 우리가 자신을 아는지 모르는지 다시 말하면 계속 숨어있을 수 있는지 자신의 정체가 드러난 것인지 아닌지를 정확히 알고 있다. 그들은 뱀과 같이 지혜로운 존재이다.

성령님은 초자연적인 계시를 주셔서 그들의 이름을 알게 하신다. 나는 이 과정을 매우 중요하게 생각한다. 많은 경우 사단은 가장 근본적인 무언가를 숨기고 싶어 한다.

나의 경우에 있어서 숨어있던 자의 이름은 '교만 즉 자아인식의 극대화'였다. 우리는 성령님께 나아가 들어야한다. "하나님 지금 이렇게 역사하는 영의 진짜 이름이 뭔가요?" 우리는 주님께 숨은 것들 뒤에 더 숨겨져 있는 것이 무엇인지 보여 달라고 구해야 한다. 그들은 숨는 방법들을 알고 있다. 어둠이 우리에게 권위를 가지는 경우는 한 가지이다. 숨어있을 때이다. 빛의 근원이신 예수님께서는 그들의 속성을 안다. 하나님은 그들을 지었고, 그들이 타락하는 것을 보았고, 또 어떻게 자신의 조직을 활성화 시키는지 보시는 분이다. 어둠은 어둠들 뒤에 숨고 어둠을 이용하여 어둠을 가리운다.

그들은 드러나지 않기 위해 최선을 다한다. 이것이 그들이 살아남는 유일한 방법이다. 성령님은 드러내시되 낱낱이 드러내신다.

위의 예시에서 나의 경우 사단의 속임은 이것이었다.

'너는 지금 가정을 사랑하기 때문에 염려하는 것이야, 네가 이러한 근심을 하는 것은 마땅해, 이것은 하나님이 기뻐하는 것이야.' 와 같은 것 들이었다. 하지만 나는 이렇게 합리적인 듯 보여지는 생각을 계속 받아들일 때마다 지치고 무너졌다. 그들은 선한 얼굴을 한 이리

떼와 같다. 성령님께서는 이들의 가면을 벗기는 법을 우리에게 계시해 주신다.

타당한 염려라는 어둠 위에는 무기력함이 숨어 있었고, 무기력함 뒤에는 정죄감이 숨어있었다. 그리고 정죄감 뒤에는 거짓 책임감이 숨어있었고, 거짓 책임감 뒤에는 '교만' 이 숨어 있었다. 서열로 따지자면 조금 웃길 수 있지만, 성경에서 마귀와 사단을 구분하는 것처럼 마귀위에 사단이 있다면 염려와 무기력함, 정죄감과 책임감들은 마귀들이었지만 교만은 사단 같이 더 상위에 있는 죄이며 깊숙이 숨어있는 죄악이었다. 여기서 마귀들 사이에 무엇이 더 우선순위에 있는가는 중요하지 않다. 그들은 어차피 서로 영향을 주면서 움직이고 작동하기 때문에 하나이다. 중요한 것은 그것들을 거미줄처럼 하나로 만들고 단단하게 하는 더 큰 조종이 뒤에 숨어 있는데 성령님은 그것을 깨닫게 하신다.

그러면 그 이후에는 무엇을 해야 하는가? 우리는 약속의 말씀을 따라 자녀의 권세를 가지고 명령하여 떠나가게 해야 한다. 진리이신 말씀을 따라 우리가 명령하고 선포할 때 그들은 우리를 더 이상 속박할 수 없다. 악한 것들이 결탁되어 있는 모든 연결고리들이 계시적으로 드러날 때, 회개하고 선포하면 그들은 우리의 권위를 인정하고 떠나가야 한다. 그리고 우리는 믿음으로 자유케 된다. 실제로 나는 그렇게 회개하고 선포한 후 모든 무기력과 정죄함이 감정으로부터 일순간에 떠나는 것을 경험했다.

나는 교만함이 얼마나 끔찍한 죄인가에 대하여 뼈저리게 체험했다. 밤낮으로 참소하는 영에 의해 심적으로 고통스러웠고, 육체도 연약해졌으며, 극도로 무기력했다. 그리고 스스로 정죄하는 생각이 깊어지면서 자신을 파괴하고 싶은 자기증오와 자기 학대의 영에게까지 문을 열어주게 되었다. 것이다. 묶임의 단계에서 예수 그리스도의 이름으로 할 수 있는 것 들을 하지 않을 때 사로잡힘의 단계로 넘어 가는 것은 너무 쉬운 일이다. 악한자들은 우리가 완전히 파멸 될 때까지 멈추지 않는다. 그러므로 이러한 것들의 씨앗이 되는 '교만' 이라는 죄가 들어오도록 이제 나는 더 이상 용납할 수 없는 것이다. 나는 숨어있는 자의 이름을 정확히 계시 받았기 때문에 명령할 수 있었고, 정확히 회개 할 수 있었고, 자유케 될 수 있었다.

그 뒤로 나는 교만의 영이 들어오는 문을 다시는 열어 주지 않았고, 그 뒤로 교만의 영이 들어오려는 것들에 대해 더 쉽게 감지하게 된다. 영의 모든 흐름에 대하여 깨어있게 된다. 이러한 감정이 또 내게 문을 두드리려 할 즈음 나는 옷을 찢지 않고 마음을 찢는 중심으로 돌아서며 교만이 아닌 겸손을 심고, 완전히 하나님을 신뢰하기로 다시 결정하며, 정죄함에 문을 열어주지 않고, 어떠한 책임감도 받아들이지 않는다. 더 이상 원수에게 어떠한 틈도 주지 않는 것이다. 이것은 내가 날마다 승리하는 패턴으로 내 삶속에 자리 잡았다.

내게는 도략과 참 지식이 있으며 나는 명철이라 내게 능력이 있으므로

(잠언 8장 14절 KRV)

Counsel and sound judgment are mine; I have **insigh**t, I have power.

(Proverbs 8:14 NIV)

여기에서의 지식은 ' insight' 로 번역하고 있다. 곧 참 지식이란 통찰력을 가지고 깨달은 것에서 나온다는 것이다. 우리는 깨달아야 한다. 이것은 무엇이라도 깊이 통달하시는 성령님의 통찰력으로만 가능하다. 나의 경우 성령님의 전인격적인 치유는 이 통찰력으로 부터 출발했다. 이로 인하여 깨달음이 올 때마다 치유의 속도가 급속도로 빨라졌다.

타당한 염려라는 어둠 위에는 무기력함이 숨어 있었고, 무기력함 뒤에는 정죄감이 숨어있었다. 그리고 정죄감 뒤에는 거짓 책임감이 숨어 있었고, 거짓 책임감 뒤에는 '교만' 이 숨어 있었다.

05

잃어버린나-오리지널 디자인

둘러싼 강

당신은 습관적으로 저지른 하나의 죄가 마음의 중심 가운데 어떠한 틈을 만들어서 다른 죄에 쉽게 문을 열어 두도록 했는지, 또 이과정에서 어떠한 다른 영들에 취약해졌는지 성령님께 구해야한다.

때로는 우리가 회복을 원하지만 무엇을 어디서부터 어떻게 회복해야하는지 막연하고 답답할 때가 있다. 왜냐하면 그들은 숨어 있는 조직의 형태로 우리 안에서 역사하고 있기 때문이다. 그러나 염려할 것이 없다. 문제보다 더 큰 해결책을 성령님께 항상 계시하기 때문이다.

그는 깊고 은밀한 일을 나타내시고 어두운 데 있는 것을 아시며…
(다니엘 2장 22절)

주님은 우리의 어두움을 아신다. 그리고 우리의 어두움 가운데 무엇이 있는지 아신다. 빛이신 주님이 우리를 통과 하실 때 대적들의 능력과 권세가 무엇으로부터 동력을 받아 강화되고 있는지 깨닫게 하신다. 이것을 깨달을 수 있어야만 우리는 원수의 조직을 파할 수 있다. 근본적으로 이것은 성령의 도움이 없이는 불가능하다. 이것을 믿고 구할 때, 사랑과 진리로 이 어두움의 조직을 파하는 주님의 능력 또한 경험하게 된다. 성령의 능력은 원수와 결탁되어있는 모든 연결고리들 하나하나까지 파하시므로 완전히 어둠의 연합을 무장해제

시키시고, 해체시키신다. 그리고 우리는 이것들을 보혈의 강에 던져야한다.

언젠가 심적으로 많이 고통스러운 한 자매님을 기도해 드리다가 성령께서 보여주신 그림이 있었다. 그것은 그 자매를 동그랗게 둘러싸고 있는 한 수로였다. 폭이 꽤나 있고 물살이 힘 있게 흐르고 있는 느낌이었는데 나는 주님께 그 뜻을 물어보았다. 잠시 후 '보혈의 강' 이라는 단어가 떠올랐다. 성령께서 주신 감동은 이것이었다.

그 자매를 둘러싼 보혈의 강에 언제든 와서 죄의 작은 파편이라도 떠내려 보내라는 것이었다. 보통은 강이 일자로 흐르는데 그 강은 동그랗게 둘러싼 것이었다. 성령님께서는 보혈의 강에 언제든 와서 버리길 원하신다고 하셨다. 너의 것이 아닌 것들 원수가 심어놓은 것들을 언제든 어느 때든 동서남북 어디에 있던 버리기로 결정하기 원하신다고 말씀하셨다. 보혈의 강이 언제나 어느 때나 우리를 두르고 있다. 우리는 완전히 주님께서 분해하고 해체시켜 버린 것들을 보혈에 던져야한다. 보혈의 강은 당신을 둘러싸고 흐르고 있다. 흐르는 물은 두 번 담겨질 수 없다. 흐르는 물은 모든 것을 흘려 보낸다. 더 이상 우리가 담고 있지 않아도 되는 약함과 무기력함 정죄와 수치, 외로움과 나태함들까지 말이다.

하나님은 당신을 찾아내신다.

하나님께서는 속이는 자들 곧 거짓의 아비 된 자들을 심판하신다. 주님은 악한 세력을 빛 가운데 드러내시고 그들을 재판하시고 영원한 벌로 공의로운 하나님 나라를 세워 가신다.

악인은 멸망하고 여호와의 원수는 어린 양의 기름 같이 타서 연기 되어 없어지리로다 (시편 37편 20절)

악한 영들이 그들의 왕국을 세우고 하나님의 나라를 오지 못하게 하기 위해 그들만의 어떠한 전략을 세운다고 할지라도 전쟁에 능하신 하나님은 그들을 추격하시고 결국 그들의 악함을 심판하신다. 주님은 대적들의 악한 궤궤와 권모와 술수들을 드러내시고 그들을 부끄럽게 하신다. 여호와의 칼이 그들에게 임할 때 그 심판을 피할 자는 누구도 없다.

하지만 주님의 빛이 하나님의 자녀된 우리를 향해서 비추실 때는 그 목적이 전혀 다르다. 숨어있는 우리를 찾아내시는 목적은 심판을 위함이 아니다. 그분은 우리를 찾으실 때 이를 악물지 않으신다. 하나님은 우리를 찾기 위해 최상의 전투력을 준비하여 행동개시를 하시는 분이 아니시다. 그분은 우리를 향해 온기가 가득 넘치는 친밀감과 사랑의 파동을 보내시며 모든 상황 가운데서도 넘치도록 우리를 위로하고자 하는 목적을 가지고 계신다. 그분은 우리에게 수치를 주기 위해 도깨비 방망이 같은 것을 우리 앞에 들고 나타나시거나 잘잘

못이 적나라하게 드러나 있는 과거를 채점한 성적표를 주시기 위해 우리를 쫓아오시는 분도 아니시다. 주님은 수치의 베옷을 벗기시고 우리의 온몸과 마음에 그리고 영에 기쁨으로 띠 띄우기 위해서 우리를 악에서 건지셔서 다시 건설하시고 세우시기 위해서 우리를 부르신다.

목자가 양 가운데 있는 날에 양이 흩어졌으면 그 떼를 찾는 것 같이 내가 내 양을 찾아서 흐리고 캄캄한 날에 그 흩어진 모든 곳에서 그것들을 건져낼찌라 (에스겔 34장 12절 KRV)

그 잃어버린 자를 내가 찾으며 쫓긴 자를 내가 돌아오게 하며 상한 자를 내가 싸매어 주며 병든 자를 내가 강하게 하려니와 살찐 자와 강한 자는 내가 멸하고 공의대로 그것들을 먹이리라.
(에스겔 34장 16절 KRV)

그러나 우리는 하나님 앞에서 발견되는 것을 기뻐하지 않는다. 우리는 우리 안에 어떠한 수치들이 드러날 때에 성령님께서 쓴 뿌리들을 드러내시려 할 때에 종교적으로 반응 하는 경우가 많다. 우리는 교회에서 창세기 3장의 설교를 들을 때에 '아담아 네가 어디 있느냐' 하는 부분에서 정죄의 목소리 톤을 더빙하여 성경을 읽어왔다. 바로 조금 전까지 동산에 서늘한 바람으로 함께하던 성령의 임재가 선악과를 한입 베어 먹는 순간에 매섭고 차가운 심판의 칼바람으로 바뀌었다고 배웠다.

적어도 지난 30년이 넘는 시간동안 교회를 다니면서 창세기 2장에서 바람처럼 운행하던 하나님의 임재가 그 호흡의 바람이 아담이 선악과를 먹은 후에도 숨어 있는 아담의 머리칼을 여전히 스치고 있었다는 이야기를 나는 들어본 적이 없다. 그보다는 죄를 지은 아담을 향해 다그치며 말씀하시는 냉소적인 주님을 상상하며 그 부분을 읽었을 것이다. 주님이 아담에게 그 질문을 함으로써 아담이 무슨 말을 할지 말문이 탁 막히게 만드셨다고 생각했다. 또는 그렇게 하고자 하는 의도를 가지고 하나님께서 그 질문을 하신다고 생각했다. 이제 아담이 어떠한 대답을 하던 에덴에서 쫓겨날 일만 남았다는 의의 사형선고를 하신 것 외에 다른 목적도 의도도 없다고 믿고 있었다. 우리는 그렇게 듣고 배우며 교회에서 성장했다.

'아담아 네가 어디 있느냐'

선악과를 먹기 일분전의 따스한 바람과 같았던 여호와의 음성이 선악과를 먹고 일분이 지난 후에는 판사석에서 내리쳐지는 딱딱하고 냉정한 심판의 망치로 그 목소리가 바뀌었다고 생각한 이유는 무엇일까? 아담이 선악과를 먹었기 때문에 하나님은 화가 나셨고, 그래서 아담의 말문을 막히게 하는 질문을 하셨다고 믿은 이유는 아마 다음 구절인 아담의 대답 때문일 것이다.

가로되 내가 동산에서 하나님의 소리를 듣고 내가 벗었으므로 **두려워** 하여 숨었나이다(창세기 3장 10절)

아담은 분명 여호와의 목소리를 듣고 두려워졌다. 그런데 성경 어디에도 하나님이 아담에게 무서운 목소리를 내셨다고 말하는 부분이 없다. 그렇다면, 하나님이 아담을 추궁하기 위해 호통을 치신 것도 분노의 외침을 하신 것도 아니다. 이전과 동일한 하나님의 음성을 들었지만, 죄 때문에 아담은 스스로 두려워졌다. 두려움은 아담 안에서 권리를 주장하고 목소리를 낼 자리를 확보했고, 이 두려움이라는 존재가 하나님의 음성을 두렵게 들리도록 만들었을 뿐이다.

하나님의 음성은 변함이 없었다. 아담이 선악과를 먹은 후에도 그분의 사랑은 초점을 잃지 않았다. 그분은 아담에게 도깨비 방망이를 들고 나타나지 않으셨다.

그러나 아담 속에 있던 두려움은 주님의 목소리를 왜곡시켰다. 2000년 후 아담과 온 인류를 향해 '다 이루었다' 라고 외치게 될 그 목소리의 순수성을 비틀어버렸다.

죄는 하나님을 왜곡한다. 죄는 그분의 사랑과 우리와 동역하는 것을 기뻐하시는 아버지의 마음을 수사하게 한다. 그렇다 하나님이 아담을 두렵게 한 것이 아니라, 아담 스스로 두려워진 것이다.

물론 어떤 면에서는 아담 안에 거룩함이 죄로 인해 '더러워졌기 때문에 아담이 두려워했다' 라고 해석 할 수도 있다. 그렇다면 여기서 '죄로 인해' 라는 말 때문에 아담 스스로 두려워하는 존재가 되었다는 부분이 간과된다.

그래서 거룩과 정결함의 차원에서 해석하기보다는 다른 초점을 두고 이 부분에 대해 나누고 싶다. 누군가 아담을 더럽게 만들었다. 그것은 죄이며 사단이다. 이것은 사실이지만 이것은 반만 맞는 답이다. 우리는 아담이 느꼈던 이 벗었음으로 인한 두려움에 대하여 숙고해볼 필요가 있다.

사탄은 아담을 속였고, 아담에게 들어와서 아담에게 두려움을 심어주었다 그래서 아담은 사단과 하나가 되었다. 이것은 공범이다. 라는 개념이 아니라 존재적으로 구분할 수 없게 되었다는 것이다. 우리 안에 예수님이 들어오시면 나와 예수님은 하나가 된다. 예수님은 너희가 내안에 내가 너희 안에 거하면 무엇이든지 원하는 대로 구하라 (요 15:7) 라고 말씀하셨다. 이것은 서로에게 부분집합이 될 수 있는 같은 집합이다. 결국 하나됨을 의미한다. 무한한 친밀감은 나와 너의 경계선을 없애버린다. 주와 합하는 자는 한 영이라고 (고린도전서 6장 17절) 하셨다. 예수님이 내 안에 들어오시면 나와 한 영이 되어 하나의 존재가 되듯이 우리 안에 어둠이 역사하는 원리도 동일하다. 그러므로 아담은 사단에게 더 이상 죄를 전가 시킬 수 없다. 마치 차에 물을 탄 것인지 물에 차를 탄 것인지 알 수 없는 상태인 것처럼 어둠과 섞여버려 자신이 누구였는지 완전히 잃어버린 채 '스스로 두려움을 선택하는 존재'가 된 것이다. 사단이 아담에게 무엇을 했다기 보다는 스스로 수치를 느끼는 자가 된 것이다. 그리고 스스로 나뭇잎을 찾아 나선다. 그리고 스스로 몸에다 엮는자가 되었다.

우리도 아담과 같다. 우리는 스스로 정죄한다. 그리고 스스로 도망한다. 그리고 스스로 낙담하는 자가 되었다. 우리는 이제 스스로 두려움을 선택하는 자가 되어서 초자연적인 힘을 가지신 하나님으로부터 무슨 무서운 징벌이 내릴까 두려워하는 자가 된 것이다. 그래서 우리는 벌이 무서워서 벌을 받지 않기 위해 죄사함을 받는 은총에 너무 집중하며 살아온 것 같다. 이것은 초보적인 그리스도인의 수준이다.

그러나 창세기 3장 7절을 중심으로 하나님의 얼굴이 나누어지지 않았다. 나는 그것을 진리로 받아들이지 않는다. 하나님은 언제나 동일하시다. 이제 우리는 이 진리를 취할 수 있다.

때로는 숨어있는 아담과 같이 동일하게 우리도 슬픔을 이기지 못하고 두려움을 벗어나지 못하고 있는 초라한 모습을 숨기기 원한다. 우리가 두려움을 선택했음에도 불구하고 하나님이 우리에게 두렵게 말씀하신다고 믿는다. 이러한 하나님에 대한 오해 때문에 우리는 어둠속으로 깊숙이 숨는 자가 되었다.

하나님이 아담을 부르시며 (창 3:9) 에 쓰인 '부르다' 라는 히브리원어 '카라' 에는 '초청하다' 는 뜻이 있다. 숨어있는 아담을 부르실 때 그분은 사실 십자가로 다시 초청하고 계셨다. 우리는 부모님께 잘못을 한 후에 누군가 "엄마가 부르셔" 라고 이야기 하는 것을 들으면 심장이 콩알만해져서 얼마나 혼이 날까 야단을 맞을까 걱정하며 엄마에게 나아간다.

그러나 하나님이 아담을 부르실 때 아담을 다시 초청하고 계셨다는 것을 알고 있는가? 정말 하나님이 화가 났다면 다시 부르시지 않아야한다. 그렇지 않은가? 정말 화가 난 상태에서는 얼굴도 보기 싫다. 혼을 내거나 화를 내기위해 부르는 것조차 싫어진다. 다윗은 압살롬을 귀향살이 보내놓고 2년 동안 부르지 않는다. 그러나 주님은 숨어있는 우리를 향해 놀랍게도 우리의 이름을 다시 부르신다. "어이, 거기 죄인! 어서 내게 죄를 고해" 하고 부르시는 것이 아니다. 감옥 에서 죄인을 부를 때는 "57842번 나와" 하고 부르는 것을 영화에서 본 적이 있다. 그러나 주님은 아담이 숨어 있는 것을 아신다. 지금 여호와의 음성을 듣고 있는 아담의 두려움도 아신다. 그리고 영혼이 구속되고 온전하게 될 뿐 만 아니라 하나님의 능력으로 영화로운 그날에 다시는 헤어지지 않을 영광의 육체를 덧입게 될 것마저도 아신다. 그리고 이렇게 말씀하신다. "사랑하는 나의 자녀야 내가 너의 이름을 부르고 있다. 어디에 있니? 내가 다시 너를 초청하고 있다. 내가 영원히 너의 이름을 부를 수 있도록, 너와 나의 관계가 끊어지지 않도록 계속 너를 부르고 있다. 내가 십자가 에서 모든 값을 치르고 내가 너를 지금 부르고 있다는 말이다. 어디에 있니... 너의 얼굴을 감추지 말아다오. 너의 등이 아닌 너의 얼굴을 보여다오... 어디에 있니" 하고 말이다.

우리 안에 있는 두려움의 시선은 하나님이 나를 그렇게 보시기 때문에 생기게 된 것이 아니다. 하나님이 어떠한 목적을 가지고 우리를 부르시는지 진정으로 깨닫지 못하기 때문이다. 원수는 이러한 '오해'를 전략으로 사용한다. 하나님은 초청하시기 위해 부르시지만 우리는 두려움을 선택하는 자가 되어 하나님의 의도와 목적을 제대로 이해하지 못하고 숨은 곳에서 나오지 않고 있다. 하나님에 대한 오해는 이제 당신을 떠나야한다. 하나님은 아담이 선악과를 먹었다고 해서 아담에게 얼굴을 붉히지 않으셨다. 아담 스스로 두려워지기로 결정한 것이었다.

교만, 죄가 아니라 기질

앞에서 내가 왜 나의 가족들의 영혼들에 구원의 문제에 대한 책임감 때문에 마음이 눌렸는지 성령께서 밝히 드러내셨던 것을 나누었다.

나는 교만이라는 죄를 어떻게 떼어내는지 방법을 잘 모르고 있었다. 주님께서는 죄를 회개하는 것보다 더 중요한 것이 있다는 감동을 주셨다. 나는 그것이 무엇인지 주님의 음성을 들었다. 사실 내가 진정으로 회개했어야 했던 것은 교만이라는 죄에 대한 것보다는 교만이라는 죄를 언제든지 지을 수 있는 교만적인 성향의 사람에 대한 것이었다. 아이러니 하게도 우리는 교회에서 '교만하지 말자' 는 설교를 많이 들음으로 말미암아 우리는 우리가 교만한 사람이 될 수 있다는 믿음을 더 강하게 갖게 되었다. 심적 거리상으로 교만이라는 죄가 나와 더 가까워지는 것이다. 교만함의 죄에 대해서 아무리 회개하려고 해도 교만의 영의 찌꺼기가 내게 남아 있었던 이유는 교만한 기질의 사람이라는 거짓말로부터 아직 완전히 자유롭지 못했기 때문이었다. 교만이라는 죄의 사슬로 나를 묶으려고 했던 것은 교만의 죄가 아니라 교만한 사람이었다. 얼핏 보면 교만 죄를 지은 사람이 교만한 사람이 아닌가 하고 쉽게 생각할 수 있겠지만 생각해보면 그러나 교만이라는 죄는 결국 교만한 기질을 가지고 있는 사람만 유혹할 수 있다. 교만함의 죄에서 해방되는 방법은 '교만할 수 있는 가능성을 가지고 있는 사람' 이라는 명제 자체를 진리로 바꾸는 것이다. 우리가 교만의 죄를 회개한다고 해서 우리가 겸손한 사람이 되는 것은 아니다. 숨은 자를 찾아내고 회개를 하는 과정은 치유에 있어서 너무나 중요한 과정이지만 아직 한 가지 해야할 것이 더 있다. 그것은 죄를 회개하는 것 외에 우리가 어떠한 성품과 기질로 창조되었느냐 하는 부분을 깨닫는 것이었다. 하나님께서는 영원히 교만의 영이 영향력을 행사할 수 없는 비결을 가르쳐주셨다. 그것은 나에게는 교만 기질과 성향이 애초에 존재할 수 없다는 것이었다. 교만이라는 죄를 지을 수 없는 원래의 디자인에 대해서 말씀하시기 시작하셨다. 나는 분명히 교만의 죄를 짓고 회개를 했는데 어떻게 그것이 가능할까? 내가 기질 적으로 교만한 사람이라서 늘 교만함의 죄를 짓지 않도록 해야 하는 생각 자체가 사단의 근본적인 속임이었다.

내가 원하는 바 선은 하지 아니하고 도리어 원치 아니하는바 악은 행하는도다. (로마서 7장 19절)

어떻게 이 두 가지가 가능한가? 우리는 늘 우리가 언제든지 죄를 지을 가능성이 있다는 것에 대해 깊이 묵상하곤 한다. 원하는 바가 '선' 일지라도 원치 아니하는바 '악' 을 행한다면 그는 악인이다.

그런데 악인이라는 것이 단순히 악한 일을 하는 사람이라는 뜻에 가깝지 않고, 악한 사람에 가깝다. 악한 일을 하는 사람과 악한 사람은 의미가 좀 다르다. 악한 사람은 기질적으로 온몸에 악이 배어있는 사람이다. 그는 악한 일들을 하는 것을 자신의 정체성으로 삼는 사람이다. 그가 어떤 일을 하는 가와 상관없이 매사에 생각이 악하고 눈빛이 악하고 말이 악하고 양심마저도 화인 맞은 그런 사람이다. 사람 자체가 근본적으로 악이 배어있는 사람이라는 것이다. 다시 한 번 잘 생각해보자 악한 일을 하는 사람이면 무조건 악인인가? 아니면 근본적으로 존재 자체가 악하기 때문에 악한 일을 하는 것인가? 악인은 (being) 존재 자체가 이미 악해졌다는 것이지만 악한 일을 하는 사람은(doing) 악이 존재화 되었다는 것은 아니다. 나는 내가 교만의 죄만을 회개하는 것만으로 충분하지 못했던 이유는 나의 존재성 안에는 '교만이 들어올 수 없는 하나님의 성품으로 충만한 자' 라는 진리를 발견하지 못하고 있었기 때문이었다.

두려워하던 그것이 내게 임하고 나의 무서워하는 그것이 내 몸에 미쳤구나(욥기 3장 25절)

성경은 우리가 두려워하는 그것이 우리에게 임한다고 이야기 한다. 교만한 사람이 될까 두려워하는 마음이 올라오는 그 생각의 깊은 곳에 교만의 영이 살고 있는 것이다. 교만 할 수 있는 기질 자체가 없는 사람에게 교만의 영은 힘을 잃는다. 사단은 끊임없이 내게 교만을 심어주었다. 그것은 자아를 숭배하는 죄가 이유가 있기도 했지만, 더 근본적 내가 교만한 사람이라는 것을 믿었기 때문이었다.

사단은 내게서 무엇을 빼앗아 갔는가? 하나님은 나를 어떻게 만드셨는가? 잃어버린 하나님의 형상은 무엇인가? 영 안에서 나의 오리지널 디자인을 보기 시작했다. 처음의 나는 너무 아름답고 겸손한 예배자였다. 내가 창조된 모습 그 자체는 예수그리스도를 닮아 겸손으로 가득한 존귀한 예배자였다. 내가 이러한 것을 보자 성령님께서 "처음부터" 라는 단어를 통하여 말씀하시기 시작했다. 내 마음에 진리의 영을 보내시고 진리가 나의 심장을 강타했다. 눈물이 쏟아져 나왔다. 교만의 영이 내게로 부터 완전히 쫓겨나가는 시간이었다. 주님은 처음부터 내가 겸손한 사람이라고 말씀하셨다. 겸손은 내가 교만의 죄를 회개해서 받을 수 있는 성품이 아니었고, 겸손하기로 결정해서 겸손한 사람이 되는 것이 아니었다. 나는 말씀으로 완악한 성질을 교화시켜야 하는 사람이 아니었으며 나의 노력과 상관없이 그리스도 안에서 예수님의 성품을 꼭 닮은 존재로 처음부터 만들어진 것이다.

성령님은 감동으로 계속 무언가 말씀하셨다.

"나는 너를 어떠한 상황가운데에서도 나를 신뢰하도록 창조했고, 나는 너의 세포 세포마다 나의 겸손을 닮도록 명령해 놓았단다. 너는 겸손을 억지로 노력으로 배울 필요가 없다. 나의 안에서 이 진리를 받아들이고 입술로 선포하여라. 진리의 말씀은 나의 의견을 덮는 힘이 있었다. 모든 세포가 예수님의 겸손을 닮아 있는 것을 믿음으로 볼 수 있었다. 나의 소망은 예수님의 겸손이 내 안에 충만하게 새겨져있는 것을 다시 확인하고 묵상하고 끊임없이 바라보는 것이었다. 이제 나는 잃어버린 겸손을 찾았다. 이는 이미 내가 가지고 있는 것이었지만 사단은 내게 거짓말을 했고, 내가 겸손을 갖지 못하도록 나로부터 겸손을 숨겨놓았었다. 원래부터 없었던 것이 아니라 숨겨놓아서 '잃어버렸던 것'을 찾게 된 것이다. 예수님 그분에게는 교만한 성품이 들어갈 작은 구멍조차 없다. 예수님은 교만이 자신에게 들어오지 못하게 구멍을 틀어막고 있는 분이 아니시다. 그분은 겸손으로 가득 차 있어서 교만이 들어올 틈이 없기 때문에 그분은 교만과 상관이 없는 자이다. 이것을 당신이 받아들이는 순간, 당신에게도 수백시간의 회개기도를 반복했던 것과는 비교할 수 없는 자유가 임할 것이다. 그렇다. 예수님은 교만한 죄를 짓지 않으시는 분이 아니라 교만과 상관이 없는 분이시다. 예수님은 죄를 짓지 않으시는 분이 아니라 죄와 상관이 없는 분이시다. 오리지널 디자인을 발견하는 것은 죄를 짓지 않으려는 경계심을 갖는 것 보다 훨씬 더 중요했다.

나는 두 손을 모아 주님께 올렸다. 나의 사랑하는 가정을 온전히 주님께 다시 헌신하여 겸손한 마음으로 예배하기 시작했다. 가정을 주님께 번제물을 드리는 마음으로 올려드릴 때 성령께서 더 이상 내가 사단의 속임으로 인하여 어떠한 짐도 지게 되지 않을 것을 말씀하셨다. 가벼움을 느낄 수 있었다. 하나님의 계획보다 앞서지 않고, 잠잠히 주님의 때를 기다리며 주님을 신뢰하도록 빚어진 내 모습은 하나님이 보시기에 참 좋은 모습이었다. 나는 그 순간 잃어버린 것들을 회복할 수 있었다.

그리스도의 형상 안에서 자신이 누구인지 성령님께 여쭈어보라. 우리는 '자기 의'를 재료 삼아 선한 사람이 될 것인지 악한 사람이 될 것인지를 쓰고 지우고 쓰고 지우는 것을 반복하는 사람들이 아니다. 우리는 의로운 사람이 되기 위해 연습하고 수정하도록 지어지지 않았다.

이러한 깨달음이 오자, 영안에서 나의 무능함에 대한 거짓말이 나를 떠나 겸손한 기다림의 옷으로 바뀌었다. 동시에, 이러한 고뇌와 낙담 끝에 회복과 되찾음의 시간을 지나게 하는 하나님의 사랑이 너무나 감사했다.

나는 말씀으로 완악한 성질을 교화시켜야 하는 사람이 아니었으며 나의 노력과 상관없이 그리스도안에서 예수님의 성품을 꼭 닮은 존재로 처음부터 만들어진 것이다

잃어버린나 - 오리지널 디자인

사단은 하나님이 나를 향해 이렇게 생각할 것이라고 거짓말을 한다. "너는 틀렸어, 너의 안에는 교만의 영이 있어, 너는 교만하구나, 너는 기질 자체가 교만해, 내가 너에게 어떤 자인지 이제 알려줬으니, 어서 너의 죄를 회개하고, 내게 나아와 용서를 구하여라. "

사단이 이것을 믿게 만들고자 하는 목적은 단순히 정죄하고자 함이 아니다. 이것은 창조주의 생기로 빚어져 그분을 꼭 닮은 우리의 본래의 디자인과 목적들을 숨기기 위함이다.

우리는 예수님을 알고 인생의 주인으로 받아들이기로 결정하면서 죄를 용서받는 것에 너무 집중하며 신앙생활을 했다. 죄를 용서받은 자가 되어서 더 이상 갚을 빚이 없이 자유자가 되었다는 것은 우리에게 큰 기쁨이다. 예수 십자가에 흘린 피로써 그대는 씻기어 있는가? 라는 찬송가를 부를 때 우리의 마음은 홀가분하다. 이제 우리는 깨끗케 함을 얻은 자로써 가족과 친구들 그리고 주변에 있는 많은 사람들에게 이 노래를 들려주는 자가 되었다. 우리는 예수를 모르는 자들에게 이 기쁜 소식을 전하는 자로 다시 태어났고, 세상 모든 이들의 영혼이 구속 받았음을 알리면서 살아간다.

그러나 죄의 해결은 당신을 향한 위대한 구원의 일부분에 불과하다. 죄 사함은 올바른 관계의 시작일 뿐이다. 죄 사함으로 시작된 하나님과 우리와의 관계는 점점 더 깊어져야 한다. 깊어지고 깊어져서 결국 하나가 되어야 한다. 십자가에서 흘린 보혈은 우리에게 이러한 가장 깊은 단계의 사랑의 영역까지도 허락하셨다. 예수님과 우리는 과도한 친밀감을 넘어서 그 사랑의 정점에서 온전히 합하여져서 한 영이 된다. 잃어버린 당신을 찾아내고자 하는 하나님의 목적은 당신을 의로운 자라 칭하는 법적 관계를 넘어선다. 이제 당신은 그리스도 안에서 가장 온전한 당신의 상태가 무엇인가에 관해 관심을 가지기 시작해야 한다. 상태라는 것은 언제나 현재형이다. 예수님이 나무에 달려 저주를 받으시고 성령께서 보증이 되사 부활하여 이루신 당신의 현재의 모습에 집중해야한다.

하나님은 우리는 상상할 수도 없는 먼 옛날 당신을 선택하셨다. 그리고 그 코에 곧 생기를 불어넣어 무언가 하셨다. 하나님의 숨이 당신에게 들어왔을 때 당신의 삶을 향한 모든 계획과 재능, 성품과 목적이 함께 들어왔다. 이제 당신은 그것이 무엇인지 궁금해지기 시작해야 한다. 당신의 본래의 디자인은 무엇인가? 하나님의 형상은 당신 안에서 어떻게 구체화 되었는가? 당신은 궁극적으로 무엇을 회복해야 하며 영의 세계안에서 이미 현재가 되어있는 당신의 상태는 무엇인가? 손상을 입은 모든 것들이 회복되도록 예수 그리스도의 피로 말미암아 승인된 당신의 오리지널 디자인은 무엇인가?

하나님은 숨어있는 당신을 찾아내신다. 하나님께서 숨어있는 당신을 찾아내서 하시고자 하는 일은 단순히 생명책에 기록된 이름 세 글자가 흐릿해진 것을 선명하게 하기 위함만이 아니다. 주님께서는 우리를 회복하시어 사단이 숨겨놓았기 때문에 당신이 잃어버린 영역들과 당신이 잃어버림으로 말미암아 사단이 숨겨놓은 영역들을 발견하게 하신다.

이것은 눈으로 볼 수 있는 영역에서부터 눈으로 볼 수 없는 것에 이르기까지 다양하다. 당신이 회복해야할 영역은 하나님께서 지금 당장 계시해 주시는 영역부터 시작해서 아직 드러나지 않은 영역까지 소소한 개인적인 감정과 정서에서부터 재능과 기질 관계와 재정, 우주적인 교회에 이르기까지 확장되어야 한다. 우리는 보이는 영역부터 보이지 않는 영역에 이르기까지 본래의 목적을 잃고 훼손되어 있는 모든 영역을 되찾아 와야 한다. 그러나 이 책에서는 수치와 정죄함으로 망그러진 하나님의 형상의 회복에 관해서만 집중하여 다루고 있다.

이전에는 율법과 정죄로부터 자유하게 되는 수준에서만 복음을 이해했는지 모른다. 그러나, 십자가는 죄 사함을 선언 하셨을 뿐만 아니라 아직 오지 않은 실제적인 모든 회복도 가져왔다. 이제 우리를 평가하던 모든 부정적인 평가들과 죄의 목록을 가지고 우리를 재판석으로 불러내던 모든 고소들은 끝이 났다. 성령님은 내게 교만한 죄를 회개하는 것을 요구하시기보다는 내가 겸손한 자로 지어진 것을 발견하게 하시는데 관심이 더 많으시다는 것을 지난 회복의 여정을 통해서 발견해왔다. 사단은 각 사람의 삶을 향한 하나님의 목적들을 숨겨놓고 있다.

그러나 주님은 예수 그리스도의 생명으로 새롭게 태어나 부여받은 그 이름으로 지금 당신을 부르고 계신다. 이름은 곧 정체성이다. 우리는 죄를 용서받았다는 것 뿐만 아니라 하나님은 창세 이전부터 마련해 놓으신 당신의 삶을 향한 부르심의 책들을 당신 앞에 펼치시고 그것들을 향해 부르고 계신다. 다만 우리는 주님께 회복해야하는 그것이 무엇인지 묻고 있지 않고 찾고 있지 않을 뿐이다.

주님은 당신의 삶을 기대하신다. 그리고 기대함으로 바라보신다. 그리고 바라봄으로 갈망하신다. 그분만이 아시는 처음 당신의 모습을 말이다.

죄의 권능은 율법

죄를 지어서 사단의 올무에 걸리거나 혹은 악한 영에 사로잡히는 수준까지 가게 되었을 때 보혈을 의지하여 우리의 죄를 고백해야한다. 그 때에 진정으로 예수님께 우리의 모든 생각과 행동과 태도를 돌이키는 회개를 해야 한다. 그러나 나는 이 책에서는 회개가 나아가야 할 더 큰 방향성과 예수님이 이루어놓은 총체적인 회복에 대하여 나누고 있다.

이미 현재 상태가 되어있는 회복을 우리가 우리의 개인과 삶의 모든 영역 가운데 가져오지 못하는 이유는 예수님께서 모든 율법의 요구를 이루셨음에도 불구하고 원수가 우리에게 하는 거짓말을 진리로 내쫓지 않기 때문이다. 원수는 우리 안에서 죄명을 계속해서 제조해낸다. 선악과를 먹은 자라고 스스로 자신을 평가하는 우리에게 가장 효과 있는 것은 율법이다.

사망아 너의 승리가 어디 있느냐 사망아 네가 쏘는 것이 어디 있느냐,
사망이 쏘는 것은 죄요 **죄의 권능은 율법**이라
(고린도전서 15장 55절)

율법은 죄에게 힘을 준다. 율법을 통해서 죄는 자신의 정체성을 찾는다. 죄는 율법 아래서만 타당성을 가지며, 죄의 효력은 율법으

로부터 나온다. 어떤 나라의 법을 생각해본다면, 법이 없는 어떠한 행동도 죄가 되지 않으며 처벌 할 수 없다. 죄가 정죄 받도록 하는 것은 율법의 힘이다.

그러나 예수님께서는 사랑으로 율법을 완성하셨다. 동시에 주님께서는 율법을 폐하러온 것은 아니라고 하셨다. 그 말은 무슨 뜻인가 하면, 율법이 담당해야하는 모든 의무는 예수님으로 끝났다는 말이다.

우리가 해야 하는 어떠한 의무는 십자가 위에서 모두 예수님이 지셨다. 선악과를 먹은 우리에게 사단은 이렇게 고발한다. “너는 먹지 말아야하는 선악과를 먹었어. 너는 그 법을 어겼어. 그러므로 너는 처벌 받아야하는 것이야“ 사단은 우리를 의무의 법안에 가두어 두려고 한다. 선악과를 먹은 존재로써 마땅히 정죄 받아야한다고 스스로 인정하는 우리 자신을 향해 이러한 말들로 우리를 압박할 때 당신은 무엇을 할 수 있는가? 사단은 끊임없이 율법이 요구하는 것을 우리에게 요구한다. 그 종류는 너무나 다양하다.

“너는 오늘 아침에도 늦잠을 잤어. 부지런한 사람을 하나님은 쓰신다는거 모르니? 너는 게으른 사람이라서 하나님은 쓸 수 없으실 거야.”

“너는 예수 믿는 사람이니까 친절해야 해, 너와 같은 성품을 가진 사람들을 보고 사람들이 예수님을 믿을 것 같니?”

또는 신앙에 관한 것과 상관없이 우리에게는 끊임없는 책임감과 의무를 받아들이는 것에 대해서 익숙하다.

“나는 자녀들에게 좋은 부모가 되어야해. 그런데 나는 그렇지 못한 것 같아. 우리 자녀들은 나처럼 별 볼일 없는 삶을 살 거야.”

“내 꿈을 이루기 위해서는 나는 하루에 다섯 시간만 자고 영어공부를 더 열심히 해야 해. 그런데 나는 영어실력이 좋지 않으니 아마 나는 좋은 회사에 취업하기 어려울 거야.”

“나는 더 똑똑해야하는데... 그렇지 못해.”

“나는 더 예뻐야 하는데... 그렇지 못해.”

우리가 늘 일상생활에서 하는 말들이 아닌가? 어쩌면 공부를 열심히 해야 좋은 결과가 나오는 것도 당연하고 자녀들에게 좋은 부모가 되어야 아이들이 좋은 영향을 받는 것도 당연할지 모르겠다.

그러나 우리는 더 이상 무엇을 해야 하기 때문에 하는 존재가 아니다. 우리가 해야 하는 어떠한 의무는 없다. 하나님은 더 이상 우리에게 우리가 잘해내지 못한 것에 대해서 우리의 미래가 어둡고 불확실 할 것이라고 말씀하지 않으신다. 우리가 무언가 어떠한 자격을 갖추지 못해서 우리의 꿈이 이루어지지 않을 것이라고 말씀하시지 않으신다. 그렇다고 해서 내가 도덕적인 차원에서 까지 아무런 의무가 없다는 말을 하는 것은 아니다. 이것은 우리의 내면의 목소리에 관한 것이다. 십자가에서 예수님은 우리가 져야하는 율법의 의문에 관해 완전히 그 효력을 상실시키셨다. 십자가에서 당신이 회복 될 수 있는 모든 권위와 권리가 승인 되었다. 예수님은 율법의 요구를 다 이루셨다.

육신을 따르지 않고 그 영을 따라 행하는 우리에게 **율법의 요구**가 이루어지게 하려 하심이니라 (로마서 8장 4절)

여기에서 쓰인 '요구' 라는 말에 대한 원어는 '디카이오마' 라고 하는 단어이다. 이것은 심판, 공의, 공정한 행위를 뜻한다.

결국 율법이 우리에게 요구하는 것은 공의로운 심판이다. 예배시간에 교회에서 기뻐 뛰며 노래 부르는 우리의 모습과 달리 예배의 처소를 떠나는 순간 우리는 우리의 삶 가운데 누군가가 무엇을 계속 요구하고 있디거 믿게 만드는 속삭임으로부터 자유하지 못하다. 여기서 말하는 심판이란 지옥에 가게 되는 심판을 말하는 것은 아니다. 우리가 그리는 모든 부정적인 미래와 우리가 상상하는 모든 부정적인 결과를 통틀어서 이르는 말이다. 우리 안에 그리스도가 계심에도 불구하고 우리의 불안이 끝나지 않는 이유는 무엇인가? 우리의 근심이 태산 같아 매일 매일 한숨을 쉬는 이유가 무엇인가? 우리는 이제 더 이상 무엇을 해야 하는 존재가 아니라 할 수 있는 존재가 되었다는 사실을 모르기 때문이다. 우리에게 의무가 아무런 효력이 없다는 것을 우리는 받아들이지 않고 있다. 이것을 다루는 것은 왜 중요한가? 그리스도는 율법의 마침이 되셨기 때문이다.

그리스도는 모든 믿는 자에게 의를 이루기 위하여 율법의 마침이 되시

니라 (로마서 10장 4절)

예수님께서 율법의 마침이 되신 것을 믿는 것은 왜 중요한가? 우리가 여전히 예수님이 우리에게 요구하신다고 생각하거나 혹은 나 스스로 나에게 무언가를 끊임없이 요구하는 '의무의 짐'을 벗어버리지 않는 한 정죄는 끝나지 않는다. 하나님은 어떤 것도 의무를 가지고 하지 않으신다. 누군가 하나님에게 이러한 의무를 하도록 짐을 지워주는 존재가 없다. 우리의 의무는 끝이 났다. 이것은 당신의 오리지널 디자인을 찾는데 있어서 중요한 열쇠이다. 의무의 사고방식은 그리스도 안에서 거듭남으로 다시 회복된 각자가 가지고 있는 자신만의 원석의 보석들을 보지 못하도록 영의 눈을 가린다.

의무의 영이 떠나다

한번은 내가 의무의 영을 내게서 거두고 자유하게 된 적이 있었다. 나는 학생시절 초기부터 회복이 되기 전부터 무언가 끊임없이 잘 하고 싶었기 때문에 매일 매일 해야 하는 연습이나 공부 같은 것들에 집착하는 삶을 살아왔었다. 학생 때는 매일매일 풀어야하는 문제들의 분량에 익숙했었고, 또 음악을 하면서부터는 매일 해야 하는 연습들을 지키는 것이 내 삶의 가장 중요한 부분 중에 하나였다. 정해진 시간의 분량의 발성연습을 하지 않고 며칠이 지날 때면 나는 우울해지기 시작했고, 불안해했다.

그러나 내가 그리스도 안에서 회복을 맛보기 시작하면서 이렇게 불안함으로 무마하려는 연습들은 해서는 안 되겠다는 생각이 들었다. 연습하지 않을 때 찾아오는 불안함들과 나의 꿈을 이루지 못할 것 같은 부정적인 미래에 관한 상상들은 하나님 앞에서 다루심을 받아야할 필요를 느꼈다.

어느 날 피아노 앞에 앉아서 주님은 나에게 물어보셨다. "내가 너에게 음악을 하게 한 이유에 관해서 나에게 왜 자세하게 물어보지 않니?" 그때 까지 하는 매일 연습하는 것이 습관적인 새왈방식이지 대적이 주는 의무의 짐 이라는 것도 미처 깨닫지 못하고 있었다. 그러나 불안함을 버리기 위해서 연습시간을 채워야 한다는 생각은 시간이 지날수록 공허감을 가져다 주었다. 나는 무엇을 위해서 이러한 시간을 계속 보내고 있는가? 이것은 언제 끝날 것이며, 내가 원하는 것을 나는 언제 얻을 수 있나? 한숨이 끝없이 나왔다. 나에게 음악이라는 것은 노래연습이 거의 전부였다. 음악은 즐겁지 않았고, 원하는 실력을 수태가 지나도록 아직 가질 수 없다는 현실은 나를 더욱 슬프게 만들었다. 더 잘하기 위해 애쓰는 삶은 끝나지 않았다.

주님은 말씀하셨다. "너의 음악을 통해서 나는 원하는 것이 있다" 말씀하고 계시는데, 어떤 단어가 떠올랐다. 그것은 '소네트' 였다.

소네트가 무슨 뜻인지 잘 몰랐다. 단어를 들었을 때 그것이 무엇을 의미하는지도 감을 잡을 수가 없었다. 인터넷을 검색해보니 '14행으로 이루어진 짧은 서양시가'라고 나왔다. 고대의 유명한 작가들은 소네트의 형식을 이용해서 많은 작품을 남겼다. 나는 그중 유명한 몇 가지의 것을 찾아서 읽어보았는데, 대부분이 남녀 간의 사랑을 노래하는 로맨스적인 소재로 이루어져 있었다. 사랑의 노래를 읽다보니 아가서와 시편이 생각났다. 하늘의 운율을 받아 아름다운 노래를 했던 왕 다윗처럼 그리고, 예수 그리스도와 영원한 신부됨과 예수님과 교회와의 사랑을 계시적으로 노래한 솔로몬의 시와 노래들이 바로 한편 한편의 소네트 들이었다.

직관적으로 하나님이 내게 음악을 주신 이유가 의무의 짐을 주시기 위함이 아니라는 것을 깨달을 수 있었다. 하나님은 나의 조성 가운데 음악을 넣어주셨다. 이것은 누군가에게 칭찬받기 위해서 나를 피곤케 만드는 짐을 주시기 위함이 아니라 하나님의 사랑와 영광을 노래하고 표현할 수 있는 멜로디와 경이로운 언어들로 예배하게 하시기 위함이며, 그것들이 나의 영 가운데 창조적인 언어와 감성적인 멜로디들로 이미 부어져있다는 것들을 말씀하셨다. "내가 너를 창조 했을 때 나는 너의 속에 수많은 음표들을 넣어 놓았지, 그리고 오직 성령 안에 의와 평강과 기쁨의 멜로디들, 치유와 사랑의 멜로디들, 그리고 하나님의 왕국을 이 땅에 선포할 수 있는 하나님 나라의 능력과 권위의 멜로디들, 나의 영광의 임재를 풀어낼 신

비로운 가사와 언어들을 넣어놓았지, 이러한 사실은 내가 굳이 말하지 않아도 지난 시간동안 끄적여 놓은 너의 노트위에서 춤을 추는 하늘의 음표들과 박자들과 셀 수 없는 언어의 획들이 이미 증명하고 있지 않니? 나는 네가 더 훌륭하게 되어야 한다는 어떠한 의무 안에 너를 묶어두기 원하지 않는다. 나는 이미 너를 탁월하게 만들었단다. 나는 너의 안에 있는 음악을 통해 이 땅에 수 많은 나의 자녀들을 다시 내 앞으로 불러내어 나의 영광의 자녀들이 새롭게 되는 데에 사용할 것이고, 세상의 문화와 세상의 이론과 세상의 법이 이 땅을 삼켜버린 것 같은 이러한 시대에 너의 음악을 선택하여 다시 한번 나의 나라를 외치고 회복케 하는 부흥의 노래를 부르게 할 것이며 침륜과 매너리즘의 빠져 잠들어 있는 나의 신부들을 깨우는 권능의 나팔의 노래들을 부르는데 너의 음악들을 사용할 것이야, 내가 너의 안에 심어놓은 그 하늘의 언어들과 가사들과 멜로디로 말이야 너와 너의 음악을 사용할 것이야, 너의 안에는 나를 향한 그리고 나의 나라를 향한 아직 펼쳐지지 않은 수많은 소네트들이 가득하단다. 너의 음악은 무한한 잠재력을 가지고 있고, 너의 목소리는 그 보물과 같은 것들을 담아내는 놀라운 도구가 될 것이야 ,너의 목소리에는 그러한 힘과 능력이 있단다."

누군가는 이것이 나에게 '너만의 상상과 이야기가 아니겠니? 하며 비웃을 지도 모른다. 그리고 나의 식구들 중 일부는 "그런 너의 영화같은 이야기는 너의 현실에 갖다 붙이기엔 네가 처한 현실이 너무 초라하지 않니?" 라고 말할지도 모르겠다. 그러나 하나님의 계획은 그러하다. 경이로움에 나는 눈물을 흘리지 않을 수 없었다. 내게 음악은 언제나 열등감의 표지였다. 음악을 해야 하는 나의 숙명이 쓰디쓴 음식을 삼시세끼 씹어야하는 운명 같았다. 긴 암흑의 터널이 있다면 언젠가 터널 끝에서 빛을 보기 마련인데 내가 지나고 있는 이 터널은 끝이 없는 것만 같았다. 하나님께서 맡겨주셔서 달려가고 있다고 말하면서도 나는 위축되어 있었다. 내가 꿈꾸는 반 과대망상적인 야망과는 달리 소심했고, 늘 자신이 없었다.

이제 하나님의 음성을 듣고 나니 선물의 겉 포장지에는 별로 신경을 쓰지 않게 되었다. 그동안 겉이 화려하지 않고 초라해 보여서 안에는 무엇이 들어있는지는 관심도 없었다. 그러나 나는 이제 잘하기 위해서 음악을 해야 하는 의무의 영을 내쫓았다. 하나님을 향한 아름다운 소네트를 만들어내는 시인같은 예배자로 재탄생했다. 하나님이 내게 주신 선물의 겉을 치장해야 한다는 속임을 벗어나 하나님의 꿈을 이 땅에 노래로 목소리로 예배로 풀어내는 나만이 살 수 있는 삶을 향해 전진하는 삶으로 바뀌었다. 포장지 따위는 내게 더 이상 중요하지 않게 되었다. 영의 세계 안에서 훨씬 더 가치 있는 것을 보았기 때문이다.

지금은 내가 음악을 하는 목적과 이유와 방향성들이 전혀 달라졌다. 내 안에 음악을 심어 두신 하나님의 목적과 의도를 듣고 나서 모든 것은 달라졌다. 나에게 있어서 더 이상 음악이나 노래는 나를 측정하거나 증명해 내야하는 도구가 아니다. 아침에 커피를 마시며 하나님과의 친밀감속에서 언제나 유유자적하게 영 가운데 흘러다니는 묵상의 나레이션들을 끄집어내어 내안에 있는 음표들에게 그것들을 소개한다. 그들은 하나가 되고 나는 서서히 행복해 지기 시작한다. 누가 나의 음악이 좋다고 하던 나쁘다고하던, 그것은 중요하지 않았다. 하나님의 분명한 음성이 내게 있는 것이 중요하다. 좋은 음악이나 가창력을 가져야한 다는 강요의 목소리는 진리가 주는 평강과 자유로 인해 쫓겨 났다. 이것도 저것도 '해야한다' 라는 목소리를 내는 모든 강요의 영들은 힘을 잃었고 그들은 더 이상 나를 채찍질 할 수 없었다. 이것들을 계시받은 후에는 소망의 닻을 높이 올리고 음악과 함께 파도를 타며 하나님 나라를 향한 꾸준한 항해를 계속 하고 있다. 이것이 얼마나 놀라운가?

속이는 영

당신은 하나님의 형상대로 디자인 되었다. 대충 만들어지지 않았다. 하나님께서는 어떤 목적들을 가지고 우리의 인격과 정서와 재능과 영역들을 창조하셨다. 그러나 우리는 다양한 영역에서 많은 수치와 정죄와 강요들로 인해 본래의 우리가 디자인된 하나님의 깊고도 분명한 목적을 잃어버린 채 살아가고 있다. 사단은 하나님이 우리의 삶을 향해 디자인 하신 재능과 영역들을 제거할 수 있는 능력이 없다. 그래서 그는 비틀었고 아프게 하여 모든 왜곡을 가져왔다. 예수를 믿은 후에도 우리는 이러한 옛사람을 입은 채 살면서 새사람을 구하다 보니 옛사람도 새사람도 아닌 뒤죽박죽이 되어버렸다.

사단은 끊임없이 우리에게 크고 작은 강요를 요구한다. 우리 안에 있는 쓴 뿌리들은 지나간 우리의 경험을 토대로 말하기 시작한다. 쓴 뿌리를 뽑지 않으면 우리는 만나고 경험했던 사람들과 문화들을 뛰어넘어 하나님의 디자인을 볼 수 없다. 경험한 것이 우리의 믿음의 토대가 되고 데이터와 객관적인 사실들에만 우리의 마음을 빼앗겨 계산적인 사람이 된다.

사단은 우리 생각이 가벼워지는 것을 싫어한다. 이렇게 말할지도 모른다. "정말 예수가 십자가를 진 것이 네가 그 정도의 자유를 누릴 수 있게 까지 허락했다고 믿는거야? 네가 예수를 믿는 건 좋아, 그렇지만 네가 설마 예수가 너를 위해 십자가를 지었다는 그 사실 하나가 너의 마음과 삶이 그렇게까지 자유하도록 한다고 믿는 건 아니겠지?"

이러한 사단의 음성에 동의하게 되면 그 다음으로 우리가 배워온 지식이나 혹은 삶의 통념으로부터 타당한 강요의 당위성을 찾아내기 시작한다. 우리는 대체로 이런 용어들을 떠올린다.

"이 정도의 삶을 유지 하려고 하는데 이정도의 피곤함은 감수해야해." 혹은 "남들도 다 이렇게 사는데 뭐, 나 혼자 너무 유별나게 정상노선에서 이탈하는 생각을 하는거 아니야 이거?" 하는 생각들 말이다.

그러나 우리가 받아야 들여야 하는 것은 세상이 우리에게 교육한 중도의 정신이 아니라, 당신과 내가 하나님의 형상대로 빚어졌다는 진리이다. 우리는 그 진리 위에서 우리의 모든 생각의 전쟁들을 계속해 나가야한다. 그분이 우리에게 예배를 받으시거나 찬양을 받으셔야 하는 이유는 누군가 그분을 칭찬하거나 높여 드려야할 정도로 스스로 부족함을 느끼고 계시는 분이기 때문이 아니다. 영광과 빛으로 둘러싸이신 그분의 영은 완전하고 온전하고 완벽하다. 모든 것은 가장 조화로우며, 평온하며, 지식의 다함이 없고, 모든 것을 가지고 당신의 모든 뜻을 이루시는 분이시다.

마찬가지로 우리 또한 무언가 부족해서 더 나아가야 하거나 무언가를 완성해 내거나 해야 하는 존재가 아니다. 우리는 그리스도와 합하여 한 영이 되었기 때문에(고전 6:17) 그분의 온전함은 우리의 온전함이 되었다. 그분은 결핍이 없으시다. 우리도 마찬가지이다. 결핍이 없다는 것은 문제가 없다는 말이다. 그러나 우리는 여전히 문제를 해결하는 것에 집중하고 있다.

예수 그리스도를 믿음으로 자유를 얻는 자가 되었다는 것을 믿고 있다고 말하지만은 그 영역은 지극히 제한적이며 또 추상적이다. 당신은 찢겨진 휘장을 지나 지성소로 나아가고 있는 자로 살고 있으면서도 여전히 고민하고 있다. 아이러니하게도 "정말 나 같은 죄인이 어떻게 휘장을 지나 지성소에 들어 갈 수 있을까? 세상 모든 사람들이 다 들어간다고 해도 나는 불가능 하지 않을까?" 하는 생각을 떨치기가 어렵다. 이미 당신은 왕의 침실에 은밀한 곳에 함께 할 신부로 초청받은 자인데도 말이다.

왜곡 발견하기

한번은 나에게 고민을 털어놓은 지체가 있었다. 기도 중에 한 그림을 보게 되었는데 하나님이 자신에게 사랑한다고 말하고 있었는데, 자신이 귀를 막고 있다는 것이다.

그러면서 도대체 어떻게 해야 내가 하나님이 사랑하신다는 음성을 제대로 들을 수 있는 것인지, 또 이 귀마개와 같은 역할을 하는 것은 무엇인지 알기 원한다는 것이었다. 자신이 도대체 무슨 문제가 있길래, 하나님께서 사랑한다고 말씀하시는 것을 듣지 못하는 것인지 궁금해 했다. 자신은 이제 이 귀마개를 떼어버리기 원하는데 이런 방식으로 살고 있다는 것은 너무 괴롭다고 했다. 성령님께 어떤 대답을 해주어야 할지를 물었다. 주님께서 마음에 이런 감동을 주셨다. "자매님께서 아무리 귀마개를 하고 있어도 여전히 주님께서 사랑한다고 말씀하시길 원하시는 것이 그 그림의 핵심입니다. 귀마개를 하고 있는 것은 전혀 문제가 되지 않고, 성령님께서는 여전히 한결같이 자매님을 사랑한다고 말씀하고 계신다는 것이 그림을 통해서 자매님에게 말씀하시기 원하시는 가장 중요한 메시지 인것 같아요" 라고 나누었다. 그 자매님은 무릎을 탁 치며 "아~

정말요? 저는 제가 귀마개를 해서 못 듣는 것이 문제라고 느껴졌는데... 너무 감격적이네요." 하고 대답했다. 자매는 자신을 끊임없이 결핍이 있는 자로 보는 안경을 벗지 못한채, 문제 해결에 집중하고 있었다.

그러나 하나님께서는 이미 자매님을 문제와 결핍이 없는 자로 보시고 계신다는 것을 믿었기 때문에 성령님이 원하시는 그림의 해석을 자매님께 드릴 수가 있었다.우리를 바라보는 하나님의 관점이 이미 바뀌었다. 주님은 우리를 회복되어 있는 존재로 보신다. 하나님의 시선은 당신을 향한 진리들로 가득하다. 단 번에 자기의 피로 영원한 속죄를 이루사 단번에 성소에 들어가신 새 언약의 중보로 인하여(히 9장) 하나님의 얼굴을 보아도 죽지 않는 자로 우리가 살 수 있게 되었다는 것, 그분의 영광을 구하고 누리는 예배의 특권이 주어졌다는 것은 단순히 '구원 받았다' 가 아니라 거룩한 하나님의 영광 앞에 설 수 있을 정도의 온전함을 이미 입은 자가 되었다는 것을 뜻한다.

이 우주에서 지구에서 거룩한 분은 오직 하나님 한 분 뿐이시다. 그런데, 그 유일하신 거룩한 자 앞에 당신이 설 수 있다는 것은 하나님의 거룩함이 당신을 덮어 당신이 거룩한 존재 앞에 설 수 있도록 하는 자격을 주었다는 것이며 당신의 모든 결핍과 문제는 완전히 사라졌다는 것을 의미한다. 이것은 사실이다. 그렇다면 우리는 주님께 물어야한다. "성령님, 나는 그리스도 안에서 새로운 피조물이 되었습니다. 그리스도의 보혈로 말미암아 회복된 나의 디자인은 무엇입니까?" 사단이 아담에게 선악과를 먹게 한 것은 단순히 아담을 죄짓게 만들고자 함이 아닌 것을 우리는 알아야 한다. 하나님께서 이 땅 가운데 당신의 나라를 우릴 통해 이루시려는 목적을 파괴하고 싶은 것이다. 당신은 예수를 믿고 어떠한 지혜와 재능을 가진 자로 성품을 가진 자로 재창조 되었는가? 그리스도 안에서 당신이 존재하는 것 자체가 이미 완성과 회복을 담고 있다는 것을 의미한다. 하나님은 결핍을 보시며 부족함을 채울 것을 명령하지 않으신다.

주님의 얼굴 앞에 서있는 당신을 상상해보라. 그분은 당신을 창조했다. 그분의 사랑과 온유함의 빛은 당신을 둘러 감싸고 있다. 당신은 지금 서 있는 물리적인 이 시간으로부터 시간을 거꾸로 거슬러 올라가 놀라운 창조의 신비스러운 시간대로 들리워 간다. 그리하여 당신은 당신 자신을 향한 그분의 본래의 목적과 본래의 계획과 본래의 성품과 재능과 그리고 수많은 은사들과 부르심을 보게 되고, 놀라게 된다. 그 앞에 있는 동안 쉼 없이 쏟아지는 당신의 거룩하고 완벽한 디자인에 대해 놀라고 또 계시들로 인해 당신은 감격한다. 당신은 예수를 꼭 닮은 창조의 형상인 그리스도의 피에 정렬되어 있고, 예수 그리스도의 회복과 구속의 역사는 곧 당신의 삶에 인쳐진다. 예수가 이루어 놓은 회복의 길을 따라 당신의 모든 것은 바뀌었다. 당신을 여전히 결핍이 있는 자로 보고 있는 당신 자신

뿐이다.

당신은 예수를 믿고 어떠한 지혜와 재능을 가진 자로 성품을 가진 자로 재창조 되었는가? 그리스도 안에서 당신이 존재하는 것 자체가 이미 완성과 회복을 담고 있다는 것을 의미한다. .

마찬가지로 우리 또한 무언가 부족해서 더 나아가야 하거나 무언가를 완성해 내거나 해야하는 존재가 아니다. 우리는 그리스도와 합하여 한 영이 되었기 때문에(고전 6:17) 그분의 온전함은 우리의 온전함이 되었다

쓴 뿌리를 뽑지 않으면 우리는 만나고 경험했던 사람들과 문화들을 뛰어넘어 하나님의 디자인을 볼 수 없다. 경험한 것이 우리의 믿음의 토대가 되고 데이터와 객관적인 사실들에만 우리의 마음을 빼앗겨 계산적인 사람이 된다.

06

야곱이 이스라엘을 출산하다

산파를 만나다

내 안에서 다른 모양으로 포장하고 있는 교만의 영을 발견한 적이 있다. 그리고 내가 교만한 자가 아니라 겸손한 자로 지어졌다는 진리의 말씀 앞에서 나의 고집스러운 죄성을 믿는 것이 아니라 진리의 말씀을 믿기로 결정했던 것을 앞에서 나누었다. 성경에서는 이러한 회복의 관점을 하나님이 새 이름을 주시는 것으로 그리고 있다.

그에게 이르시되 네 이름이 야곱이다마는 네 이름을 다시는 야곱이라 부르지 않겠고 이스라엘이 네 이름이 되리라 하시고 그가 그의 이름을 이스라엘이라 부르시고 (창세기 35:10)

우리는 이 말씀을 읽으면서 야곱이 얍복강에서의 씨름에서 승리했기 때문에 이름이 바뀌었다고 흔히 생각한다. 그러나 말씀을 자세히 살펴봄으로써 야곱이 이스라엘을 출산하는 과정을 살펴볼 것이다. 이 장을 통하여서 이미 당신 안에 살고 있던 이스라엘의 이름을 불러내도록 격려한다. 야곱이 얍복강에서 천사와 씨름하면서 이겼기 때문에 야곱이 이스라엘 이라는 이름을 획득한 것이 아니다. 사실 야곱은 하나님 앞에서 완전히 졌다. 이스라엘이 되기 전에는 야곱은 이기고 싶은 삶을 살았다. 그는 원하는 것을 얻는 과정 가운데 속임을 당하고 억울하고 발버둥을 치면서 그 이름 야곱과 같은 삶을 살아간다. 야곱은 사랑하는 여자를 얻기 위해서 20년이 넘는 시간을 수고하고 땀을 흘리는 치열한 삶을 산다. 자신에게 열 번이 넘게 품삯을 속이는 삼촌을 받아들여야했다. 아마도 형 에서를 속이고 삶에서 이긴자가 되기 위해 속이는 것을 선택했던 자신의 모습을 삼촌을 통해서 보았을 것이다. 그의 이름은 발꿈치를 잡고 태어난 자이다. 그는 놓치지 않고 지지 않기 위해 속여야했다. 하늘의 천사들이 오르락 내리락하는 것을 보고 놀라운 주님의 임재를 경험했을 때조차도 먹을 떡과 입을 옷과 자신의 신변의 안전만 구하며 여전히 하나님께 가장 야곱스러운 반응을 하면서 살았던 자이다.

야곱은 긴 시간 자신의 이름과 똑같은 야곱이라는 이름을 가진 삼촌 라반을 보면서 본래 자신이 이스라엘로 지어졌다는 것은 까맣게 모른 채 살아왔다. 하나님은 자신의 반쪽처럼 자신을 꼭 닮은 라반 밑에서 야곱이라는 이름으로 살면서 야곱이라는 이름이 스스로 지칠 때까지 기다리셨다. 겉으로 보기에는 이것은 시간 낭비인 것 같지만, 사실 이러한 낭비는 하나님께는 너무 반가운 소식이다.

하나님은 우리가 더 이상 야곱으로 사는 것이 지루하고 구차하다고 느낄 때까지 기다리신다. 그렇다 하나님은 그 때를 기다리신다. 하나님은 야곱의 이름을 바꾸어 주시기 원했다. 그래서 이스라엘이라는 이름표를 손에 들고 계시지만 하나님의 정확한 타이밍이 오기까지 야곱 앞에 자신과 꼭 닮은 라반을 두신다. 이것은 하나님이 야곱을 고생시키기 위함이 아니라 새 이름을 주시기 위함이다. 하나님은 라반에게 야곱을 보내시면서 바꾸어줄 새 이름표를 손에 쥐고 계신다.

사실 이것은 새 이름이 아니다. 창세 때 부터 하늘의 이름창고 에 넣어 두었던 야곱의 본래 이름이다. 주님은 야곱의 본래 이름을 되찾아 주실 계획을 하시고 야곱을 먼 땅으로 보내신다. 그리고 주님은 20년이 차는 동안 야곱이라는 이름이 죽기까지 기다리시고 응원하셨다. 하나님은 그 20년간도 신실하게 야곱을 돌보셨다. 하나님의 신실하심은 놀랍다. 야곱이 야곱으로 있던 이스라엘로 있던 하나님의 역사는 진행된다. 주님은 야곱과 함께 하시며 그를 보호하셨다. 야곱의 억울함과 답답함 그리고 마음의 상함과 함께 하셨다. 하나님은 지금까지 단 한 번도 야곱을 향해 이스라엘의 소망을 놓아본 적이 없다. 그분은 지금껏 야곱의 삶을 붙들어오셨다. 야곱의 삶을 향한 하나님의 신실하심은 야곱이 이스라엘을 찾아가기 까지 계속되었다.

그러다 마침내 이기기 위해 발버둥치는 삶을 이제 끝내야만 한다는 성령의 내적 음성에 야곱이 동의 했을 때 하나님은 새로운 일을 시작하신다. 그는 이제 자신이 지금껏 입고 있던 야곱의 옷을 벗고 이스라엘이라는 나라를 계획하시는 하나님의 경륜을 따라 창조의 시간에 입혀졌던 이스라엘 이라는 옷으로 갈아입을 준비를 하고 있다. 이제 야곱은 자신의 새로운 이름을 받기위해 하나님 앞에서 지는 것을 선택하기로 결단한다.

출생할 준비를 하는 이스라엘

야곱은 20년간의 삼촌의 집에서 광야 생활을 마치고 새로운 시간으로 초대된다. 놀라운 출산의 시간이 임박한 것이다. 야곱을 통하여 이스라엘을 출산시키고자하는 성령님과 야곱의 본래의 속사람인 이스라엘은 이 시간에 하나가 된다. 영안에서는 이미 창조 때부터 그러했던 것이지만 아직 나타나지 않았던 '이스라엘' 로의 부르심을 마주하게 되는 날이다. 얍복 나루를 건너는 시간, 성경에서 하루로 나타나는 야곱의 씨름은 매우 상징적인 의미가 있다. 지난 수십 년간의 야곱이라는 이름으로 살아온 처절한 삶을 떠나 하나님께로 돌아가기로 결정하는 야곱의 결단의 날이다.

우리도 야곱같이 이러한 씨름의 시간들을 거쳐 오고 있다. 우리 모두가 야곱이 죽고 이스라엘이 태어나는 과정에서 거쳐야하는 많은 씨름의 시간들을 지나왔다. 우리는 이 이야기의 결론을 안다. 그러므로 말씀의 진리 안에서 당신의 씨름의 가치를 발견하기를 예수님의 이름으로 축복한다.

하나님은 우리의 씨름의 시간을 바라보며 야곱에게 주었던 새로운 이름표를 들고 우리 각자를 향해 소망으로 가득 찬 눈으로 서 계신다.

성령님께서는 야곱 안에서 출산을 기다리는 이스라엘이 나오도록 산파의 역할을 충실히 하신다. 하나님께서는 이스라엘의 출산을 위해 에서를 준비하신다. 야곱은 마침내 에서의 소식을 듣는다. 하나님은 야곱 안에서 꺼내달라고 외치는 이스라엘의 목소리를 들으셨다. 이스라엘이 출산될 수 있는 모든 장치를 마치셨고, 하나님의 오묘한 계획으로 인해 야곱은 지금 에서를 만나러 가야한다.

얍복강을 건너기 전 그리고 씨름이 시작되기 전 야곱은 이렇게 고백한다.

내가 주께 간구하오니 내 형의 손에서, 에서의 손에서 나를 건져내시옵소서 내가 그를 두려워함은 그가 와서 나와 내 처자들을 칠까 겁이 나기 때문이니이다.(창세기 28장 11절)

20년전 벧엘에서 야곱이 했던 고백은 여전히 야곱으로 살고 있는 한은 바뀌지 않는다. 야곱은 여전히 두렵고 답답하다. 야곱 안에 살고 있었던 두려움은 20년동안 숨어 있다가 다시 얼굴을 드러낸다.

그러나 이번에는 바뀌어야할 시간이다. 주님은 야곱에게 져 주셨다고 성경은 말한다.

야곱은 홀로 남았더니 어떤 사람이 날이 새도록 야곱과 씨름하다가 자기가 야곱을 그가 야곱의 허벅지 관절을 치매 야곱의 허벅지 관절이 그 사람과 씨름할 때에 어긋났더라 그가 이르되 날이 새려하니 나로 가게 하라 야곱이 이르되 당신이 내게 축복하지 아니하면 가게 하지 아니하겠나이다. 그 사람이 그에게 이르되 네 이름이 무엇이냐 그가 이르되 야곱이니이다. 그가 이르되 네 이름을 다시는 야곱이라 부를 것이 아니요 이스라엘이라 부를 것이니 이는 네가 하나님과 및 사람들과 겨루어 **이겼음이니라**

(창세기 32장 24절- 28절)

우리 중에 어느 누구도 하나님과 겨루어 이길 자는 없다. 그럼에도 불구하고 성경에서는 이 씨름에서는 야곱이 하나님을 이겼다고 이야기한다. 성경이 말하고자 하는바가 우리가 텔레비전에서 씨름 경기를 보는 것처럼 야곱이 이번 씨름에서 하나님과 싸워서 물리적인 힘으로 이겼다는 것을 말하고자 하는 것은 아닐 것이다. 그렇다면 이 싸움에서 이기고 지는 것은 무슨 의미일까?

이날 성령님은 야곱에게 섬광처럼 임하셔서 야곱의 인식의 저변을 이루고 있는 것들과 가장 밑바닥에 있는 것들, 야곱이라는 옛 사람안과 그의 폐부 안에 감추어져 있던 것들을 드러나게 하신다. 하나님께서는 야곱이 속이는 자가 되도록 만들었던 수많은 부정적인 에너지들의 피라미드에 가장 꼭대기에 '야곱'이라는 타락한 인간의 본성과 의도들이 어떻게 숨어 있는지 그것들이 무엇인지 밝히 드러내셨다.

야곱의 씨름

야곱은 이제 준비되었고, 그래서 씨름을 선택한다. 이것은 충돌을 경험하는 시간이다. 야곱으로 살았던 나와 이스라엘로 살게 될 내가 충돌하는 시간이다.

하지만 이 충돌은 생명을 낳기 위한 해산의 고통이다. 우리 중에 누구도 하나님과 겨루어 살아날 사람은 없다. 그러나 우리 안에 있는 야곱이 야곱으로 살게 만들었던 어떤 요소들이 하나하나 하나님 앞에 드러나게 되면 이제 그것들의 청소가 시작된다. 이 충돌은 청소를 위한 시간이다. 하나님은 평소라면 쉽게 건널 수 있는 얕은 얍복강 앞에 야곱을 세우시고 평소처럼 쉽게 건너지 못하게 하심으로 말미암아 우리를 이 씨름으로 초청하신다. 야곱은 계속해서 물었을 것이다.

"주님, 내 이름은 야곱입니까? 정말 야곱입니까? 나는 이제 야곱이 지긋지긋합니다. 많은 사람들도 나 스스로 조차도 나를 향해 속이고 속는 술래바퀴를 하는 자라고 부릅니다. 그러나 하나님, 나는 이제 당신께 묻겠습니다. 저의 이름은 야곱입니까? 이러한 삶은 변화될 가능성이 조금도 없는 것입니까? 주님 내게 말씀해 주십시시오, 대답해 주십시오"

야곱은 답답했다. 그러나 우리는 야곱과 같이 삶의 정체를 만날 때 도리어 우리가 누구인가에 대해 하나님께로 듣고자 몸을 돌이킨다. 이것은 회복의 기회이며 하나님의 계획이기도 하다. 우리 안에 있는 상처와 무가치의 근원들을 성령님께서 드러내시게 되면 우리 안에 있는 진짜 나 곧 새로운 정체성이 임하게 된다. 씨름은 길고 지루했지만 마침내 내가 누구인지 알게 되었다.

내가 묵상하기로는 그날 평상시와 같이 건널 수 없었던 얍복나루에서 하나님께서 야곱에게 이렇게 말씀하셨다고 믿는다.

"야곱, 에서 앞에 네가 설수 없는 진정한 이유가 무엇이니? 너는 삶을 치열하게 살았건만 지는 자가 될 것이 두려운거니? 너는 이전까지 이기기 위해 씨름하는 삶을 살았지, 그리고 지금 여기 너와 한사람의 씨름이 또 시작되는 구나, 그런데 이번 해왔던 씨름과는 전혀 새로운 차원의 것이야, 너도 네가 무슨 싸움을 하는지 잘 모를 수 있지만 나는 알고 있단다. 야곱, 내가 오늘 너에게 내가 진정 누구인지 나타내고 보일 것이란다. 너는 이기기 위해 발버둥 쳐야하는 자가 아니란다. 너는 이미 이긴 자야, 너는 처음부터 승리자란다. 오늘까지 너를 붙들고 있던 생존의 영은 오늘로 힘을 잃게 될 거야, 생존이 내가 너에게 준 삶의 방식이 아니라 승리가 내가 너에게 준 삶의 방식이다. 진정한 승리는 고군분투의 영을 쫓아낼 때 오는 것이란다. 너는 지금 나의 얼굴을 구하고 있고...그렇지, 브니엘, 맞아, 너의 승리는 곧 나의 얼굴로 부터 나온다. 나의 얼굴을 네가 오늘 구했기 때문에 나의 얼굴안에 감추어져 있던 너의 참된 형상, 곧 이스라엘을 만나게 될 것이야. 이번 싸움은 아주 특별한 싸움이 될 것이란다. 맞아, 네가 이 얍복나루에 서는 순간 네가 이전과는 다른 씨름을 하기로 결정했다는 것을 알아. 그래, 이 여정은 원수가 너를 속임으로 가리웠던 진정한 너의 얼굴과 이름을 찾아가는 여정이고 이것은 내가 기다렸던 시간이야. 나의 얼굴을 구하는 바로 이 시간은 곧 너의 얼굴의 가면도 벗겨지는 시간이로구나 야곱. 그래 너는 이제 이겨야 할 자가 아니라 이긴 자로 내가 불렀다는 것을 깨달을 시간이다."

주님은 칠흙같이 깜깜한 어둠 속에서 야곱과 이러한 대화를 나누셨다. 아마 이렇게 대답하셨을 것이다.

"그래 야곱, 너는 나라를 이룰 자이고, 너는 번성할 것이야, 너를 통하여 나는 나의 나라를 세울 것이고 너를 통하여 나의 군대를 부를 것이야, 네가 마하나임에서 하나님의 군대를 보았지, 나는 너의 눈을 열어 그것들을 보여주었어, 왜냐하면 너의 삶을 통해 나의 나라를 세워갈 나의 군대를 모으는 것들을 시작할 계획을 가지고 있기 때문이야, 마하나임! 그것은 내가 너를 통해 이루고 불러낼 나의 나라의 군대들이다. 너는 나의 역사의 새로운 시작이 될 것이다. 나는 너에게 많은 종들과 양떼와 소떼를 가지도록 복을 주었다. 내가 너에게 이러한 부와 풍성함을 허락했던 이유는 그래, 너는 본래 부족한 자가 아니하는 것을 경험하게 해주고 싶었기 때문이야. 너는 획득하거나 쟁취해 내야 할 자가 아니란다.

너는 이스라엘이야, 나는 나의 이스라엘을 통하여 열방으로 복을 얻게 할 것이야, 나는 나의 왕국으로 이 땅을 통치하고 차지하게 할 계획을 가지고 있어, 나의 군대를 이루는 자로 너를 불렀고, 선택했다. 너의 자녀들은 내가 약속한 대로 바다의 모래같이 너무 많아서 셀 수 없게 될 것이야, 그래 너는 이긴 자야, 싸웠기 때문에 다른 사람을 밟고 물리쳤기 때문에 이긴 자인 것이 아니라, 어떤 조건에 의해서 네가 이긴자의 자격을 얻는 것이 아니고, 너는 처음부터 이긴 자이지, 이길 수 있는 상황에 의해서 네가 이긴 자가 되는 것이 아니라 나로 말미암아 너는 이긴 자이다. 너의 승리는 나로부터 나오기 때문에…"

그에게 이르시되 네 이름이 야곱이다마는 네 이름을 다시는 야곱이라 부르지 않겠고 이스라엘이 네 이름이 되리라 하시고 그가 그의 이름을 이스라엘이라 부르시고 (창세기 35장 10절)

이긴 자로 부르심

이제 새날이 왔다. 짙었던 어둠은 물러 갔고, 하나님의 얼굴을 구하던 자는 마침내 답을 얻는다.

그가 이르되 날이 새려하니 나로 가게 하라 야곱이 이르되 당신이 내게 하지 아니하면 가게 하지 아니하겠나이다 (창세기 32장 26절)

야곱은 하나님께 축복을 구한다. 야곱이 무슨 축복을 구했을까? 하나님은 이미 야곱을 축복하셨다. 그러나 20년 전의 야곱은 그것이 무엇을 의미하는지 알지 못했다. 하나님은 야곱의 부르심을 이미 야곱에게 알려주셨고, 야곱을 통해 하실 계획도 다 말씀하셨다. 그러나 야곱은 깨닫지 못했다. 그러나 지금 야곱은 하나님 내게, "축복하소서" 라고 말하면서 새로운 차원의 축복을 깨닫고 그것을 구하고 있다. 지금 야곱은 그 어느 때보다 무슨 복을 구하여야 할지를 잘 알고 있다. 야곱이 구하는 축복은 형님 '에서' 로부터 목숨을 구하기 위해 하나님을 조종함으로써 받아야하는 그런 축복이 아니다.

야곱은 그날 주님께 이렇게 말했을 것이다.

"하나님 나에게는 주님의 관점이 필요합니다. 하나님이 나를 보시는 그대로 나 스스로를 보는 것이 필요합니다. 그것이 무엇입니까? 내 삶을 통해 당신의 영광을 보기 원합니다. 나는 20년 전의 그때 처럼 나의 입을 옷과 먹을 양식 그리고 나의 양떼와 소떼 그리고 나의 안전을 구하는 삶을 마치기 원합니다. 나는 이제 새로워질 준비가 되었습니다. 내 영혼은 평안합니다. 이제 나는 하나님 당신의 소리로 나의 모든 전 존재를 채울 준비가 되었습니다. 당신께서 내게 복을 주사 처음부터 하시려 했던 계획을 받기위해 지금 서 있습니다. 이제는 내가 준비가 된 것 같습니다. 진정 내게 필요한 축복이 무엇인지 이제야 나는 알겠습니다. 나는 들을 준비가 되었습니다. 하나님 당신의 영광이 나의 형상 안에 새겨져 있고, 나는 이제 그것을 봅니다. 주님의 영광으로 채워진 나는 누구입니까 말씀하소서 주의 종이 듣겠나이다. ”

이것이 야곱이 구했던 축복이었다. 이것은 창세기 32장 26절에서 쓰인 히브리어 '바라크'는 창세기에서 1장에서 먼저 사용되었다.

하나님이 그들에게 **복(바라크)**을 주시며 이르시되 생육하고 번성하여 땅에 충만하라, 땅을 정복하라, 바다의 물고기와 하늘의 새와 땅에 움직이는 모든 생물을 다스리라 하시니라. (창세기1장 28절)

야곱이 구했던 복은 바로 창세기에서의 이 복이 었을 것이라고 믿는다. 이 복은 단순히 우리 주변을 둘러싼 부산물이 많아지는 복이 아니다. 이 복은 우리의 삶에 없는 것을 채워달라고 빌면서 하나님께 없는 것, 부족한 것을 채워달라고 비는 복이 아니다. 복은 아담의 정체성이었다. 하나님께서는 아담이 누구인지 말씀하심으로써 아담에게 이 복을 풀어 놓으신다. 아담은 다스리는 자로 창조되었으며 정복하는 자로 창조되었고, 이겨야 할 자가 아니라, 이미 벌써 이긴 자로 창조되었다. 이 복은 복의 근원이신 주님이 우리를 통하여 복을 이 땅에 풀어놓도록 우리를 복된 자로 이미 지어놓으신 그 복을 말한다.

야곱은 이렇게 주님께 말했을 것이다.

"나는 형을 속여서라도 복을 받기를 원했습니다. 나는 복이 없는 자인줄 알았습니다. 내게 없는 이 복을 빼앗아 와서라도 복 받은 자가 되기를 원했습니다. 그러나 이제는 내가 알기 원합니다. 나는 존재 자체가 복을 받은 자라는 것을 깨닫기 원합니다. 내가 오늘 이것을 위해 이 씨름을 선택했습니다."

표면적으로 보았을 때는 야곱은 형을 만날 것에 대한 두려움 때문에 이 씨름을 시작했다. 그러나 날이 샐 무렵 그는 아담에게 하나님께서 아담에게 태초에 주었던 그 '바라크' 만이 두려움을 내어 쫓을 수 있다는 것을 발견하였다. 그리고 하나님이 지금 야곱에게 주시기 원하시는 복의 수준까지 그의 갈망은 도달했다. 야곱 자신이 원했던 복이 아니라 하나님이 주시기 원하시는 복에 대한 계시가 열리고 눈이 떠지는 순간이다.

당신과 나는 어떠한 복을 받은 자인가? 우리가 구하는 복이 몇 만원의 복채를 내고 돈과 복을 바꾸기 원하는 자들의 복과 크게 다르지 않다면 그것은 주님께 매우 슬픈 일일 것이다.

당신은 이기기 위해 몸부림치는 자로 살기위해 하나님의 자녀가 된 것이 아니다. 겨우, 하나님은 간신히 삶을 버텨나가는 자로 당신을 부르지 않으셨다. 적당한 직업과 적당한 건강, 적당한 삶과 적당한 평판을 위해 우리에게 이러한 복을 준 것이 아니다. 우리는 하나님께 '바라크'를 구하여 나가야한다. 최선의 노력은 복을 구하는 자들이 하는 것이다. 우리는 최선의 노력을 해야 할 자가 아니라, 최선의 노력으로 사는 자들, 누군가를 끊임없이 이기기 위해 사는 사람들에게 영원한 복을 전할 자들이다. 당신에게 있어서 영원히 변하지 않을 단 하나의 복은 무엇인가? 다시는 쇠하거나 망하지 않을 한 가지 복은 무엇인가? 당신이 이기기 위해 사는 것을 멈추게 할 단 한가지 복은 무엇인가? 그것은 당신이 이미 '이긴 자' 라고 말씀하시는 하나님의 음성을 듣는 것이다.

이스라엘이라는 이름표를 손에 들고 계시지만 하나님의 정확한 타이밍이 오기까지 야곱앞에 자신과 꼭 닮은 라반을 두신다. 이것은 하나님이 야곱을 고생시키기 위함이 아니라 새 이름을 주시기 위함이다. 하나님은 라반에게 야곱을 보내시면서 바꾸어줄 새 이름표를 손에 쥐고 계신다.

하나님은 '바라크'의 축복을 구하는 야곱에게 새 이름을 주신다. 그 이름은 바로 이스라엘이다.

그가 이르되 네 이름을 다시는 야곱이라 부를 것이 아니요 이스라엘이라 부를 것이니 이는 네가 하나님과 및 사람들과 겨루어 이겼음이니라 (창세기 32장 28절)

같은 본문을 킹제임스 흠정역은 이렇게 번역한다.

그가 이르되, 네 이름을 다시는 야곱이라 하지 아니하고 이스라엘이라 하리니 이는 네가 **통치자**로써 **하나님과 견주며** 사람들과 견줄 능력이 있어 이겼기 때문이니라 (창세기32장28절)

하나님은 '이스라엘'이라는 이름을 주시면서 통치권과 연결시키신다. 이스라엘이라는 이름이 통치권을 가질 이름이라는 것을 언급하고, 이러한 통치권의 권위의 범위가 어떠한 가에 대하여 '하나님과 견주며' 라는 표현을 쓴다. 다시 한 번 말하지만 우리 중에 누구도 하나님과 견줄만한 자는 없다. 그러므로 여기에서 말하는 '이긴 자' 라는 표현도 우리가 생각하는 경쟁과 탈취의 사고방식을 벗어나서 생각해야한다. '이기다' 라는 표현을 이제껏 우리가 살아왔던 삶의 관점에서 본다면 위의 번역이 전혀 이해되지 않을 것이다.

'겨루어' 라는 원어는 '사라' 이다. 그런데 이 표현이 우리가 흔히 생각하는 것처럼 두 가지를 비교하여 다투어서 우위를 차지할 때 사용하는 단어가 아니다. 사라의 뜻은 '왕으로서 권력을 가지다. 혹은 손에 쥐고 있다.' 라는 뜻이다. 그래서 위와 같은 번역이 가능한 것이다. 이 땅에서 유일하게 왕으로 존재하시는 분은 사실 오직 하나님 한분이다. 하나님은 야곱에게 오늘 왕권에 대한 계시를 열어주고 계신다. 하나님은 야곱에게 '너는 통치자이다.' 라고 말씀하신다. 야곱의 광야에서의 시간을 하나님이 돌보시기는 하셨지만 많은 부분 야곱은 사단의 통치권 아래 놓여 자신 안에 있는 이긴 자를 보지 못했었다.

그러나 야곱은 오늘 통치받는 자에서 통치하는 자로 신분의 변화를 경험한다. 이것이 바로 얍복강에서 그날 밤 있었던 일이다. 아직 야곱이 이 세상에서 육신을 입고 보내지기 전, 영의 세계 안에서 야곱에게 주어진 정체성과 동일하다. 창세기 1장에서 아담은 자신이 누구인지 들었다. 그리고 야곱도 동일하게 하나님으로부터 이스라엘이 누구인지 듣고 있다. 이 왕권은 하나님과 '견줄만 한 것'이라고 한다. 하나님과 견줄만 하다는 것은 이스라엘이라는 왕권을 가지고 다스리고 지배하는 야곱의 속사람이 곧 하나님 자신과도 같다는 것을 뜻한다. 이 이스라엘은 하나님의 모든 것을 담을 그릇으로 초청되었다. 하나님은 이스라엘을 선택하셨고, 이스라엘을 통하여 자신이 참된 하나님인 것을 열방에 계시하고자 하셨다. 이스라엘은 하나님의 영광을 나타낼 자였다. 하나님은 이스라엘과 친히 언약을 맺으시고 하나님의 선하심과 인자하심과 왕의 왕 되심과 주의 주되심을 이스라엘 이라는 나라를 통해 계시하기 원하셨다.

그렇기 때문에 하나님께서 야곱에게 '네가 하나님과 견줄만 하다' 라고 격려하셨으리라 믿는다. 이것은 격려의 표현이다. 이것은 열등함과 우등함이 존재하는 세계에서는 이해할 수 없는 표현이다. 주님은 이스라엘과 사랑함으로 이스라엘을 영원히 소유하시고 그 안에 거하시기 원하셨다. 하나님은 이스라엘과 하나님이 하나가 되기를 원하셨고, 사랑 안에서 거룩한 신랑의 신부로써 동등한 가치를 가지기를 원하셨다. 그렇다. 하나님의 형상을 가진 자는 하나님과 견줄만한 자이다. 하나님과 동일한 자이다.

여기에서의 '동일하다' 라는 표현을 종교적으로 오해하는 일이 없기를 바란다. 완전한 사랑은 서로를 구속하게 되고 마침내 동일해진다.

나는 내 사랑하는 자에게 속하였고 내 사랑하는 자는 내게 속하였으며 그가 백합화 가운데에서 그 양 떼를 먹이는 도다 (아가서 6장 3절)

내가 사랑하는 자에게 속하고, 사랑하는 자가 내게 속한다면 우리는 온전히 포개어져 있다. 하나이다. 동등한 가치를 갖는다.

여기서 하나님이 야곱에게 하나님과 '견줄만한 자' 라고 말씀하시는 것은 어떠한 능력의 차원이 아니다. 인간적인 생각으로는 도무지 이 본문을 이해 할 수 없을 것이다. 하나님은 '너는 나와 같다' 라고 말씀하심으로서 야곱을 격려하시고자 했다.

그가 이르되 네 이름을 다시는 야곱이라 부를 것이 아니요, 이스라엘이라 부를 것이니…(창세기 32장 28절)

이스라엘의 원어적인 해석을 보면 '그가 하나님으로서 다스릴 것이다.' 라는 뜻이다. '겨루어 이기었다.' 라는 표현과 정확하게 일치한다. 하나님이 야곱을 이긴자로 부르시고 무엇을 하시기 원하셨는지 이 이름을 통해 분명히 알 수 있다.

하나님은 야곱이 이스라엘이 되도록 부르셨고, 이스라엘 이라는 나라로 하여금 하나님의 다스리심을 열방에 풀어놓게 하시려는 계획이 있으셨다. 하나님은 야곱이라는 한 사람을 볼 때 민족을 보시고 계시고, 나라들을 보고 계시며 열방을 보고 계신다. 이것이 당신과 나의 삶을 향한 하나님의 관점이다.

너희는 왕 같은 제사장이요, 거룩한 나라요 (베드로후서 2장 9절)

우리는 아무런 의식이 없이 이 말씀을 그냥 읽곤 한다. 이 말씀은 하나님이 당신을 보실 때에, 당신 개인의 구속을 이루는 것으로 만족하시지 아니하고 당신을 통해 한 나라를 구하고 세우기 원하신다는 것이다. 당신을 그럴 만한 능력이 있는 위인으로 보신다는 것이다. 육의 눈으로 볼 때는 개인은 평범한 삶을 사는 한 사람이지만 하나님은 우리 속에 하나님의 나라를 건설하셨기 때문에 우리를 나라적인 차원으로 보시고 계시는 것이다. 그리고 실제로 우리는 중보기도를 함으로써 혹은 실제적인 삶의 영역가운데서 사람을 바꾸고 영역을 바꾸고 나라도 바꿀 수 있는 자들이다. 우리 속에 있는 하나님의 나라가 이것을 가능하게 한다. 이것은 과장이 아니다. 역사 안에서 복음으로 개혁함으로써 나라전체를 바꾼 하나님의 사람들의 이야기를 들어본 적이 있을 것이다.

" 야곱, 너는 이스라엘 이다. 나는 이스라엘을 통하여 나의 통치를 풀어낼 것이다. 야곱, 너는 나이다. 너의 가치는 나의 가치이며, 나는 너에게 오늘 다스림의 권위를 새롭게 하여줄 것이다. 그것은 내가 너를 완전히 다스리고 소유하게 되므로 너도 다스리는 자의 반열에 서게 되었기 때문이다. 나는 너를 오늘 부른다. 너는 다른 사람들의 발뒤꿈치를 잡고 사는 삶을 끝낼 것이다. 나는 나의 이름으로 나의 능력으로 오늘 너를 세운다."

그가 이르되, 네 이름을 다시는 야곱이라 하지 아니하고 이스라엘이라 하리니 이는 네가 **통치자**로써 **하나님과 견주며** 사람들과 견줄 능력이 있어 이겼기 때문이니라 (창세기32장28절)

이것은 오늘 예수의 이름을 믿는 우리 모두에게 주시는 하나님의 음성과 동일하다. 성경 말씀대로 라면 당신은 하나님과 견줄만한 자이다. 말씀이 육신이 되어 오신 예수님은 곧 하나님의 영광을 가지고 계시는 분이다. 그분은 곧 하나님이시며 또한 하나님의 아들이다. 우리도 동일하다. 우리는 예수님과 하나이며 예수님의 아들이다.

나와 아버지는 하나이니라 하신대(요한복음 10장 28절)

아버지와 예수님은 이미 하나이지만 하나 안에서 사랑함으로 순종함으로 존중함으로 다시 하나가 되셨다. 우리 또한 마찬가지이다. 우리 모두는 야곱적인 삶이 넌덜머리 난다. 예수를 믿고도 야곱처럼 이기기 위해 고군분투하는 삶을 살아야하는 것은 지금 까지 너무나 커다란 스트레스였다. 하나님께서는 모두가 새로운 정체성으로 이 삶의 종지부를 찍기를 원한다.

그러나 우리는 여전히 땅에서의 존재로 우리 자신을 보는 눈을 버리지 않고 있다. 하나님이 우리를 하나님과 견줄만한 자로 부르셨다는 사실이 믿기지 않을 것이다. 이것은 높은 자리에 대한 것이기보다는 정체성과 가치에 대한 것이다. 사랑의 결정체이신 그분은 우리를 사랑으로 성장케 하셔서 사랑 안에서 하나님과의 온전한 연합을 이루게 하신다. 그렇게 할 때에 우리가 하나님과 동등한 자라고 말씀하시는 것이다.

우리는 이것을 받아들일 때만 새 이름을 받을 수가 있다. 새 이름을 받기 위해서는 믿음이 필요하다. 그것은 '나는 하나님과 견줄 만한 자' 라는 것이다. 그렇게 될 때에만 우리가 하나님께서 주시는 복이 점집이나 무당에게 복채를 내고 받는 복과는 다른 복이라는 것을 알게 될 것이다.

예수님의 십자가와 부활로 말미암아 땅에 있는 모든 자들과 땅 아래 있는 자들이 예수님 앞에 무릎을 꿇었다. 뿐만아니라 흑암의 세계에서 심판을 기다리는 모든 악한 계획과 궤궤들이 예수의 이름의 능력을 가진 당신 앞에도 무릎을 꿇었다. 당신 안에 살고 있는 예수님으로 인해 당신의 모든 열등감은 당신에게 무릎 꿇었다. 당신의 우울함과 분노적인 기질들, 실패함들과 좌절, 두려움과 수동성, 게으름과 분별치 못함들... 모두 다 무릎을 꿇었다. 당신은 하나님과 동등한 자이다.

우리의 얍복 강을 건널 시간

이제 우리도 야곱처럼 각자의 삶에 있는 얍복강을 건널 시간이다. 성령께서는 얍복강을 건너기 위해 거쳐야 하는 씨름의 시간에 당신에게 많은 것들을 말씀하실 것이다. 우리는 주님으로부터 계시를 받아야한다.

당신 안에 거하고 있던 야곱도 이제 이스라엘이 될 시간이다. 그러나 이를 위해 우리는 야곱의 어느 날처럼 씨름할 수 있는 시간이 필요하다. 이스라엘이라는 이름은 사실 속이는 자의 술수로 인한 고통이 절정에 이를 때 온다. 그때는 바로 에서 앞에 서야할 때였다. 이스라엘은 놀랍게도 야곱으로 더 이상 우리가 살 수 없다는 한계에 부딪칠 때 온다. 내가 약할 때에 곧 강함이라는 바울의 고백은 이것을 두고 이름일 것이다. 참으로 놀라운 비밀이다.

야곱은 속이는 자의 원흉인 사단의 속임을 받아들였다. 팥죽 한 그릇 그 사건 이후의 시간들 속에서 속이고 속는 여정은 계속되었다.

중요한 것은 야곱이 다른 사람을 속이기 이전에 야곱이 자신이 누구인지에 대하여 사단에게 속고 있다는 것은 미처 깨닫기 못하고 살아왔다는 것이다. 이것을 깨달을 때가 바로 당신의 새 이름을 받을 시간이다. 우리는 빛과 어둠을 분리할 수 있는 분별의 영을 주님께 구해야 한다. 그는 자신과 똑 닮은 삼촌 뒤에 숨어있었던 자를 발견하지 못했을 것이고 자신의 뒤에 숨어있던 자를 보지 못했다. 우리도 동일하게 야곱과 같이 우리의 생각의 패턴과 행동의 패턴을 누가 조종하고 있는지 잘 모를 수 있다. 우리가 계시를 받기 전까지는 눈에 보이는 것을 넘어서서 보기가 쉽지 않다. 그는 그저 불의한 삼촌의 성격과 기질만 보았을 것이다.

우리는 이스라엘의 옷으로 갈아입기 위해 적들과 대면하기를 두려워하지 않아야 한다. 어차피 우리를 조종하던 권세는 예수의 이름으로 끊어졌다. 하나님은 우리에게 이러한 권세를 주셨고 성령님은 이것들을 우리에게 밝히 드러내기 원하신다. 야곱은 천사와 큰 씨름을 할 때 자신의 삶을 둘러싸고 있었던 적진의 요새를 발견했다. 그는 대면하기를 두려워하지 않았다. 속임의 영이 어떻게 자신의 정체성을 속였고, 또 엄마를 통해 속임을 부추겼고, 아빠에게 실제로 거짓말을 하게했으며, 형과의 관계의 단절을 가져왔으며 더 나아가서 삼촌의 입속에 들어가서 삼촌을 통해서 역사하고 있었는지 발견했을 것이다. 이것들이 야곱의 삶을 둘러싸고 있던 속임의 영의 발자취들이었다.

우리는 주님께 우리가 누구인지 물으며 환부를 드러내는 것들을 두려워하지 않아야한다. 더 이상 아픔에 대한 두려움 때문에 하나님 앞에서 숨지 않아야한다. 도리어 야곱처럼 끝까지 씨름해야한다. 우리에게는 직면할 때에 보호받는 은혜가 있고, 우리는 대적 앞에 서도록 부름을 받은 자들이다.(엡 6장) 사실 어둠의 영들은 당신을 두려워하고 있다.

우리는 문제 해결을 구한다. 그러나 사실 문제의 해결은 과거의 나를 청산할 때 비로소 가능하다. 그리고 우리의 인생이 가장 큰 좌절 앞에 서있다고 느낄 그때가 하나님을 만날 때이며 브니엘로 장소를 옮겨 갈 때이고 이스라엘 이라는 이름을 얻을 때이다. 우리는 사단을 쫓아내려고 노력하지는 않는다. 사단은 이미 예수 이름의 능력으로 쫓겨났다. 새 이름의 비밀은 '브니엘'에 있다. 우리가 치유를 받아야하는 이유는 낫기 위함이 아니라 하나님의 얼굴보기 위함이다. 야곱은 주님의 얼굴을 보았다고 성경은 말한다. 하나님의 얼굴은 당신을 바꾼다. 우리 삶의 모든 왜곡이 끊어져야 하는 이유는 하나님의 얼굴을 왜곡하지 않기 위함이다. 브니엘을 지나면서 당신의 삶 가운데 해가 힘 있게 솟아오르는 것들을 보게 될 것이다.

너는 처음부터 이긴 자이지, 이길 수 있는 상황에 의해서 네가 이긴 자가 되는 것이 아니라 나로 말미암아 너는 이긴 자이다. 너의 승리는 나로부터 나오기 때문에…"

하나님은 야곱이라는 한 사람을 볼 때 민족을 보고 계시고, 나라들을 보고 계시며 열방을 보고 계신다. 이것이 당신과 나의 삶을 향한 하나님의 관점이다.

07

새로운 메모리 카드

지금까지의 이야기를 통해서 보이지 않지만 당신의 생각 안에서 역사하고 있는 견고한 진들을 분별하는 실제하는 어둠의 세력들을 인지하게 되었을 것이다. 우리는 그들에게 완전한 사망선고를 함으로써 모든 속임으로 부터 자신을 구출할 뿐만 아니라 회복하여 자유하게 될 수 있다는 것을 배웠다. 이 모든 과정에서 가장 필요한 것이 분별력이다. 앞의 이야기는 분별력에 관한 깊은 진리들을 담고 있다. 앞의 내용을 통해서 충분히 분별의 영을 활성화 시키기 위한 준비가 되었을 것이다. 경험하고 받았던 많은 계시들과 성령님께서 행하시는 놀랍고 아름다운 치유들은 성령님께서 부어주시는 분별의 영에 내가 얼마만큼 적극적으로 반응하는가에 따라 그 깊이와 높이와 길이와 넓이가 달라진다. 그에 따라 치유의 속도가 빨라지고, 또 깊이가 깊어진다. 우리는 분별의 영이 없이는 성령님께서 친히 행하시는 회복과 치유의 여정에 동참할 수 없다. 성령님께서는 치유하시기 위해 당신 안에서 분별의 영을 활성화 시키신다.

분별의 영을 따라 회복과 치유를 경험하는 과정이 중요하다. 그렇게 하도록 하기 위해 또 분별의 영을 이해하기 위해 창세기 1~2장을 다시 한번 자세히 보기 원한다.

살아있는 혼

거짓의 영은 거짓을 말하고 진리이신 성령님은 진실과 진리를 말씀하신다. 거짓말 하는 영들은 주로 생각과 감정을 통해서 그 사람 안에서 영향력과 세력을 넓혀간다. 처음에는 단순히 한번 두 번 스쳐지나 가는 생각들이지만 이것이 반복될 때, 우리는 이것을 붙잡게 된다. 이것이 단순히 생각의 자리에 머물지 않고 감정과 결탁하기 시작하면 생각을 통해 문을 열어 두었던 사단은 이제 생각뿐만 아니라 감정을 지배하기 시작한다. 생각은 감정과 밀접하게 연결되어있다. 우리가 어떤 생각을 한다는 것은 어떤 감정을 받아들인다는 것이다. 부정적인 생각은 부정적인 감정으로 확대된다. 이러한 감정의 묶임은 사건을 통해 또 다른 생각이 들어오면서 더욱 강화된다. 생각은 감정에게 지속적으로 동의를 구하고 부정적인 감정은 이에 반응하면서 우리의 '혼'을 망가뜨리기 시작한다. 성경은 우리가 창조되고 거룩하게 지어진 부분이 '혼'이라는 것을 말씀 하고 있다.

여호와 하나님이 땅의 흙으로 사람을 지으시고 생기를 그 코에 불어 넣으시니 사람이 생령이 되니라 (창세기 2장 6절 개역개정)

주 하나님께서 땅의 흙으로 사람을 지으시고 생명의 숨을 그의 콧구멍에 불어 넣으시니 사람이 **살아있는 혼** 이되니라
(창세기 2장 6절 킹제임스 흠정역)

생령이 되었다는 말을 킹제임스 버전에는 '살아있는 혼이 되었다'

라고 번역하고 있다. 우리가 창조될 때 주님께서 하나님의 살아있는 호흡 곧 그의 생기를 불어 넣으셔서 '살아있는 혼' 이 되게 하셨다는 말씀을 상기 해볼 때, 예수 그리스도께서 십자가에서 죽으심으로 말미암아 우리가 양자의 영을 받아서 아바 아버지라 부르게 된다는 말씀에 입각하여 우리의 영이 구원을 받게 된다는 것은 분명한 사실이지만 다른 측면으로 볼 때, 하나님께서 창조하신 우리의 원형이 '혼' 이라고도 볼 수 있겠다.

창세기 2장 6절에서 '혼'이라고 번역된 부분을 히브리어 원어로 보면 '네페쉬' 이다. 그런데 같은 원어를 사용한 본문을 찾아보면 이것이 마음이나 감정을 표현할 때 사용되었다는 것을 알 수 있다.

…여호와께서 이스라엘의 곤고로 말미암아 마음에(네페쉬) 근심하시니라 (사사기 10장 16절)

…삼손의 마음이(네페쉬) 번뇌하여 죽을 지경이라
(사사기 16장 16절)

이에 내가 일어나서 성안을 돌아다니며 마음에(네페쉬) 사랑하는 자를 거리에서나 … (아가서 3장 2절)

…악인과 폭력을 좋아하는 자를 마음에(네페쉬) 미워하시도다

(시편 11편 5절)

하나님께서 우리가 살아있는 존재가 되도록 창조하셨을 때, 그 존재를 '살아있는 혼' 이라고 부르셨다는 것을 기억할 때 이것은 특별히 감정의 영역과 밀접한 관련이 있음을 위의 성경구절들을 통해서 알 수 있다. 창세기에서 '혼'이라고 번역된 마음 곧 네페쉬는 곧 사랑이나 근심 그리고 번뇌와 미움이라는 감정의 영역으로 나타난다. 하나님은 우주의 먼지인 흙을 가지고서 사람을 창조하셨다. 가장 무의미한 존재에서 가장 가치 있는 존재로 만드셨다. 구체적으로 하나님의 형상으로 만드신 영역에는 감정이 포함된다. 인류는 죄를 지었고, 죄로 인해 사단은 우리의 생각과 감정을 사로잡을 수 있는 권한을 갖게 되었다. 하나님께서는 우리를 하나님의 형상을 따라 빚으시고 또 의와 거룩함을 좇아 살 수 있도록 자유의지를 주셨지만, 이제 인류는 죄로 인해 우리의 거룩한 자유의지를 따라 생각과 감정을 사용하는 권한을 빼앗겼고 그것들을 선하게 보존할 수 없게 되었다. 하나님의 방법대로 생각과 감정을 사용하는 능력을 완전히 잃어버렸다. 사단은 그 영역에 들어와 자신의 뜻과 계획대로 움직이도록 우리를 조종해갔다. 우리의 감정의 영역에 자신의 권위를 두고 지배하기 시작했다. 이렇듯 아담 이후로의 모든 인류가 감정적으로 사단에게 묶이게 되는 것은 죄로 인한 당연한 결과이다.

우리는 창조되기 전에는 우주의 먼지였다. 아무 의미 없는 흙덩이에서 하나님의 호흡으로 말미암아 살아있는 자로 창조되어 우주에서 예수님 다음으로 가장 의미 있는 존재가 되었다. 이제 예수를 믿고 난 우리의 생각과 감정은 그리스도의 보혈을 지나 새롭게 되었고 재창조되었다. 창세기 말씀의 '보시기에 심히 좋았더라' 의 모습으로 돌아가야 하는 것은 우리의 혼이다. 또 생각과 감정과 의지의 영역이 곧 생명이다.

두번째로 네페쉬는 한글성경에서 목숨이나 생명 또는 사람으로 번역될 때 많이 사용되었다.

…그들에게 속한 모든 사람을 살려주어 우리 목숨을(네페쉬) 죽음에서 건져내라 (여호수아 2장 13절)

…그 속한 성읍들과 그중의 모든 사람을(네페쉬) 칼날로 쳐서 하나도 남기지 아니하였으니 그 성읍과 그 중의 모든 사람을 진멸한 것이 에글론에 행한 것과 일반 이었더라 (여호수아 1장 37절)

만일 한 사람(네페쉬)이 부지중에 범죄 하면 일 년 된 암염소로 속죄제를 드릴 것이요 (민수기 15장 27절)

…그는 그의 죄악 중에서 죽으려니와 너는 네 생명(네페쉬)을 보존하라 (에스겔 3장 19절)

… 내가 만일왕의 목전에서 은혜를 입었으며 왕이 좋게 여기시면 내 소청대로 내 생명을(네페쉬) 내게 주시고 내 요구대로 내 민족을 내게 주소서 (에스더 7장 3절)

영어성경으로 보면 히브리어 네페쉬는 '살아있는 존재' 라고 번역되었다.

Then the Lord God formed a man from the dust of the ground and breathed into his nostrils the breath of life, and the man became a **living being.**
(Genesis 2:7 NIV)

하나님께서 창조하신 사람 곧 거룩하게 구별된 존재는 마음이 구별된 존재이다. 마음이 구별된 존재는 살아있는 존재이다. 우리의 감정이 거룩함의 영역으로 옮겨질 때 여기에 생명이 있다는 것을 앞에서 나온 네페쉬의 두 가지 뜻으로 유추해볼 수있다. 여기에 우리의 생명이 있으며 이것은 우리의 존재가 된다. 십자가로 말미암아 그리스도 안에서 우리가 새로운 피조물로 재창조된 것은 우리의 영 뿐만 아니라 혼을 포함하며 이것이 새롭게 되는 과정을 함께 하는 것이 구원을 받는다는 것의 참된 의미임을 우리는 알 수 있다. 구원을 뜻하는 헬라어 '소조 sozo' 를 들어 보았다면 우리의 구원이 매우 포괄적이며 총체적인 의미를 담고 있음을 알 것이다.

창세기에 나오는 사건을 통해서 아담이 죄를 짓게 되므로 가장 첫 번째로 변화된 것이 감정의 손상이라는 것을 알 수있다. 그는 손상된 감정을 받아들인다. 생각과 감정은 보이지 않는 끈처럼 하나로 연결되어 있어서 어떤 생각이 들어오면 반드시 감정을 변화시킨다. 뱀은 거짓말을 함으로써 하와를 속였다. 뱀이 던졌던 말은 하와의 생각 안에 들어왔지만 뱀의 말을 믿기로 결정함으로써 거룩한 생각이 파괴되고 곧 감정까지 원수에게 묶이게 된다.

창세기 3장 말씀을 보면
가로되 내가 동산에서 하나님의 소리를 듣고 내가 벗었으므로 **두려워** 하여 숨었나이다 (창세기 3장 10절 KRV)

뱀은 아담을 속이는데 성공했다. 그리고 하나님과의 친밀감 안에서는 느껴보지 못했던 '두려움' 이라는 낯선 감정이 아담을 온통 둘러싸고 있다. 이 두려움은 하나님의 영광 안에서는 느껴본 적이 없는 거룩한 감정의 파괴이다. 아담은 감정의 영역에 있어서 자유의지를 잃었다. 아담은 죄인이 되었고, 여느 때처럼 서늘한 바람 가운데서 들려오는 하나님의 음성에 두려움으로 반응하기 시작한다. 그는 하나님 앞을 떠났다고 창세기 3장 8절(킹제임스 흠정역)은 말하고 있다. 그는 두려움이라는 감정에 의해서 조종 받게 되었다. 두려움이라는 감정과 아담이라는 존재는 사단의 주권 하에 한 존재가 되었고, 생명은 두려움과 바꿔치기 되었다. 그가 입고 있던 영광과 보호의 권위의 옷이 벗겨져 나가자 아담의 감정은 사단의 손아귀에 들어갔다.

예민한 핸드폰

한번은 어떤 분으로 부터 예언적인 메시지를 받았다. 그분은 성령의 감동을 따라 이렇게 말씀하셨다.

"자매님은 꼭 핸드폰과 같네요, 핸드폰처럼 다양한 기능이 있고 터치스크린처럼 아주 예리하고 섬세한 영적 감각을 가졌어요. 하나님께서는 자매님에게 영적 예민함을 주셨는데… "

문제는 바로 뒤 부분의 말이었다.

"그런데 꼭 배터리가 없는 핸드폰처럼 느껴지네요, 아무리 기능이 좋고 터치감이 좋은 최신식 핸드폰이라도 배터리가 없으면 무용지물이죠. 자매님은 영적인 근력이 너무 없어요. 심령이 너무 약하고, 마치 배터리가 없어서 쉽게 꺼지는 핸드폰처럼 언제든 금방이라도 깨질 것 같은 유리 같고 늘 상처에 취약해서 에너지가 없어 보이네요…"

나는 이러한 메시지를 듣고 그 자리에 앉아 있을 수 없었다. 너무 심각한 수치심이 들었고, 배터리가 없는 핸드폰 같다는 그 말을 같은 자리에서 듣는 것이 너무 힘들었다. 이야기를 들은 후 3일 동안 마음의 회복이 되지 않았다. 그 말을 들은 후부터 그야말로 배터리가 방전된 핸드폰처럼 아무짝에 쓸모없는 기계가 되어 방 한쪽 구석에 방치되어 있었다. 그렇게 심한 수치심과 무기력함의 정확한 이유는 알 수 없었지만 모든 것이 이제 내게 새로워지고 있다고 믿고 있던 나의 믿음에 제동이 걸려오는 것 같았다. 내면의 소리가 들려왔다.

"그래, 나는 여전해. 나는 똑같아. 여전히 나는 배터리 없는 핸드폰처럼 아무런 가치가 없어. 좋은 기능이 있거나 예민한 터치 스크린이있으면 뭐해. 그런 것들은 하나도 중요치 않아. 나는 이전에 그랬던 것처럼 앞으로도 영원히 배터리가 꺼진 것 같은 삶을 살겠지. 그래, 내 삶은 달라지지 않았어. 회복되고 있다고? 무슨 근거로 그런 말을 하지? 네가 여전히 같은 자리에 있다는 것을 다른 사람의 말이 이렇게 증명하고 있잖아? 너의 삶은 이전과 크게 달라지지 않았고 앞으로도 그럴 거야. 너는 아무짝에 쓸모없는 기계덩어리에 불과해."

내가 의지할 것이라고는 침대 매트와 베개 뿐이었다. 다른 하나님의 음성도 그때는 위로가 되지 않았으며 나를 판단하거나 정죄하지 않는 침대 매트와 베개만이 나의 친구가 되어주었다.

수일이 흘러 하나님 앞에 다시 앉았다. 나를 끔찍하게 아프게 했던 그분의 입에서 나왔던 독살같은 단어 하나하나를 주님께 올려드리며 울부짖었다.

"주님 내게는 소망이 없습니다. 나는 지금 그 말의 사슬에 묶여

꼼짝도 못하고 있습니다." 빠져 나갈 길을 알지 못했다.

그러나 지난 수십 년 간 내게 들어왔던 수치심과 정죄감 이라는 감정의 통로는 그 말이 들어오기 전부터 이미 만들어져 있었다. 내가 만들어준 길 위에서 사단은 자신의 권위를 행사했다. 수치심의 문이 열려있었다. 이 통로 자체를 제거하지 않으면 나를 향한 끊임없는 부정적인 평가의 영을 내쫓을 수 없다는 것을 발견했다.

수치심과 정죄감이라는 감정은 수치와 정죄의 영 안에서 작동한다. 수치심의 감정은 어떠한 상황 속에서 각인된 수치스러운 생각과 상호 작용하고 있고 정죄감은 뭔가 잘못하고 있으며 내가 문제가 있다는 생각과 상호작용하면서 견고해진다. 이러한 생각이 반복되면서 결국 우리는 감정을 다스리는 권위를 빼앗기게 되는 것이다. 우리는 이것을 어떻게 회복할 수 있을까?

'어디' 에서 '누가' 로

그렇게 뱀은 가장 간교하게 교활하게 교묘하게 우리 속에서 에덴동산을 잠식해간다.

여호와 하나님이 아담을 부르시며 그에게 이르시되 네가 어디 있느냐 (창세기 3장 9절)

하나님은 아담이 어디에 있는지 이미 알고계신다. 그럼에도 불구하고 하나님은 왜 이것을 물으실까? 이 구절을 읽을 때 아담이 죄를 지어서 하나님이 아담을 혼내기 위해서 무섭게 아담에게 불호령을 내린다고 생각한다.

아담은 죄를 지었고 이제 하나님으로부터 지은 죄에 대한 형벌을 받아야할 시간인 것은 맞다. 이전에 나 역시 이 구절을 읽을 때, 목소리를 두껍게 하고 힘을 주며 "아담아, 네가 어디 있느냐?" 하고 호통을 치는 듯한 하나님의 목소리를 상상하며 읽은 것 같다. 그러나 하나님이 그런 감정과 목소리로 아담을 불렀다는 것은 우리의 추측일 뿐이다. 아담이 자신이 처음으로 경험하고 있는 두려움 속에서 하나님 음성에 반응 하듯이 우리 또한 하나님의 음성을 우리의 왜곡된 감정에 입각하여 해석할 때가 많다.

하나님은 어떤 의도로 아담에게 그러한 질문을 하셨을까? 하나님은 아담의 마음을 어떻게 만지기 원하셨으며, 그 말속에 들어있는 하나님의 깊은 의중은 무엇일까? 우리는 손상되고 왜곡 되지 않은 감정을 가지고 하나님께 물어야한다. 창세기 3장 9절의 의미에 관하여 이전과 다른 태도로 나아보자. 하나님은 그 다음절에서

...**누가** 너의 벗었음을 네게 고하였느냐... (창세기 3장 11절)

라고 말씀하신다. 아담은 이제 죄에 노출됨으로 죄를 인식하게 되

었다. 죄인이 되었고, 죄 앞에 무기력한 자이다.

하나님께서 아담에게 '어디'를 물어보셨던 이유는 하나님이 아담이 있었던 '어디'에 공감하시는 분이라는 것을 보여주시기 위함이었다. 하나님은 이 사건이 있고 나서 2000년 뒤에 죄인이 있는 '어디'로 육신의 몸을 입고 친히 내려오셨다. 우리의 생각과 달리 하나님의 '어디'의 질문에 '내가 두려워하여 숨었나이다' 라고 답하는 아담을 가엾게 여기신다. 하나님은 지금 "아담. 네가 죄를 지어 나를 떠나 어디로 숨었느냐" 고 호통을 치는 것이 아니라, 아담을 향한 하나님의 끝없는 긍휼하심을 보이신다. 주님은 지금 아담을 향하여 그의 영혼의 구원을 향하여 긍휼의 마음이 불타오르고 계신다. 그분은 우리가 아직 죄인 되었을 때에 우리를 위하여 죽으심으로 하나님께서 우리에게 대한 자기의 사랑을 확증 하신 분(롬 5:8)이시다.

창조주는 아담에게 무엇인가 가르치고 계시는 것이다. 하나님은 아담의 마음이 '어디' 에 집중되어있다는 것을 알고 계신다. 그는 지금 자기의 현 위치에 대한 생각 외에 다른 아무것도 떠오르지 않는다. 이것은 사단이 늘 우리를 고발하는 방식과 흡사하다. 그는 항상 우리에게 "네가 지금 어디에 있지, 얼마나 비참하지? 얼마나 가난하지? 얼마나 수치스럽지? 얼마나 외롭지? 네가 지금 어디에 있는지 좀 봐." 하는 비꼬는 간사한 말로 우리에게 말을 건다.

그러나 하나님은 아담이 죄를 짓는 순간, 이미 그를 향한 회복의 시나리오까지 마치신 분이시다. 하나님은 다음 구절을 통해서 아담의 초점을 옮기시고 다시금 승리를 준비하는 하나님의 예고편을 아담에게 보이신다.

하나님은 11절에서 '누가'" 라는 단어를 제시하시면서 뱀의 존재, 곧 악의 존재를 명확하게 보여주신다. 여기에서 주님이 '누가'를 언급하신 의도는 이 '누가(사단)' 의 운명이 두 번째 아담에 의해 밟히고 정복당하게 될 것에 대해서 주목하게 하시기 위함이었다.

그렇다. 두려움의 감정으로 반응할 때는 우리의 '어디'에 집착한다. 스스로의 자괴감에 빠져서 밖으로 나올 용기를 잃는다. 그러나 하나님이 아담에게 네가 어디에 있느냐고 물으실 때에는 우리를 정죄하시려는 것이 아니라 우리의 '어디'로 임하실 사랑의 하나님을 계시해 주시기 위해서이다. 우리가 어디에 있던지 우리의 '어디' 까지 찾아오는 긍휼의 하나님을 말씀하시기 위함이다.

하나님은 9절의 대화의 내용을 11절에 나오는 '누가' 에게로 시선을 돌리시고 다시금 정체성 수업을 시작하신다. 주님은 아담에게 이렇게 말씀하시는 것이다. 너는 지금 숨어있지, 나는 너에게 묻지 않아도 나를 떠나 네가 숨어 있는 곳을 이미 알고 있단다. 네가 지금 느끼는 모든 감정들 두려움과 수치심, 정죄감이 너를 매몰되게 하는 것도 알고 있지, 그러나 죄를 지었을 때조차도 너의 '어디'를 찾아오시는 너의 하나님임을 기억하기 원한다. 네가 숨어있는 곳까지 나의 손길이 닿을 수 있다는 것을 꼭 기억하고 그것을 의지하기 원한다.

그러나 또 다른 방면으로 하나님은 지금 '누가'를 통하여 아담에게 예언적인 메시지를 주고 계신다.

"나는 모든 것을 회복시킬 것이다. 나는 너를 너 스스로 감금시켜 버린 '어디' 로부터 너를 구출하여 이제 너의 모든 초점을 '누가'로 옮겨갈 것이다. 우리에게 오늘 '누가 너에게 벗은 것을 고하였느냐' 라고 말씀하시는 이유는 하나님께서 우리의 시선을 옮겨가시기 위함이다. 하나님은 '누가' 라는 단어를 통하여 세가지를 보여주신다. 그것은 바로 첫 번째는 사단이지만, 두 번째는 창세기의 본문에 나오는 '누가'의 머리를 밟으실 '누구' 곧 예수 그리스도이고 예수님의 통치를 풀어놓을 '누구'인 당신이다.

하나님께서는 이렇게 말씀하신다. "너를 어떠한 경우에도 사랑하기로 결정했고, 내가 친히 너의 모든 패배를 승리로 바꿀 너 자신 곧 두번째 아담이 될 것이다. 나는 너를 끝까지 사랑하고 깨어진 언약관계를 다시 맺어 너와 나의 관계를 깨뜨린 '누가'를 향해 심판을 선언하는 자로 너를 바꿀 것이다. 나는 네가 되어 너는 내가 되어 이 일은 반드시 성취될 것이다. 이 사건은 인류 역사상 가장 비극적인 사건이며 끔찍한 일이지만 너를 포기하지 않고 구원을 계획하고 완성해 갈 것이다. 나는 이 패배의 역사를 승리의 역사로 바꿀 것이다. 새로운 구원의 역사를 펼쳐갈 것이다. 그것은 이미 시작되었고 너의 운명은 이제 나와 함께 이 '누가' 의 머리를 밟을 자가 되는 것이다. 너는 나와 같이 발꿈치가 상한 모습으로 지금은 이 에덴을 떠나야 하겠지만 뱀의 머리를 밟을 자로 너를 다시 부를 것이다.

아담, 너는 그때는 이전과 달리 내게 돌아와 다시 충성스러운 자가 될 것이며, 네 안에 있는 반역의 영은 나의 사랑으로 완전히 쫓겨날 것이다. 모든 불신들은 완전히 사라질 것이다."

모든 싸움은 정체성에 있다. 우리의 승리의 방법은 '누가' 에 대한 명확한 진리를 발견하는 것이다. 원수는 우리의 시선이 '어디'에 머물기를 원한다. 왜냐하면 '어디'에서 '누가'로 옮겨지는 순간, 자신의 정체가 드러나며 그 자리를 예수 그리스도께서 다시 찾아오신 것을 발견하게 될 것임을 알기 때문이다. 당신은 여전히 '어디' 에 있다. 그래도 괜찮다. 당신의 처한 비참하고 사방이 막힌 것 같은 상황들에서 살아남고 거절과 수치의 옷을 벗는 첫 번째 방법은 시선을 '누가' 로 옮겨가는 것이다. 이 정체성의 싸움에서 승리하도록 예수님은 당신에게 말씀을 주셨다.

우리가 진리의 말씀의 선과 열에 감정을 계속 정렬할 때에 말씀에 대한 새로운 통찰력이 온다. 왜곡된 감정은 스스로를 향해서 뿐 아니라 하나님을 향해서도 왜곡된 해석을 가져오게 한다. 우리의 상한 심령은 하나님을 향한 예배로 가지고 나아갈 가장 좋은 예물이다. 당신의 '어디'를 가지고 주님께 예배하며 나아가보라, 주님은 당신의 상한 심령을 제물을 받으시고 반드시 당신에게 응답하실 것이다.

너의 운명은 이제 나와 함께 이 '누가' 의 머리를 밟을 자가 되는 것이다. 당신은 여전히 '어디' 에 있다. 그래도 괜찮다. 당신의 처한 비참하고 사방이 막힌 것 같은 상황들에서 살아남고 거절과 수치의 옷을 벗는 첫 번째 방법은 시선을 '누가' 로 옮겨가는 것이다. 이 정체성의 싸움에서 승리하도록 예수님은 당신에게 말씀을 주셨다.

08

치유의 영은 분별의 영

우리는 창세기 3장을 새로운 관점으로 해석해 보았다. 감정의 회복을 위해서 생각의 회복이 필요하다. 새로운 감정은 새로운 생각으로부터 나온다. 하나님의 치유는 우리의 과거에 사건을 새롭게 해석 할 수 있는 성령님의 안목을 열어준다. 우리의 끔찍했던 경험들은 우리의 기억력 안에 저장되어 있다. 그러한 기억력의 영역 안에서 대적은 생각을 사로잡고 우리를 옭아맨다. 그러므로 하나님의 치유는 새로운 메모리카드를 탑재하는 과정이다. 이렇게 하기 위해서는 이전의 묵은 생각의 체계를 버리고 새로운 생각을 심어주어야 한다. 이 과정을 지나가면서 하나님의 치유가 우리에게 부어진다.

그래서 순간적으로는 고통스러울 수 있지만 우리의 옛 생각이 들어왔던 자리로 우리를 부르신다. 거기에서 성령님과 대화해보자. 그 사건과 장소에서 말씀하시는 하나님의 음성에 반응하는 것을 연습해보기를 권면한다. 당신의 기억장치는 당신이 경험한 것을 기억하지 않고, 영 안에서 하나님이 말씀하시는 것을 기억하기로 결정해야한다. 이렇게 성령님께서 주시는 새로운 메모리카드는 우리는 현재와 미래에 대한 생각을 바꾼다. 그리고 생각이 바뀜에 따라 삶이 바뀐다. 이것은 다음과 같이 나의 삶에 일어났다.

딱풀 사건

열등감의 감정의 다루심을 받는 시간은 수년이 걸렸다. 하나님의 목적과 부르심이 성취되는 것을 지체시켰던 것은 언제나 열등감이었다. 삶에서 건설하고 세우는 시간을 보내고 나면 대적은 열등감으로 나의 모든 기초를 무너뜨렸다. 우리 모두가 사단에게 노출된 극악의 약점이 있다. 성령님은 이것을 다루기 원하신다. 주님의 제단에 이것을 올려놓으면 하나님은 이것을 우리의 최고의 강점으로 바꾸시고 고치신다. 열등감은 우중충한 감정에서 나를 나오지 못하게 했다. 때때로 삶의 작은 돌파가 오는 경우도 있었지만 남들과 비교하여 부족하다고 속삭이는 열등 마귀가 나를 떠나가지 않는 한 하나님이 나에게 주신 나만의 경주를 완주 할 수 없을 것 같았다. 다른 사람과 비교하느라 시간과 재정을 낭비하면서 시간을 보내는 것을 멈출 수 있는 힘이 없었다. 다른 사람과 비교하는 시선 때문에 주님께서 친히 택하여 주신 나의 레일 밖으로 빠져나와 버렸고 엉뚱한 장소에서 소중한 시간을 헛되이 보내며 삶의 모든 집중력과 에너지를 낭비하고 있었다. 나의 부르심과 언약을 이루시는 하나님에 대해 불신으로 반응했던 가장 큰이유는 열등감이었다. 가장 큰 돌파는 열등감의 뿌리에 닿아 성령님과 대화하고 치유하는 동안 임했다. 열등감의 뿌리를 성령님께 보여 달라고 기도하며 하나님의 음성을 듣던 중에 한 장면이 떠올랐다.

초등학교 2학년의 어느 날이었다. 칠판 대에는 미술 작품들이 몇 개 전시되어 있었다. 그것은 지난 미술시간에 재활용을 이용한 미술작품 만들기에서 좋은 평가를 받았던 우리 반 학생들의 작품이었다. 약 일곱 개 정도 되는 것들 중에는 나의 것도 있었다. 쉬는 시간에 다른 아이들이 어떻게 작품을 만들었는지 칠판 대에 나가서 자세히 보고 있었다. 그러다 내 작품 앞에 서게 되었는데, 내 작품을 자세히 보니 풀칠이 제대로 안되어서 색종이 밑으로 '칸쵸' 라는 과자의 글자가 보이고 있었다.

나는 갑자기 너무 부끄러워져서 분홍색 상자에 쓰여진 검은 칸쵸 글자가 안보이도록 손가락으로 색종이를 꾹꾹 눌렀는데, 아예 그만 칸쵸 상자로 부터 색종이가 다 떨어져버리고 만 것이다. 풀칠을 제대로 못해서 색종이가 벗겨지기 일보직전의 상태를 종이가 간신히 유지하도록 아주 조심스럽게 올려놓고는 이런 생각을 하고 있었다. “너는 참 멍청하고 모자라고 부족해, 넌 어쩜 잘하는 게 아무리 없다 해도 그렇지, 풀칠하는 것 하나도 제대로 못하니?” 하는 음성이었다. 그 순간 갑자기 내 자신이 너무나 부끄럽고 수치스러워졌다. 초등학교 2학년의 얼굴이라 하기엔 너무 성숙해 보이는 표정들 그 위로 우울함의 그늘이 덮여 있었고, 전쟁터에서 나오는 패전병의 모습으로 제 자리로 돌아가고 있었다. 기도 중에 본 그 장면으로 인해 눈물이 범벅이 되어 있었다. 한번 도 생각해 본적 없는 초등학교 2학년의 한 아이의 감정이 너무도 생생하게 읽혀졌다. 모든 것을 잘하고 언제나 1등이 되고 싶은 아이, 인정받는 것과 칭찬 받는 것에 목말라하지만 언제나 부족함을 느껴서 행복하지 않은 한 아이의 모습, 바로 나의 모습이었다. 그때 내가 그 감정 하나를 받아들였던 것이 뭐 그렇게 인생의 노선을 방해 할 정도의 열등감으로 뒤범벅이 되었을까 하고 의구심을 갖는 사람이 있을지 모르겠다.

그러나 그 사건은 뿌리가 되었고, 후에 나의 삶과 시간들 가운데 끊임없이 자라나서 열등한 감정을 가진 자가 아니라 열등한 존재가 되도록 만들었다. 지금의 내 삶의 모든 모습들은 그때 그 감정을 받아들인 것의 열매였다. 붙여놓았던 색종이 아래로 보이는 검은 '칸쵸'라는 글자가 보이는 순간 마치 온몸이 다 벌거벗겨지는 것처럼 창피함을 느꼈다. 그 순간 대적이 내 삶 가운데 심어놓기 원했던 무능함과 무가치함의 씨앗을 받아들였고, 시간이 지날 수록 실제로 무능하고 무가치한 존재로 변해가고 있었다.

성인이 되어서도 그림을 그리거나 만들기를 할 때 내가 만든 것이 삐져나오거나 튀어나오거나 하면 크게 중요한 것이 아님에도 불구하고 집착을 하게 되었고, 강박증 같은 것들이 생기기 시작했다. 주님의 계시를 받고나니 그러한 성격과 성향들이 언제부터 생기게 되었는지, 무엇이 나를 그 강박증 안으로 몰아넣었는지 발견할 수 있었다.

10살도 채 안 되는 아이가 스스로에게 걸어놓은 저주는 실제였다. 성령님께서는 그렇게 시작된 열등감의 뿌리를 잘라내야 할 시간이라고 말씀하셨다. "얼마나 잘하는 것이 없으면 풀칠조차 제대로 못한다." 이 말은 선악과를 건네줄 때 사단이 했던 말처럼 거짓말이었다.

무엇이든 다 잘하고 일등을 해야만 인정받을 수 있다는 인정에 대한 욕구는 나의 죄 성 때문이었다. 이러한 나의 죄들을 주님께 고백하고 그리스도의 보혈로 그 말들과 생각들을 씻어냈다. 주님께서 말씀하셨다.

"그때 왜 색종이가 떨어진 것인 줄 아니? 그것은 그 풀이 딱풀이었기 때문이야."

지금이야 딱풀도 고정력이 꽤 좋기는 하지만 옛날 딱풀은 공기가 조금만 들어가도 풀의 접착력이 없어지고 풀칠을 하기가 매우 힘들었다. 성령님께서는 기도하는 중에 지식의 은사를 사용할 수 있도록 허락하셨다. 색종이가 떨어졌던 것은 내가 풀칠 하나 제대로 할 줄 모르는 부족하고 멍청한 아이여서가 아니라, 그 풀이 딱풀이기 때문이었다. 만일 물풀로 붙였더라면 색종이가 떨어지지 않았을 것이다. 진리이신 성령님은 진실이 무엇인지 말씀해주셨고, 사단의 거짓말과 진실과 진리를 분별하도록 인도하셨다. '무능한 자' '아무것도 제대로 할줄 아는 것이 없는 사람' 이라고 나를 고발하는 대적의 거짓말은 딱풀 사건에 대한 하나님의 진실을 들으므로 큰 뿌리가 뽑혀 나갔다. 성령님께서는 나를 무능하고 무가치한 존재의 저주로부터 건져내실 방법을 알고 계셨다.

분별력

하나님은 우리를 새로운 존재로 바꾸실 수 있다. 우리는 많은 경우 감정을 푸념하는 것으로 내적 치유를 끝내곤 한다. 이것은 하나님이 계획하신 회복의 단계의 일부분에 불과하다. 우리는 눈물을 흘리므로써 또는 울부짖음으로써 마음 문을 열기 시작했다. 그러나 충분히 우리의 감정을 올려드렸다면 우리는 다음 단계로 넘어가야 한다. 때로는 눈물을 흘리는 것만으로도 어느 정도의 시원함과 카타르시스가 느껴지기도 하고 때로는 울면서 많은 영들이 빠져나가기도 한다. 그러나 우리는 그 이상의 단계로 나아가야한다.

성령님께서는 상처를 뽑아내고 악한 자들이 세워놓은 견고한 진들은 파괴하며 파멸하신다. 예레미야 1장의 말씀처럼 하나님으로부터 오지 않은 것들은 성령의 능력에 의해서 넘어뜨려져야한다.

그러나 성령 안에서 하나님의 사역을 감당할 때 개인적으로 답답함을 느낄 때가 있다. 어떤 사역들은 부정적인 것을 제거하는 것에 너무 집중되어 있는 나머지 뽑고 파괴하며 파멸하며 넘어뜨리는 과정은 열심히 하면서 심고 건설과정은 등한시 하는 것이다. 성령님과 함께 치유의 과정을 걸어 올 때, 어느 누구로부터 축사사역을 받아본 적이 없다. 치유하시는 하나님 그 자체에 반응하며 죄를 미워하는 마음으로 회개했고 자유하게 되었다. 무언가 뽑아야 한다는 것에 별로 집중한 적이 없었지만 모든 귀신들은 나를 떠나갔다.

열등감의 깊은 골을 주님께 올려드리면서 나는 많이 울었다. 그러나 아무리 많이 울었을지라도 과거의 경험을 십자가에 못 박고 성령님이 주시는 새로운 기억을 받기로 결정하고 새로운 메모리카드를 끼우는 '건설' 의 과정이 없었다면 나의 회복은 다람쥐 쳇바퀴 돌듯 했을 것이다. 여기에서 바로 분별력이 필요하다. 우리는 성령님께서 분별의 영으로 임하셔서 마음껏 일 하시도록 그분의 음성에 동의해 드려야한다. 우리가 주님께 집중하고 있다면 반드시 이 지점에서 분별의 영이 작동하기 시작한다. 사단은 수많은 상처들을 이불처럼 덮고 내 안에 살고 있었다. 숨어 있는 거짓말들을 우리는 분별해 내야한다.

창세기 3장에서도 아담이 선악과를 먹게 된 가장 중요한 이유는 분별력이 없었기 때문이었다. 뱀은 이렇게 말한다.

정말로 하나님이 너희에게 동산 안에 있는 **모든 나무의 열매**를 먹지 말라고 말씀하셨느냐? (창세기 3장 1-2절 새 번역)

그는 하와를 속이려는 계획을 처음부터 가지고 있는 자이다. 뱀은 인내심을 가지고 지금껏 꾸준히 하와를 관찰해왔다. 아무 말이나 무턱대고 한번 뱉어보는 자가 아니다. 그는 전략을 가지고 단계를 가지고 하와에게 지금 접근하고 있다. 그는 치밀하게 준비하고 하와에게 말을 걸었다. 그런데 그가 처음에 이상한 질문을 하기 시작한다.

뱀이 여자에게 물어 가로되 하나님이 참으로 너희더러 동산 모든 나무

의 실과를 먹지 말라 하시더냐 (창세기 3장 1절)

뱀은 하나님의 말씀을 완전히 왜곡하는 것으로 질문을 시작한다. 사단이 이렇게 우리에게 교묘한 말 걸기를 할 때 우리는 주의해야 한다. 그가 무슨 의도를 가지고 나에게 접근하는지 그의 주도면밀한 속내를 파악할 수 있어야한다. 하와는 여기에서 뱀에게 입을 다물 것을 명령했어야 했다. 뱀의 이러한 질문은 처음부터 하나님의 성품을 왜곡하려고 하는 의도를 보인다. 하나님은 아담에게 에덴동산을 누리도록 주었다. 그러나 뱀은 하나님께서 누리도록 주신 모든 환경들 가지고 하와에게 1단계 공작을 펼쳐나간다. 하나님에 대한 부정적인 인식을 심어주려고 하는 그의 속내가 이 질문 속에 들어있다. 뱀은 하와에게 아마 이러한 질문을 함으로써 자신의 질문에 대해 어떻게 대답을 하는지 자세히 보려고 했을 것이다.

뱀은 하나님이 어떠한 분 이신가에 관해 하와가 진리 안에 잘 서 있는지 아닌지에 대해서 시험하고자 하는 의도로 질문하고 있다. 잔잔해 보이는 냇가에 파동을 일으켜 보는 것이다. 그는 "하나님이 모든 실과를 먹지 말라고 하시더냐?" 하는 물음으로 하나님의 성품에 대한 부정적인 생각의 꼬리표를 하나 붙여 놓으면서 대화의 물꼬를 터간다. 뱀은 최종적인 목적을 달성하기 위해 보다 낮은 수준의 유혹을 벌써 하고 있는 것이다. 뱀은 하나님의 선하심을 믿고 있는 하와의 지각을 뒤 흔들어 보고자했다. 이제 여기에서 하와가 어떤 대답을 하느냐에 따라 뱀은 다음기회를 다시 노릴 것인지 아니면 이번기회에 모든 일을 마칠 것인지를 결정할 것이다. 하와의 대답은 이렇다.

동산의 한가운데 있는 나무의 열매에 관하여는 하나님께서 이르시되 너희는 그것을 먹지도 말고 만지지도 말라, **너희가 죽을 까** 염려하노라 하셨느니라 (창세기 3장 3절)

하와의 대답에서 뱀은 두 가지 틈을 발견한다. 첫 번째 하와는 선악과를 만지지도 말라 라고 말씀하셨다고 이야기한다. 그러나 성경에서는 먹는 날에는 정녕 죽으리라 말씀하신 것 외에 언급하신 것이 없다. 그러므로 하와가 하나님이 말씀하신 것에 자신의 생각을 보태어서 생각하고 있음을 뱀은 발견했을 것이다. 하와는 하나님께서 말씀하신 것에 자신의 해석을 더한다. 우리는 진리에 자신의 생각을 더하는 것이 원수에게 어떤 틈을 주는 지 알아야 한다. 하와는 자신의 생각을 더하여서 하나님의 의도를 재해석하는 상태에 있다. 여기에서 하나님에 대한 어떠한 오해가 섞이게 되었는지 아직 겉으로 드러나는 것은 아무것도 없다. 그러나 하와가 하나님을 향해 절대적인 신뢰를 두고 있지 않음은 명백하다. 하나님이 말씀하신 것을 자신의 생각의 틀에 넣어 해석하는 것을 하고 있다. 왜곡이 들어오기 시작한 것이다. 진리를 있는 그대로 받아들이는 것은 무턱대고 믿자 방식의 신앙생활을 요구하는 것이 아니다. 하나님은 말씀 그 자체이시기 때문에, 우리가 그 말씀을 경외함으로 하나님 그분의 모든 성품을 온전히 인식 하기 위함이다.

하와가 어떠한 생각을 가지고 그렇게 대답한 것인지는 알 수 없지만, 하와 역시 우리가 오늘날 그렇게 실수 하듯, 하나님의 말씀을 자신의 생각과 뜻 안으로 끌어들이고 있었다. 말씀이신 하나님으로 내 안을 채울 때 하나님의 언약과 공의와 아름다움과 신실하심은 우리 자신의 생각을 내어 쫓는다. 진정한 친밀한 관계는 해석의 틈을 주지 않는다. 그 말씀 자체를 누릴 수 있는 기쁨으로 충만해질 수 있다. 그러나 성경에는 그렇지 못한 사람도 등장한다. 그 중에 '웃사' 라고 하는 사람이 떠오른다. 그 먼 옛날 웃사도 하나님의 말씀을 따른다고 스스로 믿고 있었지만 그는 말씀이신 하나님 자체를 경외하기보다는 자신의 생각의 일부를 더하여 하나님의 말씀을 해석하고자 했다. 그는 결국 법궤를 옮겨오려다가 죽고 만다. 뱀은 이 틈을 놓치지 않는다.

두 번째로 선악과를 먹은 결과에 대해서도 하와는 같은 방식으로 뱀에게 대답한다. 하나님께서는 이렇게 말씀 하셨다.

선악을 알게 하는 나무에서 나는 것은 먹지 말라, 그 나무에서 나는 것을 먹는 날에 네가 반드시 죽으리라
(창세기 2장 17절 킹제임스 흠정역)

그러나 하와는

…너희가 죽을 까 염려하노라 하셨느니라 (창세기 3장 3절)

라고 대답한다. 하나님은 선악과를 먹는 행위에 대해서 최고급 강조어법으로 말씀하셨다. 하와의 대답을 보면 원어에서는 펜~ 이라고 쓰는데, 펜 은 ~수 도있다. 또는 '~하지 않기 위하여' 정도의 의미가 된다. 하와의 대답의 어감을 표현하자면 이를 테면 '죽을 수도 있다.' 는 식의 완곡한 표현이다. 하나님이 말씀하신 것보다 훨씬 더 어감을 약화시켜서 뱀에게 대답하고 있는 것이다.

같은 원어를 사용한 다른 본문들을 보면 이 뉘앙스를 더 정확하게 파악할 수 있다. 다음 본문에서도 같은 원어가 사용되었다.

…내려가는 자와 같을까 하나이다 (시편 28편 1절)

…죄 중에 너희도 멸망할 까 두려워하노라 (민수기 16장 26절)

하나님께서는 분명 아담에게 반드시 죽을 것이라고 말했지만 하와는 '죽을까 염려한다' 라고 말씀하셨다고 이야기한다.

하와의 대답을 통해서 뱀은 충분한 탐색을 마쳤다. 하와 안에서 진리의 체계에 금이 간 것을 발견 한 뱀은 오늘을 기회라고 생각하고 본격적으로 자신이 하고자 하는 일을 속도감 있게 진행한다. 뱀은 오늘이 자신이 기대하고 고대하던 날이 될 것이라는 확신을 가지고 하와에게 다시 말을 건다. 이제 알겠는가? 뱀이 거짓말을 해서 하와가 속은 것이 아니다. 하와가 자기 생각으로 인해 하나님이 주신 분별력을 발휘하지 못했기 때문에 뱀이 다음 단계를 진행했던 것이다. 뱀이 지금 무엇을 하고 있는가에 대해서 그녀는 볼 줄 아는 눈이 없었다. 하나님께서는 아담에게 모든 생물을 다스리고 정복하라고 말씀하셨다. 하나님의 말씀대로 모든 순간에 다스림의 권위 안에서 하나님의 명령에 순종하는 것에 집중했다면 동산 나무의 실과를 먹지 말라 하더냐 하는 뱀의 물음 자체에 귀를 기울이지 않았을 것이다. 예수님은 자신을 시험하는 마귀를 향하여 이렇게 말씀하신다.

...사단아 물러가라...(마태복음 4장 10절)

하와는 자신이 누구인지 어떻게 지어졌는지 지금 잠시 잊고 있다. 하와가 언제부터 '다스리고 정복하고 땅에 충만하라' 고하는 하나님의 말씀을 등한시 여기기 시작했는지 그것은 알 수 없다. 간교한 뱀은 동산에서 교묘히 접근하여 하와의 가장 친한 친구가 되는 척하면서 오늘을 준비해왔다. 그는 아담과 하와를 일거수 일투족 지켜보았다.

창세기 말씀을 통하여 우리는 계시를 받아야할 것이다. 우리의 상처는 뱀으로부터 시작되지 않는다. 뱀이 하와에게 선악과에 대한 거짓말을 하기 전부터 이미 갈고리 같은 뱀의 질문에 대답하는 유혹 당하는 하와의 태도에 문제가 있었다. 하와는 상함이 들어 올 수도 있는 상황에 놓여졌다.

이렇듯 상처받는 자로 살아가게 만드는 자기 생각은 두가지 요소를 가지고 있다. 나 자신과 하나님에 대한 오해이다. 나 자신에 대한 오해는 하나님께서 본래 나를 디자인 한 '모양과 형상' 대해서 알지 못하기 때문이고, 하나님에 대한 오해는 하나님이 어떠한 성품을 가지신 분이신가 에 대한 흔들리지 않는 진리를 가지고 있지 않기 때문이다.

뱀은 진리로 철저히 무장되어 있는 하와를 속이지 못한다. 우리를 죽이려는 의도를 가지고 생각의 추파를 던지는 그의 질문에 대답할 필요가 없다. 우리는 그에게 대답을 줄 의무가 없다. 우리는 그에게 명령할 권리만 있을 뿐이다. 뱀이 하와에게 이렇게 말한다.

너희는 절대로 죽지 아니하리라, 너희가 그것을 먹는 날에 너희눈이 열리고 너희가 신들과 같이 되어 선악을 알줄을 하나님이 아시느니라 (창세기 3장 4-5 절 말씀)

뱀의 대답을 보면 거짓말이 숨어 있는 것을 알 수 있다. 뱀은 하나님이 반드시 죽으리라 라고 말씀하셨음에도 절대로 죽지 않을 것이라고 말한다. 그리고 죽지 않는 이유에 대하여 논리적으로 보이는 구체적인 이유들을 내뱉는다.

너희 눈이 밝아져 하나님과 같이 되어 선악을 알 줄 하나님이 아심이니라 (창세기 3장 5절)

눈이 열리고 선악을 분별할 줄 알게 되는 것이지 죽지 않는 다는 것이다. 그러면서 그렇게 될 줄을 하나님이 아신다고 말한다. 뱀은 지금 하와에게 이렇게 거짓말하고 있다. 하나님께서 너희 둘이 하나님처럼 되는 것을 하나님께서 금하시기 위해서 하나님이 먼저 거짓말을 하셨다는 것이다. 뱀은 사실 하나님이 너희들을 지금껏 속여왔다고 능청스럽게 거짓말을 하고있는 것이다.

그런데 사실 뱀의 대답이 겉으로 보기에는 거짓말이 없다.

이에 그들의 눈이 밝아져 자기들이 벗은 줄을 알고…(창세기 3장 7절)

여호와 하나님이 이르시되 보라 이 사람이 선악을 아는 일에 우리 중 하나 같이 되었으니… (창세기 3장 22절)

뱀이 말한 그대로 하나님께서 아담과 하와에게 선언하신다. 눈이 밝아졌고, 선악을 알게 되었다. 이것 모두 사실이었다. 심지어 선악과를 따먹어도 하와는 죽지 않았다.

그러나 진리 안에서 그는 죽음을 맞이했다. 눈이 열리고 선악을 분별하게 되는 것 자체가 바로 '죽음' 이라는 것을 하와는 깨닫지 못했다. 뱀은 하와에게 하나님의 신실하심에 대한 의심을 불어넣는데 성공했고 이를 통해 하와는 하나님이 자신을 제한하고 있다고 느꼈거나 아니면 뱀의 속임을 받아들여 하나님으로부터 거절의 감정을 느꼈는지도 모르겠다. 하나님의 온전한 사랑에 대한 믿음이 깨어졌다.

그러나 하나님께서 말씀하신 죽음이란 아담과 하와를 보호하고 있던 보호막이 깨지는 것을 의미했다. 하나님은 말씀으로 존재하시므로 하나님 곧 하나님의 말씀에 대한 신뢰가 깨어지는 것, 그리고 그것을 통해서 아담과 하와를 보호하고 있던 보호막이 벗겨지는 것이 죽음이었다. 뱀은 이러한 사실을 알고 있었을 것이고, 이것들을 절대로 하와에게 말하지 않았다. 하와는 하나님께서 말씀하시는 죽음이 무엇인가에 대하여 성령님과 대화하지 않았고 묵상하지 않았다.

아담과 하와와 하나님의 생명의 관계 중앙에는 하나님과 아담의 언약의 매개체가 되고 있는 선악과가 있었다. 뱀은 논리적인 사실을 가지고 하와에게 접근했다. 눈이 밝아지는 것도 삼위일체중에 하나처럼 되는 것도 사실이었다.

하와는 선악과가 하거나 하지 않는 것을 넘어서는 아주 특별한 관계 안에 있는 언약의 상징이라는 것에 대해서는 묵상하지 않았던 것 같다. 그는 선악과에 대한 하나님의 명령에 대해 율법적이고 피상적인 태도를 취했던 것 같다. 선악과 앞에서 하와는 매일 하나님을 선택하는 것으로 가장 능동적인 신앙 표현을 할 수도 있었다. 그러나 하와는 그렇게 하지 않았다. 결국 하나님의 말씀에 따라 아담과 하와는 영원한 죽음을 맞이했고, 죽음이 들어오는 것으로 예수님은 아담의 죄를 대신하여 대가를 치루셔야 했다.

우리는 뱀이 말을 걸어 올 때에 분별할 수 있어야한다. 아담과 하와는 땅 위에 있는 모든 생물을 다스릴 수 있는 모든 권한(창 10장 27절)을 하나님으로 부터 위임 받았기 때문에 뱀의 유혹으로부터 가장 소중한 것을 지킬 수 있는 능력들이 있었다. 그러나 그들은 그렇게 하지 않았다.

그는 "하나님이 모든 실과를 먹지 말라고 하시더냐?" 하는 물음으로 하나님의 성품에 대한 부정적인 생각의 꼬리표를 하나 붙여 놓으면서 대화의 물꼬를 터간다.

진리와 사실

뱀의 거짓말을 조금 더 살펴보자. 뱀의 유혹은 오늘 날에도 동일한 형태를 띄고 있다. 하와는 뱀의 말이 사실인지 아닌지 논리적으로 생각해보고 따져보려고 했을 것이다. 그런데 뱀의 말은 사실이었다. 바로 여기에 속임이 있다. 우리는 일상생활에서 이러한 어려움을 자주 겪는다. 사실을 점검할 때에 우리의 분별력이 작동하는 것이 아니다. 뱀은 거짓말을 했다. 그런데 수많은 사실들 속에 거짓말이 숨겨져 있었다. 뱀은 하와에게 '너는 절대로 죽지 않아' 라고 말했고 그 말은 사실이었다. 하와는 선악과를 따먹는 순간 윽 하고 쓰러지며 죽지 않았다. 하와의 육체는 어느 기간 동안 생명을 연장 했지만 하와가 누리고 있던 하나님과의 영원한 생명의 관계는 하나님의 말씀대로 죽어버렸다. 육체의 옷을 입고 있는 하와는 사데 교회와 같이 살았으나 죽은 자이다. 하와의 진정한 생명은 하나님의 생기로부터 출발했고, 이제 더 이상 하나님의 생기를 아담과 하와는 받을 수가 없다.

사단은 항상 우리를 고발한다. 그러한 근거는 사실에 있다. 사단은 계속해서 우리에게 이렇게 말한다.

"지금 네가 처한 현실을 봐, 지금 너의 꼬라지를 봐, 모두 다 사실이잖아. 네가 돈이 없는 것도 사실이고, 네가 재능이 없는 것도 사실이고, 그 사람들이 너를 거절한 것도 사실이지. 너는 네가 거절받지 않은 사람이라고 중얼거리건만, 그렇게 중얼거리는 것으로 네가 거절 받았다는 사실이 변하지 않아. 네가 이렇게 형편없는 삶을 살고 있다는 것을 너는 절대로 부인 할 수 없을걸. 네가 성공하지 못한 사실에 대해서 아니라고 말할 수 있냐는 말이야."

이러한 말들은 우리를 유혹하기 위해 선악과를 들고 오는 뱀의 첫마디와 같다. 우리가 죄짓기를 기다리며 고소장을 준비하는 뱀의 첫 번째 질문과 같다. 그는 눈앞에 벌어지는 현상과 사실을 진리인 것처럼 속인다. 우리는 그러한 뱀의 거짓말을 받아들일 때, 다시 낙담하게 되고, 다시 절망하게 된다.

뱀은 피조물이었지만 그 안에는 악한 영이 숨어 있었다. 뱀은 하와의 육신의 생명을 빼앗는 것에 관심이 있지 않았다. 영의 세계 안에서 아담이 차지하고 있던 자리를 빼앗고자 했다. 뱀은 영적인 존재였다. 그의 목표는 영계를 무너뜨리는데 있었다.

뱀은 영의 세계에 죽음을 가져오기 위해 하와에게 혼적인 동의를 구했다. 보고 듣는 것이 진리가 아닐 때가 많음에도 불구하고 하와는 정신을 차리지 못했다. 하와는 뱀과 서스름 없는 대화를 나누는 것이 영의 세계 안에서 어떤 문제를 가져올 것인지 분별할 수 없었다. 하와는 영의 눈이 가리워져 있었고, 그의 혼적인 영역에는 진리에만 반응할 수 있는 힘이 없었다. 사단의 유창하고 설득력 있는 말에 하와는 혼돈스러워지기 시작했고, 혼탁해진 혼으로 인해 진리로 굳게 서도록 내면의 입구를 지킬 수 있는 문지기가 없었다. 뱀은 유혹이라는 수단을 통해 하와에게 있던 영적인 생명을 빼앗아 갔다.

이 이야기의 바로 앞부분에서 혼의 회복이 무엇을 의미하는지 왜 중요한지에 대해서 나누었다. 하나님의 생기는 혼을 통하여 들어와 영으로 존재하며 하와 안에서 영원한 생명으로 있었다. 하늘에 속한 존재인 하와는 하나님과의 온전한 연합 가운데 어떠한 수치와 의심도 없는 시간을 보냈을 것이다. 뱀이 하와의 영안에 감추어진 생명에 접근하는 통로는 혼적인 사람으로 만들어 버리는 것이었다. 지혜로운 뱀은 그녀의 모든 분별력이 보는 것과 듣는 것에 매몰되게 만들었다. 그것을 성경은 명확히 보여준다.

여자가 본즉 먹음직도 하고 보암직도 하고 지혜롭게 할 만큼 탐스럽기도 한 나무인지라 여자가 그 실과를 다 먹고 자기와 함께한 남편에게도 주매 그도 먹은지라 (창세기 3장 5절)

하와는 보암직도 하고 먹음직도 한 선악과를 먹었을 때, 영의 죽음을 맞이했다. 뱀은 그렇게 간교했다. 죽음의 거짓말을 포장하고 있는 사실적인 뱀의 말 때문에 하와는 이제 선악과를 다른 시각으로 보기 시작한다. 결국 하와는 자신도 죽고 공동체인 남편도 죽음으로 몰아간다. 뱀은 영적인 존재이다. 결국 그는 영의 세계에서 그가 원하는 것을 얻었다.

뱀은 누가복음 4장 6절에서 마지막 아담인 예수님께 이렇게 대답한다. "... 이것은 네가 내게 넘겨준 것임으로..." 뱀은 하와를 속임으로 영의 세계 안에서 자신이 얻고자 하는 것을 아담으로부터 넘겨 받았다고 성경은 말하고 있다. 그러나 하와는 이것을 분별하지 못했다. 사단은 오늘날에도 본질적으로 동일하게 역사한다. 보암직하고 먹음직하게 보이게 하는 술수를 그는 여전히 사용한다. 우리가 눈으로 보는 현실, 처한 상황 같은 것들로 우리의 혼에 낙심을 주어 우리의 영의 생명을 가져가려고 한다. 우리의 영 안에 있는 안식과 자유를 빼앗아 가려고 한다. 다시 한번 말하지만 사단은 우리의 손상된 혼적인 감각에 동의를 구한다.

우리의 혼이 사단이 말하는 소위 사실 이라 하는 것에 반응하기 시작하면 그가 불어 넣기 원하는 악한 생각들을 우리가 받아들이게 되는데, 이것이 반복되고 반복되면서 생각의 터에 어둠의 영이 집을 짓기 시작 하는 것이다. 그렇다면 우리는 결정해야 할 것이다. 우리는 혼의 지배를 받는 사람이 아니다. 혼이 결정하는 대로 따라가는 사람이 아니다. 하나님은 우리를 그렇게 만들지 않으셨다. 우리는 진리에 반응하는 영적인 사람들이다. 우리의 영은 혼돈스럽고 연약한 혼을 다스릴 수 있다. 이것은 하나님의 말씀으로 가능하다.

오직 심령으로 새롭게 되어 하나님을 따라 의와 진리의 거룩함으로 지으심을 받은 새사람을 입으라 (에베소서 4장 23절)

여기에서 '오직 심령으로 새롭게 되어' 라는 표현은
마음과 정신을 새롭게 하여...(현대인의 성경) 또는
마음의 영을 새롭게 하여...(새번역 성경)

하나님의 말씀이 우리의 정신, 생각 곧 혼의 영역을 사로잡으면 우리의 모습은 새사람이 된다. 즉 하나님의 말씀인 진리를 먹고 진리의 허리띠를 굳게 맨 이 영적 거인은 연약하고 힘없는 혼의 영역도 하나님의 진리로 채워나간다. 그리고 변화시킨다. 그러므로 우리는 원수가 가져다주는 선악과를 분별할 수 있어야 한다.

하나님의 말씀이 우리의 영을 온전히 사로잡으면 이 균형이 무너지지 않는다. 하나님이 만드신 질서 안에서는 영은 언제나 혼을 다스린다. 우리는 이러한 영역들을 분별할 수 있는 분별력을 하나님 앞에서 구하여야 할 것이다. 앞장에서는 혼의 중요성과 혼이 회복되어야 할 중요한 영역이라는 것에 대해서 강조했고 이것을 분별력과 연결하여 더 심도 있게 이야기를 나누어 보았다.

그래서 우리는 우리의 오감을 신뢰하지 않는다. 나의 감정과 나를 덮고 있는 생각들을 보혈로 씻어야한다. 우리는 보혈을 의지하고 주님께 나아가 지금 처한 현실과 상황 눈에 보이고 들리는 것들 때문에 대적이 우리가 굳게 가지고 있는 진리를 빼앗아 갈 수 없음을 선포해야한다. 우리는 다시 선악과 앞에서 뱀과 마주 해야 한다. 그리고 뱀을 향하여, 우리의 모든 선택의 기준을 영을 살리는 말씀에 둘 것을 선포해야한다.

치유와 분별력

이것이 바로 분별력이다. 분별력을 사용하기 위해서는 우리는 영과 혼의 모든 원리를 알고 있어야한다. 치유는 분별의 영으로부터 시작된다. 성령님께서 주시는 치유를 받기 위한 우리의 태도는 너무나 중요하다. 그것은 나의 손상된 혼적 감각에 집중하지 않는 것이다. 우리는 내가 처한 현실이나 상황 그리고 나의 감정을 진리로 받아들이지 않는다. 분별력은 상처받은 혼이 말하는 소리와 하나님이 말씀하시는 진리를 구분해낸다.

우리 속에는 자신이 나를 향하여 말하는 소리와 성령님의 소리가 뒤섞여 있다. 그러나 우리 안에 있는 '나'의 목소리는 예수 그리스도와 함께 십자가에 못박혔고, 바울의 고백처럼 '내'가 사는 것이 아니고 하나님의 아들의 믿음이 '내' 가 되어서 살고 있다. 여기에서 죽었다는 것은 나의 인격이 무시되거나 존재 자체가 제거되었다는 의미보다는 더 이상 영향을 받지 않는 상태가 된다는 의미가 더 적절할 것 같다. '내'가 십자가에 못 박혀 죽을 때, 내 안의 목소리도 죽었다. 이제 우리는 더 이상 고통스럽지 않아도 된다. 분별의 영은 하나님의 음성을 잘 듣는다. 우리가 받은 여러 상처로 인해서 혼의 소리와 영의 소리가 뒤죽박죽이 되어 있을지라도 우리가 믿음으로 말씀 안에 거할 때 분별력이 작동하기 시작한다. 이것은 혼의 소리의 상처를 영의 소리의 위로로 격려하며 세워서 마침내 영의 사람이 되게 하고 혼의 본래의 형상을 회복하여 하나님이 주신 모든 우리의 영적 유업을 취하게 만든다. 이것은 우리의 존재가 새롭게 되는데 있어서 가장 중요하고 핵심적인 과정이다.

나는 이 과정을 통해서 그리스도 안에서 수십 번을 다시 태어나곤 했다. 너무나 놀라운 작업이다. 이것을 위해서 우리는 하나님 앞에서 이것을 날마다 충분히 훈련하는 것이 필요하다. 우리는 그때그때 마다 상황마다 진리를 들을 수 있다. 모든 상황 속에서 사실이 아닌 진리를 취할 수 있다. 그것을 창세기 3장의 이야기가 주는 교훈을 꼭 기억하기 바란다. 처음에는 많은 시간이 걸리겠지만 연습하면 할수록 시간이 짧아지고 하나님의 음성이 정확히 들리기 시작한다. 연습해야 할 영역은 세부적으로 너무나 많을 것이다. 그것을 일일이 책에 다 기록 할 수 없으므로 치유와 회복에 있어서 가장 중요한 영역인 거절감과 실패감의 영역을 상세히 살펴보고 대적이 어떻게 이러한 감정들로 우리의 혼 안에서 진리가 서지 못하도록 하고 있으며 어떻게 손상된 혼을 거룩한 하나님의 생각과 감정으로 바꾸어 보아야 할지를 깨닫기 원한다.

발꿈치

후에 나온 아우는 손으로 에서의 **발꿈치**를 잡았으므로 그 이름을 야곱이라 하였으며 … (창세기 25:26 KRV)

내가 너로 여자와 원수가 되게하고 너의 후손도 여자의 후손과 원수가 되게 하리니 여자의 후손은 네 머리를 상하게 할 것이요 너는 그의 **발꿈치**를 상하게 할 것이니라 하시고 (창세기 3:15 KRV)

어느 날 얍복 강가에 앉아있는 예수님께 야곱이 찾아왔다.
"예수님, 저 할 말이 있어서 왔어요"
"어이, 발 뒤꿈치를 잡은 자, 그동안 잘 지냈어?"
"예수님, 이제 내 옛날 이름으로 장난 좀 그만 쳐요, 이제 재미 없어요. 저 오늘 진지하단 말이예요 "
"에이 장난인거 알면서 오늘따라 왜 그러는 거야? 오늘은 왜 기분이 이렇게 안 좋은 거야, 무슨 일이 있어?

"예수님, 저 불편해서 못살겠어요, 이름 바꿔주는 건 좋은데, 이 놈의 환도뼈가 다쳐서 여간 불편한게 아니예요, 이름을 바꿔줬으면 바꿔준거지 환도뼈는 왜 다치게 한 거예요? 다리가 불편하니까 아들래미랑 공차기도 못하지, 특히 우리 아들은 점핑 파크 가는 걸 유독 좋아하는데 저는 그것도 못해줘요, 어디가도 항상 다른 사람들보다 느리니까, 저만 맨날 따로 다니잖아요, 다른 사람들이 저를 기다리는 것도 한 두번이지 제가 얼마나 민망한 줄 아세요? 꼭 외톨이 같구요. 뭘 해도 불편하고 절뚝절뚝 다니는 게 지긋지긋 해요, 제가 이렇게 불편해서 제 아내 리브가까지 고생이 이만저만이 아니라구요,"

잠시 후 예수님이 신발을 벗으셨다.

"어머, 예수님 발뒤꿈치가 왜 그러세요, 다치신 거예요?"

"2000년 전에 나도 크게 다쳤지"

"2천년 전에 다치셨다면서 아직도 시퍼렇게 멍이 들어있고, 핏자국도 그대로예요, 상처가 하나도 아물지 않았어요"

예수님은 일어나서 야곱에게 말씀하셨다

"이스라엘, 같이 좀 걷자"

두 사람은 절뚝거리며 햇살이 드리워진 압복강가를 걷기 시작했다.

"이스라엘, 어깨동무 하고 걸어도 돼?"

예수님은 이스라엘을 이스라엘은 예수님을 의지하며 두 사람은 손가락에 힘을 주고 서로의 어깨 끝을 감싸며 걷기 시작했다.

두 절름발이들은 신발을 끄는 소리를 스윽스윽 내며 걷기 시작했다.

"예수님 발뒤꿈치를 보니까 제가 할 말이 없네요, 예수님은 참 저랑 비슷하게 많아요, 저는 발꿈치를 잡고 태어났는데, 예수님은 이렇게 또 발뒤꿈치가 다치셨으니, 발꿈치라... 발꿈치, 발꿈치라면 제가 또 일각연이 있는데, 예수님의 발은 누가 다치게한거예요? 예수님도 아시겠지만, 저도 그렇게 살기 싫었잖아요, 여튼 예수님의 발꿈치를 보니 뭐 또 저의 옛날 이름도 묘하게 생각나기도 하고,,,뭔가 묘하게 신기하네요. 예수님이랑 나는 발꿈치로 엮인 인연인가? 여튼, 예수님께 불평하러 왔는데, 이렇게 또 예수님 발을 보니 예수님도 제 불평 받아주실 처지는 아니네요. "

"이스라엘, 내가 너의 환도 뼈를 왜 고쳐주지 않는 줄 아니? 그것은 네가 이스라엘이라는 이름으로 살아가고 있다는 것을 매일 기억하게 하기 위해서란다. 많은 사람들은 자신의 상처와 슬픔, 아픔과 두려움을 극복하기 위해 애를 쓰지, 그러나 그들은 그들의 트라우마와 상처를 극복할 수 있는 방법을 나에게 묻지 않아, 나도 발 뒤꿈치가 이렇다보니 불편한 것들이 많이 있어, 도대체 2000년이 지났는데도 왜 아버지께서 안 고쳐주시는 지 아직도 궁금하기도 하지

그런데 이스라엘, 내가 믿기 원하는 것은 네 발이 약하다 할지라도 너는 약한 자가 아니라는 거야, 약한 자와 약함의 영을 가지고 있는 자는 다른 것이란다. 그래 맞아, 영의 세계에서 두 가지는 완전히 다른것이지.

야곱, 너는 무엇을 선택하겠니? 약함은 우리의 생각 속에만 있을

뿐이야, 많은 사람들은 약함을 제거하는데 집중하고 또 약한 모습을 감추거나 없애기 위해 많은 노력을 하지만 아버지의 관심은 거기에 있지 않다는 거야,

어떤 사람들은 뒤꿈치의 불편함에 깊이 빠지겠지만, 너는 나와 함께 그의 머리를 깨뜨렸잖니, 걷기에 불편함을 없애주는 것은 아버지께는 어려운 일이 아닐 거야, 그러나 이스라엘, 아버지는 네가 아버지께서 준 이스라엘이라는 이름의 소망으로 차오르기를 원하시는거야, 네 삶을 향한 아버지의 이끄심은 절대로 불편한 다리 때문에 너를 넘어지지 않게 할 것이야, 이스라엘이라는 소명이 너를 이끌어 갈 때에 네가 저는 다리 때문에 더뎌지거나 늦춰지지 않을 것이란 말이야.

이스라엘, 얍복 강에서의 그날을 너도 잊을 수가 없겠지? 그건 아버지께도 마찬가지야, 그날 아버지의 마음도 설렘으로 가득 찼던 날이거든 내가 그때 봤는데, 너와 함께 처절한 전투를 했던 그 천사 말이야"

예수님은 야곱의 귓가에 손을 대시고 속삭이셨다.

"아버지께서 그러시더라고, 그 천사가 그날 일부러 져주었다고 말이야"

"뭐라구요? "

"이스라엘, 진정해 진정해, 나는 뭔래 농담도 좋아하잖니, 그렇다

고 해서 네가 이긴걸 부인하는 건 아니니, 너무 흥분 하지는 말고, 사실 사람은 천사를 이길 수가 없단다. 나는 아버지께서 네게 말했던 '통치자'의 영을 부어주시는 것을 보았지. 너의 머리위에 아버지께서 부으시는 '통치자' 의 영이 바람처럼 불어와 생명이 되어 너의 심장에 안착하는 것을 말이야.

그날 네 마음속이 깊이 새겨진 '이긴 자' 이 세글자는 말이야, 그것을 뜻하는 것이잖니. 그날 배경음악으로 하늘에서 승리의 팡파레도 열심히 틀어주던데, 들었는지 모르겠구나.그것도 아주 현란한 8중주 곡이으로 말야. 한쪽에서는 응원곡도 연주하고 아주 시끄러웠었는데 말야"

"예수님과 대화를 나누다 보니 저의 이름을 '이스라엘'이라 부르시는 하나님의 목소리가 네 마음속에서 메아리처럼 울리는 것 같아요. 예수님 끝까지 전진해볼게요"

여전히 일정하지 않은 발걸음 때문에 슬리퍼를 끄는 소리가 야곱의 단어 사이사이 추임새처럼 끼어들었다. 그러나 이스라엘의 거칠은 볼 위로 소망이 방울이 되어 흘러내리고 있었다.

"이스라엘, 네가 절룩거리는 다리를 볼 때마다 너의 영에게 이렇게 말해줄 수 있겠니? "야곱, 너는 이제 야곱이 아니라 이스라엘이야, 하나님이 너에게 주신 너의 이름의 목적은 반드시 이루어 질 거야! " 라고 말이야. 그것은 바로 나의 능력과 권세의 비밀이야.

이것이 내가 왕이 되는 방식이지. 알겠니 이스라엘? 불편한 다리에 집중하는 것이 아니라 두려움을 쫓아내는 것이지, 내가 아버지와 하나 되는 것은 그것을 통하여 오는 것이란다. 오늘 네게 하늘의 비밀 또 하나를 가르쳐 주었구나.

이스라엘, 절대로 잊지말거라, 네가 평생 다리를 절뚝거린다고해도 너는 여전히 이스라엘이야, 나의 이스라엘,나의 연인, 나의 군대, 나의신부, 나의 나라, 나의 사랑 나의 이스라엘 이란 말이다.

두 사람은 어깨를 꼬옥 감싸며 전보다 더 빠르게 걷기 시작했다.

09

가장 큰 적 1) 거절감

사단은 에덴동산에서 하와에게 하나님을 향한 의심과 불신을 불어 넣는데 성공했다. 뱀은 하와에게 '너희 눈이 밝아 하나님과 같이 되어 선악을 알 줄을 아시느니라' (창세기 3장 5절) 라고 말한다.

이 말을 듣는 순간 하와는 자신이 도달할 수 있는 더 큰 자유와 권리를 하나님이 막고 계신다고 생각했다. 하나님께서 자신에게 주신 것이 충분하지 못하다는 생각을 받아들였다. 그리고 사단은 하와에게 거절감을 심어주었다. 하나님을 향한 불신을 가지게 되면 거절감이 들어오고 거절감을 취하면 불신이 더 깊어진다. 그 둘은 아주 가깝게 맞닿아있다. 불신은 거절의 고리를 끌어당기며 거절은 실패의 고리를 끌어당긴다.

사단이 우리를 잡으면 수치심과 두려움과 교만, 절망(소망없음), 외로움과 수동성, 분노, 열등감, 용서하지 않음, 불안과 각종 중독 등의 견고한 진이 생성된다. 그러나 이 모든 것들의 가장 큰 뿌리는 그것은 거절감이다. 이 모든 것이 거절의 영으로부터 출발한다. 그리고 이 거절의 영이 세력을 확장해 가면서 여러 연결고리들을 만들어내고 점점 더 견고한 진의 영역을 넓혀 가기 시작한다. 그러므로 기반이 되는 거절의 감정을 다루는 것은 너무나 중요하다. 특별히 거절감을 통해 들어오는 실패감으로 인해 우리가 손상되는 과정을 자세히 살펴보고 위에서 분별력을 통하여 어떻게 우리가 진리로 이것들을 바꿔내야 할 지 훈련해 보기를 원한다.

통증으로 시작하라

거절감은 우리의 마음의 고통의 뿌리이다. 거절감을 치유하면서 내가 가장 많이 느낀 감정은 '아프다' 이다. 우리는 길을 가다가 넘어져서 무릎이 깨지고 피가 나면 아프다. 거절감을 치유해야 하는 이유는 이것이다. 예수님은 십자가에서 우리가 겪어야 할 모든 아픔을 겪으셨다. 우리는 더 이상 거절감으로 인해 고통스러워하거나 아파야 할 이유가 없다. 이것은 놀라운 복음이다. 당신은 이제 거절감이 주는 고통속에서 하염없이 우는 것을 끝낼 시간이다. 당신이 거절감을 꼭 치유받아야 하는 이유는 당신이 그렇게 많이 아파하는 것을 하나님은 원하시지 않을 뿐만 아니라 하나님도 자신의 사랑하는 자녀가 아픔으로 괴로워할 때 많이 아프시기 때문이다.

거절감을 치유하기 위한 많은 매뉴얼이 있을 것이다. 내적치유에 관한 다양한 책들도 많이 있다. 그런데 거절감에 대한 이야기를 시작할 때 내가 '통증'으로부터 시작하는 이유가 있다. 첫째로 거절감은 너무나 뿌리가 깊어서 거절을 통하여 연결된 다른 부정적인 감정들이나 확장된 견고한 진들이 거절의 영을 숨기고 있다. 우리는 통증을 주님께 올려드리면서 이 과정을 시작해야 한다. 거절이 뿌리가 된 경우 다른 영이 주관하는 생활 방식이 습관적으로 배어있어서 거절감이 있는지, 언제 거절을 받았는지 거절감으로 인해 내가 어떻게 통증을 겪었는지 잘 인식이 되지 않는다. 두 번째는 우리 속에 숨어 있던 거절의 감정은 인식하기 시작하면 너무나 고통스럽고 힘들어서 견디기가 힘들기 때문에 우리는 주님이 치유해 주시지 않으면 견딜 수가 없다. 당신이 어떠한 상처로 인해 감당 할 수 없을 정도로 힘들고 아프다면 거절의 영에 관해 하나님께 계시를 구하는 것이 필요하다. 거절의 영은 너무나 광범위하게 영향을 미치기 때문에 치유는 보통 이렇게 시작된다.

그 다음은 예배하는 마음으로 상한 심령을 제사로 올려드리는 것이다. 가끔 상담을 하다보면 이분의 내면 가운데 있는 상처를 하나님이 다루시기 원하시고, 상처를 치유하는 여정이 필요하다고 느낄 때가 있다. 그러한 마음들에 대하여 당사자에게 나누면 이렇게 대답하곤 한다. "그런데 저는 그것을 어떻게 치유해야할지 모르겠어요..." 라고 말이다. 이것이 가끔 어려움이 될 수 있다. 자신의 절망과 좌절, 불안과 정죄 등 치유하기 원하지만 이러한 것들을 어떻게 시작해야 할지를 알지 못한다는 것이다.

그런데 우리가 하나님께 우리의 상한 심령으로 예배하기로 결정할 때 우리 속사람은 하나님이 하고자 하시는 치유 사역으로 가장 쉽게 들어갈 수 있다. 우리가 예배함으로 이 과정을 준비하면 성령님께서 상처를 생각나게 하시고 십자가 사랑의 반창고를 붙여주신다. 예배는 회복을 준비하는 여정을 가장 빠르고 정확하게 시작할 수 있게 한다. 예배 가운데 상한 심령을 주님께 토해야 한다. 어렸을 때부터 울음을 참아오거나 슬퍼도 울지 못하는 환경에 있었던 사람들은 이러한 것들이 쉽지가 않다. 그러나 성경은 하나님께서 구하시는 제사가 상한 심령(시51:17) 이라고 말한다. 하나님은 당신의 상처를 받으심으로 당신을 받으신다. 예배함으로 당신을 올려드릴 때 하나님은 받으시고 특정 상황 속에서 당신이 느꼈던 감정들에 공감하여 주시며 당신의 모든 감정이 드리는 예배도 함께 받으신다. 놀람과, 두려움, 침체됨과 의기소침함, 무안함, 피해의식과 분노와 좌절 그 어떤 것도 하나님은 내치지 않으신다. 우리는 상한 심령을 토함으로써 종국에는 승리로 끝날 거절의 영과 끈질긴 싸움을 시작할 수 있다.

가정을 치유하라

특별히 거절감의 뿌리는 대부분 가정에 있다. 가정은 우리가 태어나면서부터 만나는 첫 교회이다. 그러나 많은 가정은 상처로 얼룩져서 교회가 되지 못하고 수많은 상처를 생산하는 곳이 된다. 어떤 경우는 엄마의 태속에서부터 거절감을 받으면서 나온다. 원하지 않았던 임신이라던가, 원하지 않는 성별, 그리고 아이가 배속에 있을 때 엄마가 겪었던 슬픔, 걱정 같은 것들은 아이에게 고스란히 전달된다. 그리고 갓난아이로 출산되는 순간부터 유아기와 아동기를 거쳐 자라면서 많은 거절의 경험들이 가정 안에서 축적되기 시작한다. 엄마와 아빠는 돌봄과 양육 격려와 지지의 결핍의 환경 가운데서 자라서 거절감을 가지지 않는 아이를 키우는 방법을 알지 못한다. 결국 아무리 부모가 원하지 않을지라도 아이는 부모의 말과 행동으로 인하여 상처를 되물림 받게 된다. 이것이 반복되면서 아이가 성장하고 가족들 안에서 관계가 부자연스러워지거나 소원해 지게 되면 서로가 주는 상처에 대해서조차 무감각해지는 수준까지 이르게 된다. 그러면서 가장 일상적인 삶을 사는 것처럼 보이지만, 결국 거절의 상처의 원망과 보복은 하나님을 향하게 된다.

부모가 이혼을 했다던가, 처음부터 편부모의 아이일 경우, 거절감은 더 깊숙히 자리잡는다. 그 외에도 가정 안에서 거절감을 느끼는 상황과 환경은 너무나 많다. 그러므로 거절의 영들의 횡보를 중단시키고 여러 가지 정신병과 마음의 병들을 치유하기 위해 가정이 회복되는 것이 가장 필요하다. 가정을 회복시키고 가정 안에서의 관계가 새롭게 되는 사역이 확장되는 것이 시급하다. 하나님은 지금 집집마다 새로운 집을 짓기 원하신다. 그리스도인의 수가 줄고 있고, 교회 학교의 수가 줄고 있는 지금 이때에 다음 세대를 살리는 사역의 초점은 가정의 회복과 부부 회복, 형제관계의 회복이 되어야 한다. 가정을 향한 하나님의 목적과 디자인들을 풀어 놓아야할 때이다.

그리고 거절감을 치유하기위해 성령님께 우리가 자라왔던 환경과 가정을 조명해 주시기를 구해야한다. 내적치유는 매뉴얼이 없다. 가장 정확히 아시는 분은 성령님이시다. 성령님은 우리의 거절의 시작도 끝도 정확히 알고 계시는 분이다. 그러므로 가정 안에서 우리가 보고 들었던 것들이 어떠한 형태로 우리에게 손상을 주기 시작했는지 하나님께 들어야 한다.

거절은 방치의 영

거절감을 본격적으로 다루게 된 것은 한 공동체를 만나면서 부터였다. 결혼을 하면서 이전에 섬기던 교회를 떠나 새로운 공동체를 만나게 되었다. 나는 하나님께서 만나도록 허락하신 이 공동체에 대한 기대감이 매우 컸다. 이들과 가족 같은 관계를 이루면서 신앙적인 교제를 하고 서로의 필요들을 챙겨주며 돈독한 신앙 공동체를 만들 것에 대한 기대감으로 나는 주일마다 남편과 함께 왕복 4시간 가까이 운전을 하며 교회를 갔다. 인천 끝에서 부터 서울 한복판을 통과하는 긴 여정임에도 불구하고 새로 결혼을 하고 처음으로 만나는 이 공동체에 대한 나의 마음은 아주 특별했다.

그런데 이상하게 그렇게 부푼 기대감을 안고 장거리를 달려 교회에 도착하여 매번 느끼는 것은 '그들에게 환영받는 존재가 아니다'라는 것이었다. 사실상 그들 중 어느 누구도 나에게 거절감을 주는 말을 하거나 행동을 하는 사람은 없었다. 그러나 나는 만족하지 못했다. 기대가 너무 컸던 까닭이었다. 그곳에서 그다지 환영받지 못하는 존채처럼 느껴졌다. 나의 기대만큼 친밀감이 만들어지고 있다고 느끼지 못했다. 나의 삶에 별로 관심이 없으며 나라는 존재는 이 교회에 있어도 없어도 그만 이라는 생각이 들자 마음이 너무나 괴로웠다. 어느 순간 내가 이 곳에서 이방인 취급을 받고 있는 것 같이 느꼈다.

그러던 중 어떤 사건 하나를 만나면서 내 안에 차곡차곡 쌓여있던 감정이 폭발해 버렸다. 기대감과 다른 현실을 마주하면서 느끼는 절망과 실패감, 불만족 등으로 인해 손 하나 까딱할 수 없을 만큼 큰 무기력이 몰려왔지만 나는 이것이 도대체 무슨 감정이며 내가 왜 이런 감정을 느껴야 하는지 전혀 몰랐다. 나를 압박하는 보이지 않는 이 큰 어둠의 손아귀에서 도대체 어떻게 빠져 나와야 하는 건지 그가 누구인지도 알 수가 없었다. 쓸데없는 많은 추측과 고민들로 하루하루 마음이 병들어갔다. 나는 결국 교회에 나가지 않을 것을 선택했고, 구체적인 나눔도 없이 그분들과 소식을 끊었다. 그러나 내가 교회를 나가지 않아도 그들이 나를 필요로 하는 것 같지 않았고 형식적인 문자가 오기도 했지만, 내가 교회를 안 나간다고 해서 나에게 갑작스런 관심을 갖는 것은 더욱이 아니었다.

성령님께서는 '거절의영' 을 조명하여 주셨다. 힘겨운 마음을 이끌고 상한 제사를 받으시는 주님께 나아갔다. 주님과 야곱처럼 씨름을 하고 있던 중 단어가 하나가 떠올랐다, '방치'라는 단어였다.

성령님께서는 내가 '방치' 라는 감정을 통해서 거절감을 받아들이기 시작했다는 것을 말씀해주셨다. 이 땅에서 주님이 우리에게 완수하도록 주신 소명을 향해 나아가기 위해서 우리 내면의 거절감은 반드시 치유되어야한다. 나의 경우는 '방치'라는 감정이 거절의 핵심이었다. '방치' 라는 단어를 보았을 때 한 장면이 떠올랐다.

한 장면이 펼쳐졌다. 그것은 같은 집에 있었지만 무관심 한듯 매일을 살아가는 아빠와 나의 모습이었다. 아버지는 사업 경영자이기 때문에 회사를 꼭 가지 않아도 되는 시간이 많았다. 아버지가 집에서 쉴 때면 거실에서 텔레비전을 보거나 컴퓨터 게임을 하거나 서핑을 하는 등 거실에서 주로 시간을 보내셨다. 드라마를 보거나 하면서 모니터 앞에 하루 종일 앉아 계시는 날도 많았고, 아버지가 꽤 지루해 보였지만 나는 크게 상관하지는 않았다. 전반적으로 집의 분위기는 이런 식이었다. 수십 년동안 이런 시간을 보냈기 때문에 이런 분위기는 불편하면서도 익숙했다.

대학을 졸업한 이후 학교 선생님이 되는 것을 선택하지 않고, 찬양사역자의 길을 갈 것을 선택하면서 부모님과의 사이가 더욱 좋지 않았다. 일상적인 대화가 가능했던 상황에서 더 서먹한 상황으로 바뀌었다. 노래를 연습할 공간이 필요했기 때문에 아버지의 신경을 건드리지 않는 선에서 조용히 연습을 했다. 우리는 한집에 있었지만 말들을 나누지 않았다. 아빠와 나 사이의 공간을 채우는 것은 주로 침묵이었다. 식사 때가 되어서 조차도 아빠를 마주하고는 긴장되고 위축된 마음에 얼른 먹고 자리를 떠났던 생각이 난다.

그 장면을 떠올리면서 기도를 하던 중 영안에 두 관계의 고요한 침묵위로 무겁게 앉아 있는 한 영을 보았다. 그것은 방치의 영이었다.

하지만 당시에는 그러한 침묵이 내게 그렇게 치명적이라고 전혀 느끼지 못했다. 아빠에게 꼭 묻거나 들어야하는 말 외에 전혀 하지 않는 것들이 내게 별로 문제가 되지 않는다고 생각했고, 별로 슬프지도 않았다. 도리어 아빠와 싸우거나 아빠가 내게 소리를 지르시는 것보다 이러한 침묵과 무관심이 훨씬 더 낫다고 생각하면서 시간을 보냈다.

그러나 성령님께서는 방치의 영이 어떠한 통로로 들어왔는지 보여주셨다. 방치의 영은 집 안을 가득 채우고 있는 침묵 속에서 나에게 속삭이고 있었다. '누구도 너를 돌보지 않아...' 그것은 거절의 한 형태였다. 아빠와 나와 단절된 대화 사이로 어둠의 영들은 계속 침투해 들어왔다.

잠시 후 장면이 바뀌고 누군가가 나를 사정없이 패고 있었다. 내가 성장하는 동안 아빠를 포함한 누구에게도 그렇게 심하게 맞아본 적이 없다. 나를 때리는 사람은 아버지가 아니었다. 그렇다면 나를 이렇게 심하게 때리는 사람은 누구일까? 성령님께 여쭈었다. 주님은 내가 침묵 속에서는 느끼는 이 감정이 무언의 폭력과 같다고 말씀하셨다. 방치의 영은 나를 무차별하게 때리기 시작했다. 그것은 묻지마 폭력 같았다. 나는 폭력의 희생자였다. 일차적으로 들어온 생각은 방치였지만, 이 방치의 영이 나의 생각 안에서 작동하기 시작하는 과정이 느껴졌다. 한 공간에 있으면서 마치 서로가 없는 사람처럼 느끼면서 보냈던 시간들 속에서 나는 인격이 무시당하거나 크게 버림을 받았다는 원수의 거짓말까지 동의해주었고, 아버지의 사랑과 인정이 필요했고 아버지와의 친밀감을 너무나 그리워했기에 그러한 시간들이 폭력을 당하는 것처럼 느껴졌던 것이다. 그것은 아버지가 폭력을 했던 안했던 상관없이 무차별적이며 비인격적이며 투명인간 취급을 받고 있는 어떤 사람의 고통을 대변하고 있는 것이었다. 방치의 영은 폭력의 영으로 확대되었던 것이다. 비록 이것을 상상과 그림 안에서 보았지만 그것은 실제로 나의 무의식 안에 자리 잡고 있는 실제적인 폭력이었다. 그것을 인지하기 시작하자 견딜 수 없는 충격에 집을 뒹굴어 다니면서 울기 시작했다. 방치를 통해 들어온 거절의 영이 드러났고 주님은 치유하고 계셨다.

왜 방치라는 감정이 폭력까지 갈 수 밖에 없는지에 관해서 성령님과 계속 대화하였다. 주님께서 말씀하셨다.

존재를 거절함

거절의 영은 어디에 숨어있을까? 마음에? 생각에? 대답하기는 참으로 난해한 질문이다. 주님과 계속 대화를 나누면서 나를 버리고 버스를 타고 떠나가는 사람을 보았는데, 직관적으로 '버림받았다'는 감정이 어떻게 작용하는 지 볼 수 있었다. 버림을 받는다는 것은 성격의 일부를 거부당하거나 외모의 일부를 거절당하는 것이 아니다. 버스에 나를 태우지 않고 떠난 사람은 나의 부분을 거절한 것이 아니다. 나의 존재를 버린 것이다. 거절감을 우리가 받아들이게 되면 거절의 감정이 들어오는 것이 아니라 거절 받은 존재가 된다는 것에 대해서 말씀하셨다. 거절감은 감정이 아니었다. 거절의 영은 우리 속에 감정의 한 부분만을 차지하는 것이 아니다. 우리가 거절감을 받아들이기 시작하면 우리는 존재의 거절을 경험한다. 거절이라는 상처를 입게 되면 우리가 입고 있는 옷의 일부분이 헤어지거나 찢어지는 그런 수준의 상함이 들어오는 것이 아니라는 것이다. 우리의 존재의 이유와 목적까지도 손상이 온다는 것이다. 우리는 흔히 '자존심 상한다' 는 말을 한다. 이 말은 자기의 존재감이 상한다는 뜻이다. 그래서 거절감을 받아들이면 우리 존재 자체가 무가치해 지게 되고 존재가 의미 없어진다. 거절의 영이 다른 모든 상처들의 가장 중요한 토대가 된다는 것은 이러한 감정에서 모든 것이 출발한다는 것이다. 예를 들어 우리는 이렇게 말할 수 있다. "난 너의 성격이 싫어, 난 너의 이런 태도가 싫어" 거절의 영이 주는 자기 파괴감은 이것과는 전혀 다른 것이라는 것이다. 그것은 "난 너가 싫어, 너라는 존재 자체, 너가 숨 쉬고 있다는 그 자체가 싫어" 이것이다.

거절의 영은 폭력의 영이다. 폭력은 인격도 상황도 고려하지 않는다. 우리가 두들겨 맞고 피를 철철 흘리면 누군가의 도움이 없이는 스스로 일어날 수도 걸을 수조차 없다. 그것이 상처 안에서 작동하는 거절의 영의 힘이다. 이것은 원수가 가지고 있는 권세였다.

거절감을 우리가 받아들이게 되면 거절의 감정이 들어오는 것이 아니라 거절 받은 존재가 된다는 것에 대해서 말씀하셨다.

우리의 존재의 이유와 목적에까지도 손상이 온다는 것이다.

다리오 왕의 마음

나의 경우 거절감이 지속적으로 들어온 통로는 방치였기 때문에 성령님께서 말씀을 통하여 방치의 감정을 치유하시기 시작했다.

다니엘서의 말씀을 열어주셨다. 다니엘서에는 악한 자들의 음모로 인하여 사자굴 속에 들어간 다니엘의 이야기가 나온다. 다니엘은 신실한 하나님의 사람이었다. 다니엘서 6장의 본문을 천천히 읽어가면서 한 가지 의문이 들기 시작했다.

하나님은 다니엘을 사랑하면서 죄도 없는 다니엘이 억울하게 사자굴 속에 들어가도록 방치하셨을까? 왜 하나님은 다니엘이 사자굴에 들어가는 고통스러운 결단을 받으셨어야 했나? 하나님은 왜 다니엘이 사자굴 속에 들어가기 전에 아무런 조치도 취하지 않으셨는가?

하나님은 언제나 우리의 한계가 어디까지인지 시험하시면서 즐거워 하시는 분이신가? 하나님은 우리에게 믿음이라는 것을 가르치기 위해서 자녀에게 고통 주기를 주저하지 않으시며 영적인 성장이라는 이름으로 우리를 궁지로 몰아가시는 건가? 그것을 기뻐하시거나 우리의 고통보다 우리의 성장을 중요하게 여기시는 분, 그분이 바로 하나님인 것인가? 오랫동안 방치의 폭력을 받았던 아이가 하나님을 향하여 불신과 분노의 말을 쏟아내기 시작했다.
"하나님은 다니엘을 사랑하지 않아. 하나님은 다니엘이 목숨을 바치면서까지 신앙을 버리지 않는 것을 보았기 때문에 사자들의 입을 막으셨지, 그가 그렇게 대단한 신앙을 갖지 않았다면 하나님이 그렇게 하셨을까? 그렇지 않았다면 어떻게 되었을까? 이와 같은 상황이 내게 오면 어쩌지.. 이럴 바에야 차라리 하나님을 믿지 않는 것이 더 낫지 않을까? 내면에서 하나님의 사랑을 신뢰할 수 있는 용기가 없는 아이가 진심과 눈물을 토해내기 시작했다.

"왜 다니엘을 구하지 않아! 왜 다니엘이 사자굴속에 들어가도록 아무런 일도 하지 않는 거야? 하나님은 도대체 얼마나 무능하고 무관심한 존재인거야? 하나님은 우리가 가혹한 환경에 처해있을 지라도 우리에게 목숨을 바치는 신앙을 갖도록 채찍질하시면서 고통을 방관 하고 계셔, 이런 하나님을 나는 믿어야할까? 그저 사자굴 속에 들어가기 까지 저 높은 하늘 보좌에서 아무런 손도 쓰시지 않고 계시잖아."

다니엘을 구경하시는 하나님으로 인해 화가 머리 끝까지 나기 시작했다. 팔짱이나 끼면서 하나님 자신을 선택하는지 아닌지 냉철하게 지켜보시는 예수님의 모습이 상상되었다. 도대체 하나님 앞에서 신실했던 다니엘에게 어떻게 그렇게 하실 수 있냐고 따지고 물으며 그동안 묻어두었던 나의 환부들을 주님께 보여드리기 시작했다.

그리고 주님은 다리오 왕의 마음을 자세히 보라는 감동을 주셨다.

왕이 이 말을 듣고 그로 인하여 심히 근심하여 다니엘을 구원하려고 마음을 쓰며 그를 건져 내려고 힘을 다하여 해가 질 때까지 이르매...(다니엘 6장 14절)

다니엘은 사자굴 속에 들어갔다. 이것은 사실이었다. 나는 사실에 집중하고 있었다. 진리를 향한 나의 마음은 비뚤어져 있었다.

그때까지만 해도 내가 진리와 사실 곧 혼적인 판단을 사용하는 감각과 진리의 말씀으로 영의 사람을 세우는 것 이 두 가지가 어떠한 관계에 있는지 분명하게 정리되지 않았던 때이다. 예수님의 치유 안에서 부단히 성장하고 있었지만, 내가 사실에 집중하고 있다는 것이 사단의 교묘한 속임수 때문이라는 것도 정확히 알지 못하던 때였다. 영의 사람을 진리로 세워가는 훈련에 익숙하지 않았던 때이다. 갑자기 계시가 마음에 부어지기 시작했다.

진리는 왕은 다니엘을 방관하거나 방치하지 않았다는 것이다. 다니엘서 6장 14절을 보면 왕이 이일로 인하여 심히 근심하였다고 말한다. 6장 3절을 보면 왕이 '그를 세워 전국을 다스리게 하고자 한지라' 고 한다. 다니엘은 왕의 방백들 중에 왕의 신임을 가장 많이 받고 있는 자였다. 말씀만 보아서는 왕이 어떠한 일을 하였는지는 정확히 알 수 없지만 왕은 다니엘을 구하기 위해 '해가 질 때 까지 힘을 다했다' 고 말하고 있다.

왕이 궁에 돌아가서는 밤이 맞도록 금식하고 그 앞에 기악을 그치고 침수를 폐하니라 (다니엘 6장 18절)

다니엘이 사자굴 속에 들어간 후 왕은 금식을 했으며 밤새도록 아무것도 먹지 않고 뜬눈으로 지새웠다. 왕의 마음은 즐겁지 않았다. 아마도 든든하고 좋은 친구 하나를 잃은 슬픔과 탄식으로 밤을 지새웠을 것이다. 왕의 진심을 한 글자 한 글자 읽어나가다 깨달음이 임했다. 주님은 '이것이 너와 너의 문제를 향한 나의 마음이다' 라고 말씀하셨다. 이 말씀을 하시는 하나님의 모습은 결코 품위 있거나 나긋하지 않았다. 그분은 나를 향해 열변을 토하고 계셨다. "네가 고통 당할 때, 내가 잠 한숨도 이룰 수 없는 하나님이라는 것을 너는 알고 있니?" 다니엘을 구할 수 없는 왕은 모든 평강을 잃어버렸다. 당대 최대의 권력과 힘을 가지고 있는 제국의 최고 권위자였지만 그는 근심에 휩싸여 종일 아무것도 입에 대지 못한 채, 마음과 또 온몸으로 다니엘을 그리워하고 또 중보하고 있다.

이것은 아버지의 마음이었다. 나의 영적인 귀가 열렸고 하나님은 계속 말씀하셨다. 하나님은 아버지 되시는 하나님의 마음을 보여주시기 위해 열정을 다하여 진심을 뿜어내셨다. 하나님 아버지에 대한 오해로 가득 차있는 나에게 주님은 그토록 말씀하시기 원하셨던 것이다. 이제껏 나는 들을 수 있는 귀를 준비하지 못하고 있었다. 그러나 하나님의 진심을 향해 나의 손을 내밀기 시작했다. 거절의 칼날들과 살인마의 모습을 한 방치의 영들이 나를 떠나야할 때이다. 다니엘은 사자굴 속에 들어갔다. 하지만 하나님의 사랑은 변하지 않았다. 다니엘은 악한 음모에 의해서 사자굴 속에 던져졌다. 그러나 하나님조차 다니엘을 사자굴에 던진 것은 아니었다. 내 안에서 빛과 어둠이 나뉘고 있었다. 왕의 사랑과 긍휼의 본성은 결단코 다니엘을 방치할 수 없는 것이었다. 다리오 왕의 마음을 통해 주님은 아버지의 마음을 가르치셨다.

혼적 성숙

우리가 그리스도인이 되고 나면 아이이던 어른이던 상관없이 성경이야기와 예배설교를 통하여 하나님을 향한 우리의 믿음을 성장시키는 것에 많은 초점을 두고 교육을 받는다. 그러나 믿음이라는 것이 진정 무엇을 말하는 지도 알지 못한 채 우리의 혼의 성숙함과 수준에 상관없이 다분히 일방적이고, 무조건적으로 신앙에 관한 교육을 받는다. 혼과 영의 균형 잡힌 성장에는 관심이 없고, 우리가 어떠한 정서 가운데 있던 어떠한 이해의 수준 가운데 있던 상관없이 우리 모두는 일괄적으로 또는 집단적으로 도달할 수 없는 믿음의 상태까지 이르는 것을 영광이라고 배우고 가르침을 받는다. 올바른 믿음이라는 것이 어디로부터 출발할 수 있는지에 대해서는 제대로 배운 적이 없다. 출발점은 없고 도착지만 있는 것이다. 수요일과 금요일 그리고 새벽예배까지 참석하면서 귀가 닳도록 최종적으로 도달 해야 할 목적지에 대해서만 강요 받는 설교를 듣는 것이 익숙하다. 교회리더와 목사님의 채찍도 달게 받으면서 할 수 없는 한계를 만날 때까지, 절망이 올 때까지 그렇게 달려야 한다고 배우기도 한다. 마치 1도 제대로 세지 못하는 아이에게 억 단위 이상의 숫자를 세도록 주입시키는 주입식 교육 같다는 말이다. 신앙 교육조차 크게 다르지가 않다. 올바른 출발점이 없으면 올바른 도착점이 없다. 우리의 믿음이 왜 더 이상 성장하지 않는가에 대한 문제를 해결하기 위해 우리는 다시 하나님께 우리의 출발점을 묻고 우리가 왜 사실이라고 하는 올무에 묶여서 믿음을 사용할 수 없는지 그 뿌리와 근원을 주님께 물어야한다.

나는 믿고 싶은데 믿을 수 없었다. 왜냐하면 너무나 많은 마음의 상처들로 인해 영의 사람이 혼의 사람으로 바뀌어져 있었기 때문이다. 그러나 당신은 이제 이러한 것들을 볼 수 있는 눈을 기르도록 새로운 시간으로 초청되고 있다. 많은 근심과 두려움 그리고 염려들을 해결하지 않으면 믿음이라는 올바른 시각으로 보는 눈을 가질 수 없고, 그러한 믿음도 가질 수 없다. 믿음을 강요하는 것 역시 폭력이 영이다. 나는 한때 죽음을 가장한 순교의 영에 시달린 적이있었다. 믿음은 선택을 하는 것이다. 믿음이 크다는 것은 올바른 선택을 할 수 있는 힘이 크다는 것이다. 상함이 클수록 진리를 선택할 수 있는 힘이 없다.

우리의 리더들은 그저 작은 풍선에 거침없이 공기를 주입하듯이 성경에 나와 있다는 이유로 씹을 수 없고 삼킬 수 없는 것까지 강제로 소화시키는 신앙 교육을 했다. 그러나 혼의 성숙함과 치유를 경험해 보지 못했기 때문에 우리는 온전한 믿음을 가질 수 없었고, 그러한 믿음을 갖지 못하는 자신을 보며 스스로 절망하기도 했다. 나도 이것의 피해자였다. 상처는 혼의 감각을 극대화 시켜서 사실로 보이는 것들을 강하게 끌어들이는 경향이 있다. 하와가 그렇게 속았다는 것을 위에서 자세하게 나누었다.

우리가 크고 작은 상처로 인해서 혼의 감각이 결정하는 대로 순종하는 사람이 되면, 언제나 모든 것이 혼의 깔데기를 거쳐서 우리 속에 들어온다. 진리의 말씀을 들어도 우리의 마음이 기쁘지 않고, 무료하며 어떠한 충만함도 느낄 수 없다면, 당신 안에 있는 속사람은 혼의 결정에 끌려가는 사람일 가능성이 높다. 거절 받은 마음은 진리를 흡수할 수 있는 상태가 아니니다. 거절의 밭에 뿌린 씨앗은 결국 거절의 열매를 다시 맺는다. 우리는 이것을 잘 깨닫지 못한다. 심지어는 무슨 밭에 뿌려졌으며 무슨 열매를 맺고 있는지도 알지 못한 채 무조건 많은 열매를 맺는 것에 흥분하고 있다. 이를 통해 우리는 자기 자신에게 너무 강압적인 사람이 되었으며 다른 사람에게도 역시 그러하다. 우리는 심지어 교회에서 회복에 관한 것조차 강요하고 강요받는다. 하나님은 우리의 상처를 신앙의 성장이라는 불도저로 밀어버리는 분이 아니시다. 우리 속에서 하나님은 우리가 선택할 수 있도록 성장할 때까지 기다리시는 분이시다.

법적인 이유들

그렇다면 왕은 왜 다니엘을 구할 수 없었을가? 우리는 흔히 왕이라고 하는 자리는 자신이 원하는 것은 무엇이든지 할 수 있는 자리이며, 어떠한 결정이던 자신이 원하는 대로 할 수있는 위치에 있다는 상식을 가지고 있다. 나 역시 다니엘서를 읽으면서 그러한 생각이 들었다. '왕이라면서 왜 아무것도 하지 않는 것인가?' 이 생각의 패턴은 내 안에 들어와 거절의 뿌리가 되었다.

이러한 우리의 의문점은 다리오왕을 향해서만이 아니다. 진정으로 모든 것을 할 수 있으시며 무한하고 전능한 능력이 있으신 하나님을 대할때, 우리의 이러한 고정된 사고는 하나님에 대해 오해를 불러일으킨다. 하나님은 전능하시며 모든 것을 다스리시는 왕이라는 관념 안에서 우리는 하나님 역시 원하는 것은 무엇이든지 할 수 있으며, 어떠한 규칙을 어겨서라도 하나님 당신이 구덩이에 빠지는 나를 구했어야 했다고 우리는 하나님을 향해 삿대질 하지만 다니엘서에는 왕이 서명한 조서와 금령에 대해 우리에게 말하고있다. 우리가 당시의 시대적 배경과 역사적 배경을 정확히 이해할 수는 없지만 왕이 다니엘을 구원 할 수 없었던 이유는 분명한 법적인 조서들에 있었다.

이에 다리오 왕이 **조서에 어인을 찍어 금령을 내니라**
(다니엘 6장 9절)

이에 그들이 나아가서 왕의 금령에 대하여 왕께 아뢰되 왕이 이미 금령에 어인을 찍어서 이제부터 삼십일 동안에 누구든지 왕 외에 어느신에게나 사람에게 구하면 사자굴에 던져 넣기로 하지 아니하셨나이까? 왕이 대답하여 가로되 이일이 적실하니 메대와 바사의 변개치 아니하는 규례대로 된것이니라 (다니엘서 6장 12절) 이에 왕이 명하매 다니

엘을 끌어다가 사자굴 속에 던져 넣는지라 (다니엘 6장 16절)

다리오는 매대와 바사제국의 왕이었다. 그 나라에서 왕은 법의 질서들 안에서 나라를 다스린다. 나라를 유지하고 구속하는 것은 법과 함께 시작된다. 왕이 정한 법에 대해 왕 조차도 번복하거나 취소할 수 없다. 왕조차도 왕의 마음대로 멋대로 자신의 감정에 따라 예외를 두거나 자신이 원하는 상황을 만들거나 자신에게 불리한 상황들을 피하기 위해 이렇게 저렇게 말을 바꿔가며 왕의 위엄을 훼손할 수 없다. 그러한 왕의 말은 힘을 잃을 것이고 백성들은 왕을 신뢰하지 않을 것이다. 왕권은 사용될 때에 모든 사람과 모든 나라 안에서 법적 구속력을 갖는다. 그러므로 왕조차도 나라가 운용되는 법과 규칙안에서만 다스리는 권한을 사용한다. 다리오 왕은 왕의 인장반지에 새겨진 도장으로 이 문서를 봉했다. 이제 이것은 모든 나라에서 누구도 왕조차도 함부로 바꿀 수 없는 변개치 못할 법이 되었다. 나라를 다스리는 법의 체계 안에서 왕이 존재하는 것이다. 이것은 온 나라에 선포되었고, 공의와 정의 안에서 진실하고 공정하게 왕은 이 법령을 수행해야 한다. 왕은 사사로운 개인의 감정에 따라 이것을 취소하거나 되돌릴 수없고, 왕은 모든 상황에 있어서 이것들을 공정하고 의롭게 시행해야한다. 만일 왕이 그렇게 하지 않는다면 그왕은 신뢰할 만한 진정한 왕이 아니라 폭군일 것이다.

우리 하나님은 이 땅의 왕들과는 비교할 수 없는 선하고 의로우신 왕이시다. 그분은 왕중의 왕이시며 만주의 주이시다. 그분은 당신의 선하신 성품에 따라 보이는 세계와 보이지 않는 세계를 다스리신다. 보이는 세계 안에서 자연계의 법과 규칙과 생태적인 원리를 따라 이 땅을 다스리고 통치하고 계신다. 그리고 동일하게 눈으로 볼 수는 없지만 보이지 않는 영적인 세계안에서도 하나님 나라의 법을 취하고 계시고 이법에 따라 다스리고 통치하신다. 인류 최초의 에덴동산에는 언약의 법이 있었다. 그리고 성경곳곳에서 영적인 세계 안에서 어떤 법들이 작동하고 있는지 유추할 수있다.

하나님은 하나님 나라의 재판장이시다. 재판을 하기 위해서는 원고 그리고 피고와 검사와 변호사가 필요하다. 보혜사가 되시는 성령님께서는 언제나 우리의 변호사가 되어주신다. 예수님은 2000년전 십자가에서 돌아가시면서 우리의 과거와 현재와 미래의 모든 죄까지 단번에 사하여 주셨다. 그래서 성령님께서는 재판장이신 하나님께 우리가 예수 그리스도의 피로 말미 암아 마땅히 의로운 자가 된것에 대해 말씀하시며 그 증거로 우리의 고백을 사용하시고, 우리를 돕는 자가 되셔서 승리할 수 있도록 말할 수 없는 탄식으로 중보하고 계신다.(롬8:26) 그러나 원고측에는 우리를 끊임없이 고소하는 참소자가 있다. 그는 바로 사단이다.

그는 마치 형사재판에서 검사와 같이 우리의 죄가 무엇인지 낱낱이 읽어 내려가며 의로운 재판장에게 우리의 불의함을 호소한다. 어둠의 영도 하나님 나라에서 법적인 존재이며 하나님 나라의 법적 구조 안에서 권한을 부여받고 행동한다.

바울서신에는 칭의를 뜻하는 '의롭게 하다' 라는 단어가 자주 등장한다. 이것의 동의어는 '의로움으로 여기다' '죄를 사하다' '죄로 여기지 않다' 와 같은 말들인데, 우리가 오늘날 사용하는 것처럼 신앙적인 표현이라기보다는 법적인 용어이다. 이 말은 평소에 우리가 인식하는 것처럼 내적인 변화를 언급하는 표현이 아니다. 이것은 법적인 책임을 취소하고 법적인 지위를 부여하는 것을 뜻한다. 서신서에 나오는 칭의 개념은 사람이 무엇을 함으로써 얻어내는 것이 아니라 인간에게 주어진 하나님의 판결이다. 그러므로 하나님 나라가 개인을 넘어서서 가정과 지역과 나라와 사회 각 모든 영역 가운데 이 땅에 임하기 위해서는 정사와 권세와 어둠의 영이 힘을 잃게되는 판결의 변화 곧 법적인 변화가 일어나야 하는데 이전의 나는 그것들에 대해서 무지했다.

내가 이러한 것들을 몰랐을 때는 하나님도 나를 도울 수 없고, 환경도 변하지 않으니 환경의 지배를 받는 것 외에 할 수 있는 것이 없다고 생각했다. 거절의 영은 하나님으로부터 올바른 답을 받지 못하도록 했다. 거절감이 뿌리를 깊이 내릴수록 우리는 자신의 생각과 감정을 통제하는 힘을 잃어간다.

우리는 '아무리 생각해도 하나님이 나를 사랑하면 나한테는 이렇게 할 수 없다' 라는 생각을 할때가 있다. 내가 겪었던 모든 상황들이 바뀔 수 없었던 것은 그 안에 죄가 관여해서 영계를 바꿀 수 있는 법적 선언이 없었고, 하나님의 자녀의 권위를 취할 수 있는 믿음도 없었다. 그때는 미처 깨닫지 못했지만 영적인 법의 체계에 의해서 나의 상황은 달라질 수 없었던 부분이 많았다. 다니엘을 법적으로 고소했던 대적들이 만들어 낸 법조문처럼 말이다.

다니엘의 '아만'

성경은 다니엘이 사자굴속에서 죽임을 당하지 않았던 이유를 한 문장으로 표현하고 있다.

왕이 심히 기뻐서 명하여 다니엘을 굴에서 올리라 하매 그들이 아니엘을 굴에서 올린즉 그 몸이 조금도 상하지 아니하였으니 이는 그가 자기 하나님을 의뢰함이었더라 (다니엘 6장 23절)

다니엘은 거절감을 선택하지 않았다. 다니엘은 하나님을 신뢰하기로 결정했다. 하나님은 천사를 보내어 다니엘을 완전하게 완벽하게 보호하셨다. 이것에 대한 이유는 다니엘이 하나님을 의뢰하였기 때문이었다. 여기서 '의뢰함'이라는 원어는 아람어 '아만' 이라는 단어가 사용되었는데, 이 단어의 어원에는 '부모나 유모로서 양육하다' 라는 뜻이있다. 다니엘과 하나님과의 관계 가운데는 양육함이 있었다. 돌봄이 있었다. 다니엘은 어떤 상황이 온다 할지라도 하나님으로부터 거절감을 느끼지 않을 수 있었다.

왜냐하면 다니엘이 주님을 끝까지 의뢰하는 믿음을 가질 수 있었던 것은 다니엘 안에서 믿음이 성장하는 동안 돌봄과 양육의 관계에서 흘러나오는 '아만'의 믿음의 방향성을 가지고 있었기 때문이었다. 다니엘은 사람의 생각으로는 제한 할 수 없는 하나님의 보호의 울타리를 신뢰했다. 그가 오늘 사자굴에 죽는다고 하더라도 다니엘은 여전히 보호받고 하나님의 양육안에 있는 사람이었다.

다니엘의 믿음과 같이 실제적으로 역사는 일어났다. 믿음은 역사를 일으킨다. 다니엘은 혼적 상함이 없었기 때문에 그 믿음대로 육의 보호로 나타났다. '그 몸이 조금도 상하지 아니하였으니…' 다니엘의 몸이 상하지 않았던 것은 하나님을 향한 마음이 상하지 않았기 때문이었다.

회복은 이러한 것이다. 우리가 진정으로 회복되면 사자굴 같은 환경이 우리를 덮친다 하여도 하나님을 향한 우리의 '아만(믿음)을 빼앗아 갈 수 없다. 하나님의 양육함이 우리를 세우시면 우리는 믿음을 갖게 된다. 이것이 충성스러웠던 다니엘의 믿음의 비결이다. 이것이 사자굴에 들어간 다니엘이 기적을 경험했던 진정한 이유이다. 당신은 이 시대에 하나님이 부르신 다니엘이다. 하나님은 어떠한 상함도 우리를 해하지 못하도록 이미 사자들의 입을 봉해 놓으셨다. 우리는 이것을 보기 전에는 믿지 않으려 한다. 이것은 덮어 두고 믿는 믿음이 아니다. 묻지마 신앙도 아니다. 우리의 혼의 한계를 넘어서는 강요나 압박이 아니다. 이러한 믿음은 우리 속에 잠재되어 있는 고아의 영이 떠나가고 우리를 세우시는 아버지의 양육하심과 돌보심에 대한 믿음이 충만할 때에 가능하다. 주님은 어떠한 상황가운데서도 하나님의 사랑의 요람에 거할 수 있는 믿음을 선택할 수 있도록 우리를 회복하신다.

결과적으로 하나님은 다니엘의 삶과 믿음을 통하여 이스라엘 백성이 포로로 끌려온 땅에서 그리고 땅의 가장 높은 곳인 왕과 왕궁에서 영광을 받으신다. 다리오 왕은 다니엘의 하나님을 향해 몇 번이나 '살아계신 하나님(다니엘 6:26)' 이라고 표현하면서 하나님을 높인다. 하나님의 백성은 포로로 끌려가서 고토를 잃고 적으로부터 성전도 파괴되었지만, 하나님은 새로운 방법으로 영광을 취하시며 그분의 이름은 영원히 자존하시며 계속 해서 그분의 존재는 역사안에서 살아있게된다.

이 다니엘이 다리오 왕의 시대와 바사 사람 고레스 왕의 시대에 형통하였더라 (다니엘 6장 28절)

하나님은 다니엘을 다리오왕에 이어 고레스왕의 통치기간까지 다니엘의 명성을 높여주시고, 다니엘이 형통하도록 하셨다. 하나님은 다니엘을 더 높은 권위와 다스림의 자리로 옮기시고 하나님의 통치를 대신하게 하셨다.

당신과 나는 이 시대의 다니엘이다. 그분은 거절의 영으로부터 우리를 자유케 하셔서 통치자의 자리에 오르도록 부르신다. 더 이상 우리의 사자굴은 우리를 두렵게 할 수 없다. 여전히 우리 삶의 사자굴에 우리를 위협한다고 할찌라도 우리는 하나님의 사랑을 선택하기로 결정할 수 있다. 뿐만 아니라 하나님께서는 십자가를 통하여 영의 세계의 법적인 것들을 바꿀 수 있는 권세까지 우리에게 주셨다. 우리는 환경이나 사단이 주는 참소에 집중하는 것이 아니라 아버지의 마음에 집중할 수 있다. 그럴 때에 사생자의 영은 우리를 완전히 떠나갈 것이며 하나님의 치유하시는 사랑이 우리를 완전히 덮게 될 것이고, 우리는 새로워져서 우리의 삶 가운데 하나님의 통치가 풀어지도록 왕권을 가지고 선포하는 통치의 자리에 다시 이를 것이다.

거절의 열매

앞에서는 거절감의 영역 중 특히 '방치'에 초점을 맞추어서 나누어보았다. 개인이 경험한 사건의 성질들과 환경의 차이에 따라서 거절의 영이 특성이 다양하게 나타날 것이다. 거절감으로 인해 우리안에 맺어진 부정적인 열매들이 있다면 죄를 회개하고 성령님과 대화하는 것이 필요하다. 우리가 쓴 뿌리를 제거하지 않을 때 다음과 같은 것들이 우리의 삶의 방식이 되고, 우리는 이것들을 거부할 힘을 잃게 된다.

1) 초조 긴장

전체적으로 거절감이 있는 사람들은 끊임없이 초조하거나 긴장감을 가지고 생활한다. 이 사람들은 다른 사람들이 내 말을 들어주지 않거나 이해해 주지 못할 것 같은 두려움 가운데 있거나 나의 성장이나 다른 사람의 성장을 기다려주지 못한다. 이들에게는 책임지기를 꺼려하고 훈련받는 것을 미루는 현상들이 나타나며 필요 이상의 안정을 추구한다.

2) 자신을 받아들일 수 없음

이들은 자신의 개인적으로 연약한 부분을 발견할 때, 낙담하거나 좌절한다. 나의 능력을 경시하거나 또는 지나치게 자랑하는 경향이 있으며, 질투심이 많다. 자기자신에게 극도로 엄격한 잣대를 가지는 경향이 있고, 과거에 거절당했던 생각이 떠오르면 처음에는 다른사람을 향해 분노하지만, 그 다음엔 자기자신을 비난한다.

3) 다른 사람에 대한 비판적 태도

이들은 다른 사람을 완전히 신뢰하지 않고, 나에게 선대하는 다른 사람들과 그들의 동기를 의심한다. 또한 다른 사람들의 약점에 초점을 맞추고, 다른 사람이 변화될 수 있는 지에 관해서도 '지켜보자'는 식의 태도를 취한다.

4) 내가 뭐를 잘못했나

나는 태어날 때부터 무언가가 잘못 되었다고 느끼며, 내가 계속 해서 거절 받았기 때문에 다른 사람들의 말대로 해야한다는 압박을 가지고 있다.

5) 고립

다른 사람들과 어울리기보다는 혼자 시간을 갖고 싶은 욕구가 강하다.

6) 외로움

혼자있을 때 슬프고 슬프고 우울한 생각이 자주난다거나, 내가 어떤 사람과 연애를 하거나 결혼을 한다고 해도 의미있는 관계가 지속되지 못할 것 같은 두려움이 있다.

반면에 거절감이 있는 사람들은 방어적인 태도를 취하기도 하며 무감각하거나 체념하는 사람이 되기도한다.

7) 방어

다른 사람이 나를 좋아하지 않는다면 그것은 그 사람의 문제라는 방어적인 태도를 취한다. 나의 마음상태에 따라서 다른 사람을 비난한다. 또는 나의 잘못을 고쳐주려는 것을 공격으로 생각하며 격하게 반응한다.

8) 무감각 & 체념

신체적이나 언어적 학대가 올때에 특별히 상처받지 않으며 무감각해진다. 어떤 것이든 내가 잘 할 수 없는 존재라고 느끼기 때문에 내가 왜 노력하며 열심히 해야하는지 대해서도 무감각하다.

또는 섬세한 감정을 느낄 수 없게 되거나 그러한 것들을 거절한다. 그러면서 개인적인 거룩함의 영역들을 포기하고 성적 문란함이나 술, 마약 등을 받아들인다.

우리는 8가지 거절감의 열매들을 알아보았다. 이것들은 우리안에서 하나님의 생명이 솟아나는 것을 방해한다. 사단이 거절의 영으로 역사하고 그 사람을 장악하고 싶은 이유는 한가지이다. 우리에게 상처를 주고가 하는 목적은 하나이다. 그것은 생명을 빼앗기 위함이다. 거절이라는 감정을 받아들이도록 대적이 우리를 몰아갈때, 우리의 감정을 파괴하는 것이나 또는 심적인 고통을 주는 것이 원수의 목적이 아니다. 대적의 최종적인 목적은 그렇게 함으로써 하나님을 향해서 끊임없이 원망하게 함으로써 하나님의 선하심에 대해 진리를 받아들이지 못하도록 하는 것이다. 곧 우리의 영적인 생명을 빼앗고자 하는데에 그 목적이 있다. 우리는 이것을 꼭 기억해야 할 것이다.

10

가장 큰 적 2) 실패감

실패감

거절의 영은 파괴의 범위를 넓혀 나가기 위해서 실패감을 받아들이도록 한다.

우리는 어렸을 때부터 남보다 뭔가를 잘해야 하고, 다른 사람들과 경쟁하면서 자라야 한다는 교육적 분위기 속에서 성장한다. 우리가 1차적으로 거절감을 느끼는 환경은 대부분 가정이기 때문에 가정 안에서 부모에게 인정받고자 하는 욕구가 강해지면서 성장한다. 또한 부모님의 높은 기대감을 채워주어야 한다는 부담을 가지고 자라나게 된다.

인정받고 싶은 욕구로 인해 우리는 무엇인가 열심히 하거나 성취해야 한다는 원수의 거짓말을 받아들이게 된다. 그런데 칭찬을 받거나 인정을 받을 만큼 결과물을 만들어 내지 못하거나 무언가를 성취하지 못하면 우리는 금방 실패감에 노출되고 만다.

결국 실패감은 거절감으로 인한 사랑과 양육의 결핍을 해결하려는 스스로의 노력으로부터 시작된다. 인정받기 위해서 열심히 노력을 했음에도 불구하고 원하는 만큼 상을 받지 못하고 인정받지 못할 때마다 실패감을 받아들이는 것이 반복되면서 처음에는 우리가 일에 실패한 사람이 되게 만드는 듯하나 원수는 우리 인생 자체가 실패한 사람으로 확장되고 깊어지게 만든다. 우리는 어떠한 실패를 맞닥뜨렸을 때, 실패한 감정이 들어왔을 때, 그것을 가지고 하나님께 나아가야 하고, 주님께서도 우리에게 실패했다고 말씀하시는지 진리의 말씀에 비추어서 어둠의 영을 분별하고 쫓아내야하지 만 진리에 반응하지 못하고, 노력에 대한 결과물로 인해 내가 인정 받을 수 있는 사람이 될 것인지 말 것인지, 나의 평판이 어떻게 변 할 것인지 나를 향한 다른 사람의 판단이 어떻게 바뀔 것인지에만 집중한다.

앞에서 예민한 핸드폰 이야기를 나누었다. 내가 '예민한 핸드폰'과 같다는 말을 들었을 때 내 안에 즉각적으로 반응한 것은 실패감이었다. 하나님은 나에게 내면을 치유하는 여정을 시작하셨고, 나는 이전과 달라질 삶에 대한 기대감으로 가득 차 있었는데, 아직도 내가 원하는 수준의 회복에 이르지 못했다는 것이 다른 사람으로부터 증명되었을 때, 다시 실패감에 시달리게 되었다.

이러한 나의 반응은 회복의 깊이가 점점 깊어져 가고 있었음에도 불구하고 아직 무언가 '성취하고자 하는 마음'을 놓지 못했던 것이다.

그토록 회복을 원했던 이유는 무엇이었을까? 이 회복 끝에 변화된 사람이 되기를 원했다. 그래서 무너진 내 삶을 다시 세워서 무엇하기를 원했을까? 나의 속내는 이런 것이다. 나의 꿈을 이루고 원하는 것을 성취해서 내심 나를 꽤 괜찮은 사람으로 만들고 싶었던 것이다. 나를 외면하고 무시했던 사람들 앞에 서서 당당하게 서서 내가 이런 사람이 되었다는 것을 보여주고 싶었던 것일 수 도 있다. 하나님 나라에 영향력이 있는 사람이 되어서 사람들에게 칭찬받고 인정받고 싶었던 마음의 뿌리가 아직 제거 되지 않았다. 나는 사람에게 인정받지 못한 것을 슬퍼할 것이 아니라 사람과 하나님 앞에서 인정받기 위해 애를 써왔던 나의 기질 자체가 아직 죽지 않은 것을 슬퍼했어야 했다.

이러한 실패감이 반복되면 곧 수치심이 들어온다. 그리고 수치심은 스스로를 향한 자기정죄와 무가치함의 영을 불러온다.

이렇게 견고한 진은 우리 속에서 계속 확장된다. 죄는 생명에 들어왔고 생명은 계속해서 번성하고 확장한다. 생명을 잠식한 사망도 계속해서 자신만의 세포분열을 통하여 어둠을 번식시킨다.

그러므로 모든 상처의 근간인 거절감을 다루고 거절감의 뿌리를 다루는 것이 가장 중요하다.

실수와 실패

수치심을 강하게 느끼는 사람들의 특징이 있다. 그것은 실수를 실패로 여기는 것이다. 실수와 실패는 어떠한 차이가 있을까?

실수는 과정에서 생기는 것들이다. 아이들이 걸음마를 배우는 과정에서 수 백 번 넘어질지라도 어느 누구도 그 아이에게 “너는 걸음마를 배우는데 실패 했어” 라고 말하지 않는다. 아마 “걷다가 실수했구나, 엄마랑 다시 해보자.” 하고 말할 것이다. 실수는 성공도 실패도 단정하지 않는다. 배우는 사람이라면 언제든지 그러한 것들을 경험할 수 있다. 한번 실수한다고 하더라도 언제든 많은 기회가 있기 때문에 설령 실수했다 하더라도 격하게 후회하지 않는다. 실수는 배우는 과정의 일부분이며, 하나님은 실수를 용납하시고 어여삐 여기시며 우리의 실수 가운데 긍휼을 베푸시고, 다시 가르쳐 주시기를 기뻐하신다.

그러나 거절의 마음을 치유받지 못한 사람은 자신의 실수를 실패라고 여긴다. 원수들은 실수를 실패로 인식하도록 우리를 절망으로 몰아가면서 앞으로도 모든 상황 가운데 실패만이 있을 것이라는 미래에 대한 비관적인 관점을 심어준다. 우리의 실패가 성공이나 승리로 바뀔 수 없다고 우리에게 거짓말을 한다. 처음부터 모두가 실패감을 가지는 것은 아니다. 어떤 일을 처리하다가 실수를 했을 때 격려 받고 지지를 받은 사람은 실패감에 쉽게 노출되지 않는다. 그는 자신을 지지하고 격려해주는 사람의 사랑으로 다시 도전하고 용기를 얻어 앞으로 나아가는 것을 선택한다.

그러나 실수를 할 때마다 크게 혼이 나거나 책망을 받고 격려와 지지를 받지 못한 사람들은 스스로를 향해 매번 낙담하면서 실패감을 받아들이게 된다.

실패를 받아들이게 되면 성장하는 과정을 경험할 수가 없다. 실패감의 영은 '이것으로 너는 끝이다' 라고 거짓말한다. 한번은 하나님이 나의 심리적 그리고 영적 상태를 노란 병아리로 보여주신 적이 있다. 예전 같았으면 나는 실패감으로 가득하여 '병아리가 뭐를 할 수 있어! 아직도 나는 병아리란 말이야? 진짜 소망이 없군…' 하는 방식으로 반응했을 것이다. 그러나 실패감의 영이 나를 떠나고 나서 나는 이전과 전혀 다르게 고백했다. "하나님, 저에게는 무한한 성장의 가능성이 있군요, 하나님 저는 이제 시작하는 단계이기 때문에 어떤 아름다운 모습으로 성장할지 저는 기대합니다. 나는 주 안에서 무한히 성장합니다. 나는 주 안에서 무한히 자라납니다. 어떠한 한계도 제한도 없이 나는 무한히 달라지고 변화될 가능성을 가지고 있습니다."

사단은 우리의 어떠한 실수나 지연도 과정이 아니라 결론이라고 말한다. 실패감의 영은 이미 실패한 결론을 바꿀 수 없다고 거짓말한다. 실수한 사람은 다음 기회를 기다릴 수 있는 여유가 있다. 그는 끝까지 가보기 전에는 알지 못한다는 담대함을 가지고 끊임없이 도전하고 포기하지 않는다. 그에게는 다시 잘 채비하고 준비할 시간적 여유만이 필요한 것이다. 알차게 준비하고 다시 배우며 자신을 잘 다듬어서 다음 기회를 기다린다. 그러나 실패한 사람은 일어설 힘이 없다.

또한 실수를 실패로 끌어가는 영은 취조하고 추궁한다. 우리가 어떤 실수를 범했을 때, 대적은 왜 실수했는지에 끊임없이 추궁한다. 그 이유에 대해서 철저하게 알아야 한다고 이야기한다. 그 말은 그럴 듯해 보이지만 하나님은 우리에게 다음 번에는 절대로 실수해서는 안 된다는 완벽함을 요구하시지 않으신다. 또 추궁하는 영들이 우리에게 하는 것처럼 집요한 반성을 요구하지 않으신다. 하나님은 이렇게 말씀하신다. "네가 실수하는 것으로 인해 내가 너를 거부하지 않는다." 이것을 받아들일 때 우리는 완벽주의와 모든 초조, 불안, 긴장감으로부터 자유로울 수 있다.

한번은 하나님께서 이렇게 말씀하셨다. "전체는 부분의 합보다 크단다" 우리는 흔히 부분과 부분이 더해져서 전체가 만들어진 수의 개념으로 세계를 인식한다. 부분 부분이 실패라면 그 많은 실패가 더해졌을 때 결국 실패가 나온다는 수학적 계산을 하도록 학습받으며 자라왔기 때문이다. 이것은 우리의 가장 자연스러운 반응이다.

그러나 하나님의 능력은 우리의 수를 항상 뛰어 넘으신다. 과학을 공부하면 자연계에서 전체가 부분의 합보다 크다는 사실을 쉽게 볼 수 있다. 산소는 물질을 태우는 데 필요한 무색무취의 기체이고 수소는 폭발성을 가진 가장 가벼운 기체이다. 그런데 이 두 원소가 잘 배열하여 결합하면, 즉 산소 원소 하나에 2개의 수소 원소가 결합하면 산소와 수소의 성질이 더해진 상태로 있는 것이 아니라 물(H2O)이라는 전혀 다른 화학적 특성을 가진 물질이 돌연히 출현한다. 부분을 더하면 부분의 성질이 남아 있어야 하는데 부분이 합쳐진 전체가 되지 않고 새로운 성질을 가진 것으로 재탄생 된다. 인생의 실패들이 모이면 실패들의 합인 실패가 되어야 하는데, 성령님은 실패라는 부분을 모아서 성공을 하게 하신다. 전체는 부분의 합보다 크다. 우리의 인생을 끝까지 보실 수 있는 분은 오직 하나님이시다. 우리의 부분의 실수는 결코 전체의 실패가 될 수 없다. 하나님은 대적이 알지 못하는 카드를 가지고 계신다.

이 지혜는 세대의 관원이 하나도 알지 못하였나니 만일 알았더라면 영광의 주를 십자가에 못 박지 아니하였으리라 (고린도전서 2장 8절)

하나님의 지혜는 감추어져있다. 이 세대는 그 지혜를 알지 못한다. 부활의 승리의 카드를 원수가 알았더라면 사단은 예수님을 십자가에 못박지 아니하였을 것이다. 당신의 삶의 승리를 위한 하나님의 히든카드가 남아있다. 이것을 믿어야한다. 인간적인 생각에는 그것들이 불가능 할 것처럼 보인다. 하나님께는 이것이 가능하다. 우리가 실패라고 여기는 조각들에 하나님의 능력이 더해지면 부분적인 어떤 것들은 그 성질을 완전히 잃어버린다.

산소와 수소가 만나서 새로운 화학반응이 일어나고 새로운 것이 탄생하는 것처럼 부활의 기적이 일어난다. 생명이 없는 분자들은 모여서 생명체가 된다. 하나님의 능력 안에서 우리는 이 진리를 향해 '아멘' 하며 손뼉치며 기뻐하며 그분의 능력을 찬양해야 할 것이다. 하나님은 이러한 기적을 당신의 삶에서도 나타내실 수 있는 분이시다. 성령님의 능력은 산소와 수소 사이에서 발생하는 화학적 반응과는 비교할 수 없을 정도로 강력하다. 이것을 진리로 취할 때 실패와 절망은 나를 떠나갔다. 그리고 실패라고 받아들였던 것들은 배우는 과정에서 언제든지 나타날 수 있는 작은 실수들로 바뀌었다. 생각이 가벼워지기 시작했다. 그리고 그 작은 실수들을 넘어가기를 아이가 허들 넘기를 연습하는 것처럼 연습의 과정으로 삼았고, 더 이상의 수치심도 실패감도 나를 묶어둘 수 없었다.

성공과 실패

성경적인 관점 안에서 실패와 성공 이 두 가지 모두 존재하지 않는다. 실패의 기준은 무엇이며 성공의 기준은 무엇인가? 하나님은 실패하지 않으시며 또한 성공하지 않으신다. 실패와 성공은 세상적인 가치관과 분위기를 담고 있는 단어이다. 하나님 나라에는 실패도 성공도 존재하지 않는다. 다시 말하면 실패도 성공도 가짜이고 거짓이다. 우리는 하나님의 성품가운데서 그것을 찾아볼 수 없다. 하나님은 실패하지 않으신다. 그러므로 실패의 반대말인 성공도 없는 것이다. 성공의 사전적 의미는 '스스로 목표한 일을 성취함(네이버 한글사전)' 이라고 되어있다. 그러나 우리는 무언가를 성취함으로써 만족하거나 인정을 받아야하는 존재가 아니기 때문에 성취할 필요가 없다. 성과에 기초한 정체성을 가지고 있는 사람들은 성공하여 인정받는 것을 자신이 사랑받는 것으로 이해한다. 그러한 사람들에게는 측정 가능한 성과가 중요하다. 그들은 숫자를 좋아하고 눈에 보이는 어떤 지표들을 좋아한다.

그리스도안에는 성공이나 실패가 없고 승리만 있을 뿐이다. 우월감과 열등감이 동일한 성질의 것이듯 실패와 성공도 동일한 언어이다. 우리는 실패의 옷도 성공의 옷도 입어서는 안 된다. 성공의 영도 실패의 영도 진리의 거울에 비추어 거절해야 한다.

한번은 실패감에 휩싸여 있을 때, 하나님께서 이 세상에 단하나만 존재하는 기차레일을 보여주신 적이있다. 내가 이것이 무엇을 의미하는지 주님께 물었을 때, 주님은 '이 레일은 내가 너에게 준 부르심의 길인데, 이것은 이 땅에 오직 한 개만 존재하는 네가 가야 할 길이다.' 라는 마음의 감동을 주셨다. 이 레일에는 경쟁상대가 낄 틈이 없다. 하나의 레일 위에 두 개의 기차가 달리는 것을 본적이 있는가? 이 레일 위에서는 누구도 너와 경쟁할 수가 없다고 말씀하셨다. 나는 곧장 실패와 성공 열등함과 우등함의 영이 우리 각자의 레일에 서지 못하게 하고 있다는 것을 발견했다. 그 세력들은 우리를 각자의 레일로부터 쓰러뜨리고 밀어내려한다. 우리 모두는 하나님 앞에서 달려가야 할 각자의 레일만을 달려간다. 우리의 실패와 성공은 하나님께서 달리도록 주신 레일을 생명을 다하도록 끝까지 달렸느냐 그렇지 않고 포기했느냐에 있다. 열등감의 영은 하나님께서 우리를 부르신 사명을 끝까지 완수하지 못하게 하도록 하기위한 사단의 전략이다. 열등감의 대상이 되는 상대방과 내가 가야할 길은 전혀 다른 길이다. 대적은 '너의 자리가 없다' 라고 속인다. 이 좁은 레일을 차지하기 위해 '다른 사람을 밀어내야 한다' 라고 말한다. 대적은 우리 각자가 달리는 레일위에서 다른 사람이 나보다 더 빨리 달릴 수 있고, 그래서 너는 패배 할 것 같으니 속도를 내야 한다고 속이며 우리를 조급하게 만든다. 조급함의 영은 이런 흐름을 타고 들어온다. 조급하게 하고 경쟁심을 부추긴다. 그러나 성경은 질투는 뼈의 썩음(잠언 14:30)이라고 말한다.

하나님 나라는 풍성하다. 하나님은 당신을 세우실 다른 곳들을 계획하고 계신다. 하나님 나라 안에서는 나만이 달려야할 레일은 내가 아니면 누구도 달릴 수 없기 때문에 항상 비어 있다. 하나님 나라 안에서 나의 자리는 항상 유효하다.

…나의 달려갈 길을 마치고 믿음을 지켰으니 이제 후로는 나를 위하여 의의 면류관이 예비 되었으므로 주 곧 의로우신 재판장이 그날에 내게 주실 것이니 내게만 아니라 주의 나타나심을 사모하는 모든 자에게니라 (디모데후서 4장 7절)

여기에서 달려갈 길은 '트레코' 라는 헬라어에서 왔는데 이것은 '빨리달리다, 빨리걷다' 라는 의미를 가지고 있다.

실제로 내가 이것을 깨닫고 나서 하나님과 나 사이에 있는 레일만을 달리기로 집중 했을 때, 나의 부르심이 성취되는 속도가 빨라지는 것을 느낄 수 있었다. 다른 사람과 함께 달려서 경쟁하고 성취하고 이겨야 한다는 그 영이 우리 삶을 떠나가면 우리는 하나님께서 부르신 부르심을 완수하기 위해 무엇을 어떻게 준비하며 나아가야 할지가 보이기 시작하고 그것을 향해 우리는 고도의 집중력을 발휘하게 된다. 그랬을 때, 성취의 속도가 빨라지기 시작한다. 그전에는 수년이 걸려도 되지 않았던 것들이 짧은 기간 내에 완성된다. 무엇을 하던지 완성도가 높아지고, 탁월하게 된다. 더 빠르게 목적지에 도달하게 된다. 하나님의 뜻이 풀어지는 것을 지연시켰던 모든 상황들과 앞으로 나아가지 못하겠던 어둠의 영들이 예수의 이름의 능력으로 힘을 잃어버린다. 인간적인 계산과 목표에 의해 만들어진 시간과 때와 장소가 아닌 하나님의 시간과 때와 장소가 눈앞에서 펼쳐진다. 초자연적인 하나님의 카이로스의 시간으로 들어가는 것이 실제가 된다.

하나님은 오늘도 우리를 초청하신다. "나는 너를 위해 너만이 달려야 할 너의 레이스를 구축해 놓았단다. 이것은 누구도 빼앗을 수 없단다. 자 이제 나와 함께 신나게 달려보지 않으련?"

성공과 독립의 영

실패와 성공의 영안에는 고립과 독립의 영이 기생하고 있다. 바울은 이렇게 말한다.

내게만 아니라 주의 나타나심을 사모하는 모든 자에게니라
(디모데후서 4장 7절)

바울은 자기 자신을 하나님께 제물로 드렸던 삶을 회고하면서 바울의 삶의 여정과 승리가 공동체와 함께 서 있다는 것을 언급한다. 바울의 여정은 바울 개인뿐 만 아니라 바울이 속해있는 공동체의 가야할 여정의 일부이다. '나뿐만 아니라…'라고 말하면서 바울의 삶과 신앙적인 방향성이 그리스도의 몸 안에서 자신의 삶과 사역을 겸손히 바라보았던 편에 있었다는 것을 볼 수 있다.

한번은 내가 같은 크리스천 음악인의 성공을 보면서 마음이 무너졌던 적이 있다. 그 오빠는 나와 한 교회를 다니고 있었고, 세상 음악을 하다가 가스펠 사역을 한지는 얼마 되지 않은 새내기 사역자였다. 그런데 어쩐 일인지 기독교 음악 사역계에 발을 내 딛자마다 그 형제의 찬양을 듣고 싶어 하는 많은 곳에서 연락이 왔고, 이내 해외사역까지 문까지 쉽게 열리게 되었다. 영국으로 투어를 가는 것을 계획중에 있는데 기도를 해달라고 연락이 왔다. 수년간 연습실 구석에 박혀 있는 나로써는 기가 막힌 이야기였다. '누구는 저렇게 쉽게 가는데, 나는 아직도 이 모양이라니, 역시 난 쓸모없어'

그 순간 성령님께서 고립과 독립의 영을 보여주셨다. 그 영은 혼자 우뚝 서서 공동체 안에 있는 많은 사람들 가운데 툭 튀어나오기를 좋아하는 영이었다. 성령님께서 말씀하셨다. "그 오빠의 사역의 확장이 너의 사역의 확장이고, 그 형제를 통해서 하나님의 사역이 전 세계에 퍼져나가는 것이 곧 너의 사역이 퍼져나가는 것이다" 나는 이해할 수 없었다. 그 형제의 사역적인 성공이 나의 성공이라는 것은 받아들일 수 없는 말이었다.

그러나 주님께서는 열등감은 공동체 안에서 힘을 잃는다고 말씀하셨다. 성공의 영은 자신을 드러내고 뽐내기 원하는 영이다. 그러나 하나님은 교회를 그리스도의 몸이라고 말씀하신다. 말씀대로라면 나는 그 형제와 그리스도안에서 연결되어 있다. 나와 그 형제가 한 몸에 있다면 그 오빠의 성공과 승리가 나의 성공일 수 밖에 없다. 성취지향적인 사람은 자기만족을 중요하게 여기고, 내가 하나님과 다른 사람에게 기여할 것이 있다는 것을 끊임없이 증명하기를 원한다. 이 사람에게도 저 사람에게도 오직 나만이 선한 영향력을 가지고 있어야 하므로 나는 이것도 잘해야 하고 저것도 완벽하게 잘해야 한다.

그래서 고립적인 사람은 완벽주의의 올무에 걸리게 된다. 그러한 사람은 팀의 일부가 되는 것을 원하지 않는다. 우리는 보이지는 않지만 다른 그리스도인들의 삶과 사역에 유기적으로 연결되어있다. 하나님께서는 우리가 교회가 되기를 원하신다. 나의 사역과 삶은 그리스도의 나라의 한 부분으로만 존재한다. 사단은 각 사람이 속한 공동체가 승리하는 것에 별관심이 없도록 만든다. 하나님 나라의 승리는 전투의 승리를 통해 오지 않고 전쟁의 승리를 통해온다. 공동체와 함께 싸워야만 전쟁에서 승리할 수 있다.

지체의 법을 배우는 지혜가 필요하다. 아버지의 마음이 우리 속에 들어오면 우리는 공동체를 배울 수 밖에 없다. 몸의 비밀을 아는 것은 사단을 이기는 가장 중요한 열쇠 중에 하나이다. 사단은 가장 아름다운 천사였을 때 고립과 독립의 영을 취했다. 그는 땅에 찍혀 버림받았다. 악한 영을 이기는 방법은 반대정신을 취하는 것이다. 우리는 아버지의 마음을 지체로부터 배우고 지체에게 흘려보내며 하나님의 나라를 확장한다.

그러므로 우리는 열등감의 검은 막이 앞을 가리려고 할 때마다 실패감의 사슬이 우리를 휘어 삼으려고 할 때마다 선포해야 할 것이다. "나는 오늘도 교회가 되기로 결정한다. 나는 그리스도의 몸의 일부로 살아가는 것으로 충분하다. 나의 정체성은 교회이다. 예수그리스도의 이름으로 명한다, 내가 그리스도의 몸으로 연합하지 못하게 하고 내 삶을 수동적으로 만들고자 하는 너의 계획은 드러났다. 권위 있는 예수이름의 능력으로 너는 나를 떠나가라."

이러한 나의 반응은 회복의 깊이가 점점 깊어져 가고 있었음에도 불구하고 아직 무언가 '성취하고자 하는 마음' 을 놓지 못했음을 보여준다..

자기 증오

실패감을 계속 받아들이게 되면 자기 자신을 향하여 내적분노를 일으키게 된다. 거짓의 영은 끊임없이 '너는 뭔가 잘못되었어' 라고 말한다. 이러한 감정을 빨리 끊어내지 않으면 자신을 혐오로 발전한다.

나 역시 자기 증오적인 삶의 패턴을 벗어나기가 매우 힘들었다. 그때는 이러한 말들이 자기정죄와 자기증오의 영이라고 전혀 생각하지 못했다. 단순히 자신을 저주하는 말들과 스스로를 비하하는 말들을 반복함으로써 실수에 대한 면죄부를 주고 싶었고, 또 왠지 마음이 시원해지는 것 같았다. 무가치함의 감정이 올라올 때마다 의도적으로 습관적으로 '너는 쓰레기 같아, 너는 머저리야, 너는 역시 덜떨어져' 이런 말을 내뱉었다. 이렇게 자기 정죄의 영에 묶여 있는 사람은 나와 내 자신의 죄를 분리시켜서 보지 못하고 내적 저주의 음성으로부터 축복과 용서로 자신을 보호할 수 있는 힘이 없다. 자기 정죄를 할 때마다 자기 자신을 파괴하는 영이 실제적으로 우리 가운데 들어오게 된다. 그러면 스스로 자신을 저주하는 말을 귀로 듣거나 마음의 귀로 들을 때마다 그 저주의 상황과 행동이 묶이게 되어 말하는 대로 믿게 되고 일이 벌어진다. 내가 나를 향해 "너는 쓰레기 같아"라는 말을 수년간 반복 했을 때, 열심히 만들었던 오디션을 보기위한 데모용 음원들과 영상들이 실제로 쓰레기 통에 들어갔고, 쓰레기 같은 영들이 나를 계속 찾아왔다. 말을 뱉는 것은 처음에는 유혹으로 시작한다. 유혹에 이끌려 한번 두 번 서너 번 했던 말이 악한 권세의 영향력을 불러들여 실제로 그 사람을 사로잡는다. 결국 이런 무가치함의 영은 아무 쓸모없기 때문에 이 세상에서 없어져야 한다는 생각으로까지 몰아가면서 죽음의 영을 심어다 준다. 자기 정죄와 자기 증오의 영은 우리를 향하신 하나님의 소망을 거절하고, 모든 피해의식과 과대망상을 가져다준다. 또 자신에 대해 스스로 만족할 수 없기 때문에 하나님과 그 외의 그 다른 누구도 나로 인해 만족할 수 없다는 감정을 갖게 한다.

그러나 이 말씀은 자기 정죄와 자기 파괴의 영으로부터 우리를 지켜준다.

…그가 너로 인하여 기쁨을 이기지 못하여 하시며 너를 잠잠히 사랑하시며 너로 인하여 즐거이 부르며 기뻐하시느니라 (스바냐 3장 17절)

거절감을 치유 받지 못하면 우리는 이 말씀을 진리로 받아들 일 수가 없다. 실패감으로 가득 찬 사람은 매일 아침 눈을 떴을 때, 자기자신을 축복하지 못하고, 또 나의 삶을 통해 다른 사람들이 축복받을 것에 대해 기대하지 못한다.

가장 큰 두 가지 성과

그렇다면 우리가 만들어야 할 가장 큰 업적은 무엇일까? 우리가 어떠한 것을 성취함으로 터진 웅덩이 같은 우리의 공허함을 채울 수 있을까? 그것은 바로 하나님과의 친밀감이다. 하나님을 아는 것은 우리가 이룰 수 있는 최고의 업적이다. 성과를 이룸으로써 자기

만족을 찾는 사람들은 아무런 성과가 없는 하루를 보내고 나면 무기력 하게 된다. 우리에게 하나님과의 친밀감 외에 다른 업적이 있어야 한다고 강요한 사람은 누구인가? 우리는 그 사람을 용서해야 하며 진리가 아닌 것을 받아들이지 말아야한다. 성과를 내는 것 그 이상의 가치는 성령님과의 친밀감이다. 성과보다 하나님과의 친밀감을 중요하게 여긴다는 것은 하루 종일 말씀만 보고 기도만 하면서 사는 삶을 말하는 것이 아니다.

하나님은 성공하실 필요가 없지만 하나님은 반드시 성취하신다.

일을 행하는 여호와, 그것을 지어서 성취하시는 여호와, 그 이름을 여호와라 하는 자가 이 같이 이르노라 (예레미야 33장 2절)

성공 중심적인 사람이 되지 않는 것과 아무 열매도 맺지 못하는 삶을 사는 것은 서로 다른 이야기이다. 성공 중심적인 사람이 되지 않는 것과 아무것도 성취하지 못하고 늘 같은 자리에서 제자리걸음만 하면서 사는 것과는 다르다.

하나님은 우리가 열매 맺기를 원하신다. 그러나 성공 중심적인 사람은 성취하지 못할 것 같은 두려움에 빠져서 자신과 하나님에 대해 인내하지 못한다. 특별히 자신에 대해 인내하지 못한다. 그러나 성과 중심의 영이 떠나가면 제일 먼저 우리는 자신을 향한 인내의 내공을 쌓기 시작한다. 어느 것도 하루아침에 이루어지는 것이 없다. 성공의 강박에서 벗어나면 우리는 성실하게 되고, 하나님이 치유가 우리의 깊은 곳을 만져주시면 부르심의 열매를 맺어가기 위한 작은 계단 하나하나를 힘차게 오를 수 있게 된다. 거절감이 있는 사람은 매우 조급하다. 성과 중심적인 사람도 마찬가지이다. 그러나 성령님은 인내를 통해서 우리를 다시 세워 가신다. 이것은 마지못해 입술을 삐쭉 내밀고 체념적인 태도로 자포자기한 상태에서 기다리는 것을 의미하지 않는다. 성과 중심의 영이 떠나간 사람은 다른 사람과 자신이 성장할 수 있고, 성취할 수 있을 때까지 기다린다. 인내는 성령의 열매이다. 인내로써 신뢰하며 살아가는 매일매일은 하나님과 함께하는 퍼즐 한 조각 한 조각이 되어 그 나라를 위한 작품이 되어간다.

하나님의 치유는 그의 시간과 관점으로 볼 수 있는 여유를 갖게 하신다. 영원이라는 시간 안에 계신 하나님은 당신처럼 조급하지 않다. 주님은 알파이며 오메가이시다. 예수님은 우리와 세상 끝 날까지 함께 할 것을 약속하셨다. 우리는 더 이상 이 시간들을 하나님은 원망하거나 수동적인 태도 때문에 시간을 낭비 할 수 없다. 자기 정죄와 자기 파괴가 떠난 자리에 하나님은 인내를 선물로 채워주신다. 우리는 이 인내를 배움으로써 성공의 영의 유혹으로부터 자신을 지킬 수가 있다. 인내는 모든 것에 구비하여 조금도 부족함이 없게 하시는 하나님의 전략이다.

이 책의 마지막에 부록으로 원수가 우리의 거룩한 삶을 파괴하기 위해 꽂아두었던 발판들을 몇 가지 나누어 정리 해보았다. 그것을 하나하나 읽으면서 그러한 영들과 맺은 언약들이 있다면 그 언약들을 취소하고 보혈로 덮고 그 효력들을 취소하는 기도를 입술로 소리내어 할 것을 권면한다. 뿐만 아니라 내가 정리한 것과 이 책에 언급된 것 외에 개인적으로 넘어지는 걸림돌이 되는 것들을 성령님께 묻고 구하며 듣고 적어 보기를 권면한다.

이제 출발선에 서다

회복에 관하여 할 말은 너무나 많을 것이다. 그러나 더한 것은 성령님께 맡기고 이 책을 마무리 하려고 한다. 내가 이 책을 쓴 이유는 나의 회복을 자랑하기 위함이 아니다. 당신이 나와 함께 그리스도의 몸으로 존재하기 때문에 지금 이때에 당신에게도 동일하게 회복의 영이 부어지고 있음을 알리기 위해서이다. 이제 당신의 회복이 시작될 차례이다. 하나님은 지금 당신을 출발선에 세우셨다. 당신은 지금 이 경주의 대표주자로 뽑혔다. 하나님은 당신이 끝까지 달리도록 도우실 것이다. 이전에 달리다 지치고 넘어지고 돌아선 경험으로 인해 다시 출발선상에 서는 것이 두렵고 떨린다는 것을 주님은 아신다. 당신을 아신다. 그래서 하나님이 다시 출발선으로 부르시는 이 시간조차 무감각할지도 모르겠다. 그러나 용기를 내어 다시 출발선에 서야한다. 이전과는 다를 것이다. 당신은 성령의 능력으로 말미암아 달리고 달리고 또 달려도 지치지 않을 에너지를 공급받게 될 것이다. 이제 이 책을 덮고 하나님이 마련하신 치유의 방으로 들어갈 것을 권면한다. 하나님은 지금껏 그곳에서 당신을 기다리고 있었다. 당신은 스스로를 지는 별이라고 생각하며 길을 가다 시들시들 해지는 꽃을 볼 때면 '내 인생 같네' 라고 중얼거렸을 지도 모르지만 하나님은 당신이 모르는 당신의 삶의 전성기를 준비하고 계신다. 당신이 활짝피어 날아오르게 될 그날을 주님은 준비하고 계신다.

하나님과 함께 보좌의 치유의 방에 들어가서 잠잠히 그분의 숨결을 느껴보기 바란다. 아마 당신은 이렇게 물을 것이다. "하나님 나도 이것이 가능한가요?" 그러나 하나님은 "내게는 불가능이 없다." 라고 말씀하신다. 아브라함이 100세에 아들을 얻은 것을 우리는 성경을 통해서 보지 않았는가?

하나님의 치유의 바람이 당신에게 불어오고 있다. 이제 당신 차례이다. 당신은 이미 하나님의 치유를 통해서 관절 관절 마디마디마다 성령의 능력으로 힘을 얻도록 부르심을 입었다. 우리는 더 이상 이것을 미루지 않기로 결심해야 한다. 하나님은 당신의 결단을 기다린다. 이제 마음의 문을 열고 주님께 노래하기 시작해보자. 우렁차고 힘찬 목소리로 박수를 치듯 요란하게 하지 않아도 된다. 노래하며 잠잠히 그분의 임재를 기다려보자. 그럴때에 성령님께서는 사랑의 핀셋을 들고 당신의 고통의 가시를 제거 하기 위해 기다리고 계시고 있었다는 것을 알 게 될 것이다.

당신에게는 꿈이 있었다. 하나님은 그것을 아신다. 그 꿈은 많이 미루어져 왔고 이제는 사장된 것 같은 작은 종이조각 같은 것일 수 있다. 단순한 종이조각 아니라 갈기 갈기 찢어져 형체를 알아볼 수 없는 쓰레기 더미 같을 수도 있다. 그러나 하나님은 준비가 되셨다. 당신의 꿈은 더 이상 당신 개인의 꿈이 아니며 예수님의 꿈이다. 예수님의 꿈은 당신에게 잠시 위탁된 것일 뿐이며 주인은 이것을 다시 찾기 원하신다. 이것은 원래 당신 것이 아니며 당신으로 나온것도 아니다. 이것은 하나님의 꿈이다. 하나님은 당신이 주님이 주신 꿈에 발을 딛고 치유의 사닥다리를 오르기를 원하신다. 주님은 당신의 꿈과 당신이라는 통로를 포기하실 생각이 없으시다.

하나님은 지금 당신 가장 가까이에 계신다. 당신의 삶은 아직 끝나지 않았다. 우리는 이제 뒤로 물러나 침륜에 빠질 자가 아니다. 당신은 이제 이 책을 통하여 성령님께서 주시는 힘을 얻었고, 지금은 당신을 향한 하나님의 치유가 풀어질 수 있는 최적의 타이밍이다.

하나님의 치유는 즐겁다. 당신을 웃게 만들 것이다. 그것은 꼭 이야기 같다. 그 안에는 기승전결의 스토리가 있다. 하나님은 지금부터 당신에게 수다쟁이가 되실 것이다. 그분은 그동안 묵혀 두었던 할 말이 많으시다. 그 이야기들 안에는 많은 사건과 사고들이 있을 수 있고 과식과 폭식 그리고 기쁨의 소리와 포기의 목소리도 함께 있을 수 있다. 당신은 하나님께 이런저런 토도 많이 달겠지만 하나님은 그것을 어여삐 여기신다. 당신을 치유하는 것은 당신의 일이 아니다. 하나님의 일이다. 당신의 치유 스토리를 써내려가시는 분은 성령님이시다. 당신이 이 땅에 나와 첫울음으로 목소리를 내던 그날부터 오늘날에 이르기까지 성령님은 하나님은 당신의 격정적인 삶을 다 알고계신다. 치유는 그분으로부터 시작되고 그분으로 완성될 것이다.

자 이제 이 책을 덮고 피가 뚝뚝 떨어지는 나무 십자가를 바라보자. 그리고 예수님이 누우신 십자가에 함께 포개어 잠시 누워있어 보자. 누구보다 큰 수치를 지시고 누구보다 큰 배도를 당하시고 누구보다 큰 슬픔과 고통과 두려움을 경험하셨을 그 예수님께서 하나님께서 생명이 다하는 순간에 말씀하실 것이다.

"그동안 많이 아팠니? 나도 지금 많이 아프단다... 우리 지금부터 치유와 부활의 여정을 시작해 보자꾸나, 사랑한다."

현재와 미래의 수 많은 치유 사역자들에게...

나는 아주 오랜 시간동안 사역을 한 사람은 아니다. 불과 내가 사역을 한 것은 몇 년도 채 되지 않는다. 그러나 너무나 감사하게도 성령님의 회복케 하고 자유케 하는 사역은 개인의 노하우나 또는 나이나 사역의 경험이나 경력을 뛰어넘는 것을 나는 많이 경험했다. 그분은 가장 완전하고 온전한 교사이시기 때문이다. 그래서 성령님을 따라가는 것은 분명 우리의 경험이나 노력 혹은 통찰보다 안전하다. 우리가 아무리 많은 사역의 경험이 있다고 하더라고 성령님을 따라가지 않는다면 우리는 작은 영향을 주는 사람이 되거나 짧은 조언을 주는 사람이 될 뿐, 강력한 치유자가 될 수는 없다. 우리의 모든 회복의 여정과 다른 사람을 회복케 하는 사역의 여정은 성령님을 따라가는 것으로 시작하고 또 끝이나야 한다.

예수께서 가라사대 나를 따라 오너라 내가 너희로 사람을 낚는 어부가 되게 하리라 하시니 (마가복음 1:17)

사람을 낚는 어부가 되기 위해서 해야 할 것은 성령님 그분을 따라가는 것이다. 주님은 베드로를 사랑하셨다. 그리고 그의 제자로 부르셨다. 베드로를 향한 하나님의 부르심은 우리의 고민과 달리 꾀나 단순했다. 그것은 예수님을 따라가는 것이다.

우리도 베드로와 같이 우리를 친히 찾아오시는 하나님을 경험했다. 우리 모두 베드로처럼 하나님이 정하신 때에 혹은 인생의 절체절명의 위기의 때에 주님을 만났고, 베드로와 같이 주님을 따라 가기로 결정했다. 삶의 모든 것을 다해 영원한 우리의 생명되시는 예수님을 따르기로 결정하는 헌신과 결단의 시간들이 있었고, 여전히 그 길을 묵묵히 가고 있는 주님의 제자들이다.

그러나 우리가 어디로부터 출발했는가를 때마다 점검하지 않으면 우리는 복음에 대한 열정으로 포장된 우리의 욕심이 하나님의 마음과 의도와 뒤섞여 있는 경우를 뒤늦게 발견하기도한다. 우리는 주님을 따라가는 것으로부터 출발했다. 그리고 온전히 성령님께서 친히 사역 하시도록 우리는 그분의 돕는 배필의 자리에 머물러야 한다.

우리는 생명에 대한 갈망과 부르심을 따라서 '사람을 낚는 어부가 되기로 했다.' 우리의 사역의 핵심이 사람을 낚는데 있지 않고, '나를 따라가는 것' 에 있음을 절대로 잊어서는 안될 것이다. 하나님께서 우리를 부르신 초점은 사람을 낚는데에 있지 않다. 예수님을 따라 갈때에 우리는 자연스럽게 사람을 낚는 어부가 되는 것이다. 우리가 베드로와 같이 부르심에 순종하기로 결정했던 것은 어떤 열매를 조급하게 보기 위함이 아니었으며, 영혼을 세우거나 영혼을 구하는 것 조차 우리의 최초의 목적이 아니었다. 우리의 목적은 오직 주님을 따라가는 것이었다.

회복사역은 하나님의 음성을 듣는 사역이고 사람의 마음의 형편도 들어주는 사역이다. 때로 우리는 하나님의 음성은 짧게 듣고 얼른 피사역자를 향해 무엇을 하기를 원한다. 하나님의 음성을 듣는 목적 자체가 사역을 하는데 있는 경우가 많다. 그러나 회복은 무엇을 하기 위해 듣는 것이 아니다. 그 사람을 향한 하나님의 마음을 듣는 것 자체가 목적이 되었을 때 당신은 강력한 치유자가 될 수 있을 것이다. 한 사람 한 사람에 대한 존중과 천하보다 귀한 영혼을 향한 사랑과 인내가 있을때 하나님은 회복을 주신다.

도리어 회복사역을 하는 사람은 자기 열정의 절제가 필요하다. 자기 자신을 사람을 낚아야 하는 사람으로 보아서는 안된다. 오직 말씀을 따라가는 시간만이 영원한 현재 상태가 되는 것이 가장 필요하다. 회복은 어떠한 강박으로도 오지 않는다. 또한 회복사역은 어떠한 매뉴얼을 가지고 있지 않다. 매뉴얼을 가지는 순간, 매뉴얼을 사용하는 전문가가 되고자 하겠지만 회복사역자들은 매뉴얼을 손에 쥐고 있어서는 안 된다. 이 책 또한 회복의 매뉴얼이 되기를 나는 바라지 않는다.

그래서 그 어떤 사역보다도 회복사역을 하고자 하는 분들이 느린 사역을 하기를 권면한다. 속도를 하나님께 맡겨야 한다. 이 사역에 함께하는 사람들 그리고 이 책을 통해 치유를 경험하고자 하는 사람들이 속도에 대한 집착으로부터 자유케 되기를 나는 소망한다. 아름다움을 보기 위해서는 여유가 필요하다.

어느 때가 되면 성령님께서 가속의 시간을 주실 것이다. 그러나 달려가면서도 읽을 수 있도록 새겨진 판을 준비하는 것이 먼저이다.(합 2:2) 그날은 반드시 올 것이다. 그날이 되었을 때 멋지게 달려보자. 그러나 하나님께서 친히 하시기 전까지는 이 사역을 통해 무엇을 성취하고자 하는 어떠한 목적들도 완전히 내려놓기를 권면한다. 우리는 과거를 돌아보며 주위에 선줄로 알았던 많은 사역자들이 넘어져서 자기 자신의 사역이나 단체를 만들고자 했던 실수를 범했던 것들을 본보기로 삼고 날마다 주님의 임재 가운데 겸손히 머무는 사역자가 되도록 해야 할 것이다.

부 록 - 견고한 진 노트

◆ **두려움**

원인: 믿음의 부족

1. 징벌에 대한 두려움

두려움 때문에 기도하거나 성경을 읽는다 / 예수님과의 관계가 행위, 성취에 기초한다 / 하나님을 실망시킬지도 모른다 / 하나님께서 재정적 축복을 허락하지 않을 것 같다 / 하나님이 우리에게 무리한 괴로움을 견디라고 하실 것 같다

2. 사람에 대한 두려움

다른 사람들이 나에 대해 어떻게 말할지 두렵다 / 권위자들이 두렵다 / 가까운 사람들에 의해 거절 당하게 될 까봐 두렵다

3. 실패에 대한 두려움

습관적인, 또는 중독적인 죄로부터 우리가 자유롭게 될 수 없다는 두려움 / 결혼하지 못하거나 결혼에 실패할 것 같은 두려움 / 직장에서 성공하지 못할 것 같다는 두려움 / 부모나 존경하는 다른 사람들을 실망시킬 것 같은 두려움/

4. 과거의 일이 알려지게 될 것에 대한 두려움

과거의 고통스러운 수치감에 대한 두려움 / 우리의 과거에 대한 하나님의 징벌에 대한 두려움 / 낙태나 성적인 죄 등의 죄책감과

수치를 고백하는 것에 대한 두려움

5. 갑작스러운 사건 사고에 대한 두려움

죽음에 대한 두려움 / 병에 대한 두려움 / 배우자, 부모, 자녀의 죽음에 대한 두려움 / 공급에 대한 두려움

묵상할 성경 말씀

여호와는 나의 빛이요 나의 구원이시니 내가 누구를 두려워 하리요, 여호와는 내생명의 능력이시니 내가 누구를 무서워하리요
(시편 27편 1절)

너희는 다시 무서워하는 종의 영을 받지 아니하고 양자의 영을 받았으므로 우리가 아빠 아버지라고 부르짖느니라
(로마서 8장 15절)

두려워 하지말라 내가 너와 함께 함이라 놀라지말라 나는 네 하나님이 됨이라 내가 너를 굳세게 하리라 참으로 너를 도와주리라 참으로 나의 의로운 오른손으로 너를 붙들리라
(이사야 41장 10절)

◆ 수동성

그리스도인의 삶을 달팽이와 같은 느린 속도로 성장하게 한다. 솔선수범의 반대이며 수동성이 있으면 변화에 저항한다. 수동성은 주님으로부터 온 것이 아니고 반항에서 온 것이다.

1. 솔선수범의 결여

나는 다른 사람에게 전화를 걸지 않는다 / 나는 교회에서 또는 사교적인 모임에서 다른 사람이 나에게 말을 걸때까지 대체로 뒤에 있는 편이다 / 나는 영적으로 내가 있는 것에 만족한다 / 내가 할 수 있는 일들을 다른 사람이 하도록 내버려둔다

2. 수동성은 독립성의 형태이며 고립으로 이끈다.

나는 교회의 몸에게 도움을 구하지 않는다 / 나는 다른 사람을 관찰하는 경향이 있다 / 참여할 동기부여가 잘 되지 않는다

3. 수동성은 저항이나 반항의 형태이다.

나는 나의 죄 위에 예수님께서 주신 권위를 사용하지 않음으로 하나님의 용서를 저항한다 / 나는 내 삶에 있는 죄에 대해 친근해지고 무감각해진다 / 나는 하나님이 나에게 초자연적인 은사를 주실 것이라는 것과 나를 통해 그것들이 사용될 것이라는 것을 믿지 않는다

4. 수동성은 자기 연민이 남아있게 한다

나는 두려움과 거절감에 친밀하다 그래서 이 영역에서 늘 갈등할 것이라고 믿는 경향이 있다 / 나는 희생자다 나는 내가 희생자 인 것 말고는 다른 방법을 모른다

5. 수동성의 거짓말

이것은 나의 성격의 일부이다 / 나는 앞으로 나서거나 시작하려는 마음이 들도록 창조되지 않았다

묵상할 성경말씀

우리가 간절히 원하는 것은 너희 각 사람이 동일한 부지런함을 나타내어 끝까지 소망의 풍성함에 이르러 게으르지 아니하고 믿음과 오래 참음으로 말미암아 약속들을 기업으로 받는 자들을 본받는 자 되게 하려는 것이니라 (히브리서 6장 11-12절)

◆ 수치심

수치심은 죄의 결과이다.

1. 수치심은 우리를 피상적이고 조심스러운 관계를 갖도록 한

다.

사람들과 신뢰관계를 만드는 것이 어렵다 / 나의 추악한 죄 때문에 하나님을 포함하여 사람들과 친밀하게 되는 것이 두렵다

2. 수치심은 자기정죄와 싸우도록 한다

나는 열등감과 싸운다 / 다른 사람들과 나 자신을 비교할 때, 나는 거의 패자에 가깝다

3. 수치심은 깊은 죄책감과 무가치함을 가져온다. 이것은 자기증오로 연결된다

나는 흠집난 물건처럼 더럽고 파괴되었다고 느낀다 / 나 자신을 용서 하지 못한다 / 가치없는 내가 다른 사람들을 이끌 수 있다는 것을 믿을 수 없다

4. 수치심은 같은 죄를 계속 떠오르게한다

나는 어떤 것을 생각하느라 꼬리에 꼬리에 물고 밤을 지새운적이 있다 / 어떤 죄와 관련된 원하지 않는 장면에 사로잡힌다

5. 수치심의 영이 주는 속임, 거짓말

결코 깨끗해질 수 없다 수치심의 패턴은 내 삶의 일부분이 될 것이다 결코 영원한 승리를 얻을 수 없다

묵상할 성경 말씀

기록된바 보라 내가 부딪치는 돌과 거치는 반석을 시온에 두노니 저를 믿는 자는 부끄러움을 당하지 아니하리라 함과 같으니라
(로마서 9장 33절)

저희가 주를 앙망하고 광채를 입었으니 그 얼굴이 영영히 부끄럽지 아니하리로다 (시편 34장 5절)

◆ 용서하지 못함

원수가 인간에게 맞서 사용하는 강력한 무기 중에서 하나가 용서하지 않음이다. 우리는 용서하지 않음의 결과로써 치유되지 않는 상처를 가지고 살아간다

용서하지 못하는 마음이 있는지 인지하기

원한을 품고 있는 나 자신을 발견한다 / 나를 공격했거나 일부러 나에게 못되게 군 사람들에 대해 분노와 쓴 뿌리를 가지고 있다 / 나는 어떤 사람을 용서하지 못하고 있는가 / 그들을 피하기 위해 모든 대가를 감수하거나 혹은 내가 그들을 본다면 나는 숨어 버리고 싶다 / 나 자신을 다른 사람과 비교하고 그 사람을 무시함으로서 그들이 나에게 한 방식대로 나도 그들에게 똑같이 대한다.

묵상할 말씀

서로 친절하게 하여 불쌍히 여기며 서로 용서하기를 하나님이 그리스도 안에서 너희를 용서하심과 같이 하라 (에베소서 4장 32절)

누가 누구에세 불만이 있거든 서로 용납하여 피차 용서하되 주께서 너희를 용서하신 것 같이 너희도 그리하고 (골로새서 3장 13절)

◆ 조종

두려움에 뿌리를 두고있다. 이기심과 불안감으로 표출된다.

조종의 영에 지배 받는 사람들의 특징

나는 다른 사람들이 내 삶에 대해 터놓고 말하는 것을 참기 힘들다 / 나는 성장기 때 특별한 기대를 충족했을 때나 목표를 이루었을 때만 칭찬을 받았다 / 내 부모님 중 한분은 나를 조종하거나 지배하려는 것을 느낀다 / 나는 계획이 바뀌면 쉽게 화가 난다 / 내가 한 일이 인정받지 못할 때 화가 난다 / 나는 관계를 돈독하게 하는 방편으로 동정을 받기 위해 남들에게 슬픈 이야기를 한다 / 다른 사람들이 나를 통제하려는 느낌을 받는다

묵상할 말씀

요셉이 그들에게 이르되 두려워 마소서 내가 하나님을 대신하리이까 당신들은 나를 해하려 하였으나 하나님은 그것을 선으로 바꾸사 오늘과 같이 만민의 생명을 구원하게 하시려 하셨나니
(창세기 50장19-20절)

우리가 알거니와 하나님을 사랑하는 자 곧 그뜻대로 부르심을 입은 자들에게는 모든 것이 합력하여 선을 이루느니라 (로마서 8장 28절)

◆ 피해의식

자신에게 처한 상황에 대해 다른 사람을 비난하는것이다.

피해자의 사고방식의 특징

나는 하나님이 다른 사람들을 높이실때 그들에 대해 분노한다. 왜냐하면 삶이 불공평하다고 느끼기 때문이다 / 나는 다른 사람들을 손가락 질하고, 자주 내 인생에서 잘 못되었던것들에 대해 그들의 탓으로 돌린다. / 나는 "누구도 나를 이해할 수 없어" 라고 느낀다 / 나는 종종 나 스스로에게 매우 비판적이며 판단적이 된다 / 나는 내가 다른 사람들에게 한 의견을 평가한다. "이건 옳았어 아니면

"이건 정말 멍청해" / 나는 종종 내 친구들과 경쟁하는 나 자신을 발견한다 / 나는 하루종일 짓밟히는 느낌으로 소망이 없다 / 다른 사람들이 내 삶에 행한 것들로 인해 내가 고립되었다고 느낀다

◆ **불신**

하나님이 하시고 못하시는 것과 무엇을 하실지와 안하실지를 내가 결정한다

불신의 열매들

회의주의 / 기도가 막힘 / 불안정 / 중독 / 비판적인 태도 / 오만과 자만 / 자신의 기준이 하나님의 기준보다 바른 기준이라고 믿음 /

불신 인식하기

내가 믿는 대로 하나님이 일해 주셔야 하고, 내 생각에 원하는것들을 하나님이 들어주셔야하는데 그렇지 않을때 하나님께 실망하거나 불쾌감을 느낀다 / 나는 낙심했거나 두렵거나 소망이 없거나 상처받았을때, 스스로를 위로 하는 방법으로 습관적이 행위와 중독에 빠진다 / 많은 것들에 대해 걱정하고 두려워하고 불안해 하는 경향이 있다 / 왜 성령님께서 내게 말씀하시지 않는 것인지 모르겠다. 혹은 다

른 사람들을 강력하게 쓰시는 것처럼 나를 왜 쓰시지 않는지 의문이 간다

묵상할 말씀

그들은 하나님을 거스르면서 "하나님이 무슨 능력으로 이 광야에서 먹거리를 공급할 수있으랴? 그가 바위를 펴서 물이 솟아나오게 하고 그 물이 강물이 되게하여 세차게 흐르게 하였지만, 그가 어찌 자기 백성에게 밥을 줄 수있으며, 고기를 먹일 수 있으랴? " 하고 말하였다. 주님께서 듣고 노하셔서 야곱을 불길로 채우셨고, 이스라엘에게 노하셨다. 그들이 하나님을 믿지 않고, 그의 구원을 신뢰하지 않았기 때문이다. (시편 78편 19-22절)

믿음이 없이는 하나님은 기쁘시게 못하나니 하나님께 나아가는 자는 반드시 그가 계신것과 그가 자기를 찾는 자에게 상 주시는 이심을 믿어야할지니라 (히브리서 11장 6절)

감사의 글

성령님은 이 책의 진정한 집필자이시다. 이곳에 있는 내용은 주님으로부터 시작하고 주님으로로 끝이 난 것 같다. 책을 쓰는 동안 이 책에 대한 하나님의 마음과 사랑을 전달해 주었던 언제나 나의 가장 좋은 친구이자 연인인 사랑하는 남편인 '요한' 에게 감사하고 기쁨을 나눈다. 그의 헌신적인 사랑이 없었다면 내가 책을 쓸 수 없었을 뿐만 아니라 하나님이 주신 치유의 여정을 온전히 걸어올 수 없었을 것이다.

또한 하나님이 주신 사랑스러운 나의 아들 '하도' 에게 감사한다. 하나님이 주신 그의 선한 성품이 없었더라면 30개월 남짓 아기와 함께하면서 책을 완성하는것이 쉽지 않았을 것이다. 그리고 재정으로 이 책이 나올 수 있도록 후원해 주시고, 우리 가정의 기둥이 되는 사랑하는 시댁 식구들 한분 한분께도 감사한다. 그리고 아버지의 영광 안에서 한길 한여정을 가고있는 광화문 KCC 목사님과 성도들께도 감사한다. 무엇보다 이 책을 읽고 함께 하나님의 치유로 세상을 정복하고, 이 땅에 주님의 나라를 끌어올 이 책의 미래의 독자들께 감사한다.

성령님은 이 책의 진정한 집필자이시다. 이곳에 있는 내용은 주님으로부터 시작하고 주님으로 끝이 난 것 같다. 책을 쓰는 동안 이 책에 대한 하나님의 마음과 사랑을 전달해 주었던 언제나 나의 가장 좋은 친구이자 연인인 사랑하는 남편인 '요한' 에게 감사하고 기쁨을 나눈다. 그의 헌신적인 사랑이 없었다면 내가 책을 쓸 수 없었을 뿐만 아니라 하나님이 주신 치유의 여정을 온전히 걸어올 수 없었을 것이다.

또한 하나님이 주신 사랑스러운 나의 아들 '하도' 에게 감사한다. 하나님이 주신 그의 선한 성품이 없었더라면 30개월 남짓 아기와 함께하면서 책을 완성하는것이 쉽지 않았을 것이다. 그리고 재정으로 이 책이 나올 수 있도록 후원해 주시고, 랑하는 시댁 식구들 한분 한분께도 감사한다. 그리고 아버지의 영광안에서 한길 한여정을 가고 있는 광화문 KCC 목사님과 성도들께도 감사한다. 무엇보다 이 책을 읽고 함께 하나님의 치유로 세상을 정복하고, 이 땅에 주님의 나라를 끌어올 이 책의 미래의 독자들께 감사한다.